— 특수교사와 예비 특수교사들의 수업기술 향상을 위한 —

특수교육 교과교재 연구 및 지도법

신 은 희 저

계축문화사

서 문

교육자라면 누구나 학생들을 잘 가르치고 싶어 한다. 수업이나 교수법에 관해 많은 연구가 진행되고, 교과교재에 관해 많은 책들이 출간되고 있는 것만 보아도 교육자들의 이러한 열망이 얼마나 큰 지 알 수 있다. 그러나 이처럼 뜨거운 관심과 수많은 연구에도 불구하고 미래의 특수교사들에게 무엇을 어떻게 가르쳐야 할 것인지에 대한 논란은 여전히 진행형이다.

필자는 10년째 특수교육 현장에서 여러 유형의 장애학생과 생활하면서 잘 가르치는 것이 무엇인지, 그리고 무엇을 어떻게 가르쳐야만 장애학생들의 인지 및 정서 발달에 도움이 될 것인지에 대해 많은 고민을 하고 있다. 이러한 필자의 고민은 특수교육 현장에서 교육실습생들을 지도하면서 그리고 특수교육 교과교재 연구 및 지도법과 관련하여 특수교육과 학부생들과 대학원생들을 지도하면서 그들과 나눈 대화를 통해 조금씩 실마리를 찾을 수 있었다. 결국 필자는 특수교육 교과교재에 관한 적절한 교재의 필요성을 절감하고 이를 집필하기로 결심했다. 이에 필자는 수년간 특수교육과 학생들과 대학원생들에게 '특수교육 교과교재 연구 및 지도법'을 강의하면서 준비해두었던 강의 자료들과 그들과 나눈 활발한 토론내용을 모아 주제별로 묶어서 이 책을 집필하게 되었다. 물론 필자의 능력이 부족한 탓에 여러 면에서 아직도 보완해야 할 점이 적지 않지만, 이 책은 그 동안 출간된 교과교재 연구 및 지도법에 관한 책들과 다음과 같은 점에서 차별성이 있다.

첫째, 장애학생들을 가르치기에 앞서 예비특수교사나 현장의 특수교사들이 사전에 알아야 할 기초 이론(수업이란 무엇인가? 인지란 무엇인가? 장애학생의 기억력은 어떠한가? 등)에 대해서 체계적으로 정리하여 제시하였다.

둘째, 특수교육 현장에서 실질적으로 활용할 수 있는 다양한 교수·학습 방법과 수업 설계 기법 등을 정리하여 담아냈다.

셋째, 예비특수교사와 심지어 현장의 특수교사들마저도 장애학생들을 지도하기 위한 교수 · 학습안 작성에 많은 어려움을 호소하고 있고, 필자 역시 특수교육을 공부하던 대학시절에 교수 · 학습안 작성에 대한 교육을 받아 본 경험이 없어 현장에 가서 많은 어려움을 겪었던 경험을 살려, 예비특수교사들이 교수 · 학습안을 작성하는 데 꼭 필요한 사항들을 중심으로 필자가 직접 작성하거나 지도한 특수교육과 학부생의 교수 · 학습안을 실었다.

이 책은 총 3부로 구성되어 있는데, 제1부는 교재 교구의 이해, 제2부는 효과적인 수업설계, 제3부는 교수 · 학습 지도의 실제를 다루고 있다. 제1부 교재 교구의 이해는 교과교재 연구 및 지도법, 교재 교구의 발달사, 교재 교구의 기초 이론, 교재 교구의 활용으로 구성하였다. 제2부 효과적인 수업설계는 수업설계, 바람직한 수업목표 진술, 교수 · 학습 방법, 효과적인 발문 전략, 적절한 수업평가로 구성하였다. 제3부 교수 · 학습안 지도의 실제는 효과적인 수업을 위한 교수 · 학습안 작성 기술, 교수 · 학습안 작성의 실제, 교수 · 학습안의 예로 구성하였다.

이 책은 이상과 같은 장점에도 불구하고 앞으로 수정하고 보완해야 할 부분이 많이 있을 것으로 생각된다. 이런 부분은 향후 필자의 깊이 있는 연구와 풍부한 현장 경험을 토대로, 그리고 특수교육 관계자들의 조언을 받아 점차 보완하여 이 책의 완성도를 높여 나갈 것을 독자에게 약속드린다.

이 책이 나오기까지 많은 도움을 주신 우석대학교 박사과정 지도교수님인 이영철 교수님 및 특수교육과 교수님들과 공주대학교 석사과정 지도교수님인 백은희 교수님 및 특수교육학과 교수님들 그리고 구이초등학교 김경순 교장선생님과 오전수 교감선생님께 감사드린다. 또한 학교 일과 연구에만 전념할 수 있게 시간을 보호해주신 두 어머님, 학문적 스승이자 인생의 동반자인 반덕진 교수님, 그리고 우리 가정의 활력소인 아기 천사 딧불에게 감사의 마음을 전한다. 끝으로 부족한 원고를 멋진 책으로 만들어 준 계축문화사 가족들에게 감사드린다.

2011년 3월

저 자

차 례

제1부 교재 교구의 이해

제3부 교수 · 학습 지도의 실제

제1부

교재 교구의 이해

제 1 장

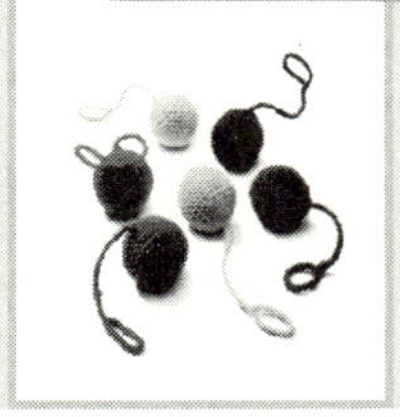

교과교재 연구 및 지도법

1 교과교재 연구 및 지도법의 개념

1) 교과교재의 정의

교육 현장에서는 교과교재, 시청각자료, 시청각매체, 교수매체 등과 같은 다양한 이름으로 여러 가지 교육적 자료가 사용되고 있다.

일반적으로 매체(媒體, media)는 어떤 작용을 한쪽에서 다른 쪽으로 전달하는 물체나 그런 수단을 말하는 것으로, 자기카드, 디스크 종이, 종이테이프 등은 자료나 정보를 전송하기 위해 고안된 매체의 예이다. 매체, 즉 영어로 미디어(media)라는 용어는 메디움(medium)의 복수형으로서 라틴어로 '중간의(middle)'를 나타내는 메디우스(medius)에서 유래되었으며, 매체 또는 수단으로서 어떤 의사나 사실을 전달하는 도구라고 할 수 있다. 이러한 매체는 커뮤니케이션의 학문적인 대두와 함께 송신자와 수신자 사이에 매시지를 전달하는 방법의 하나로 그 의미가 정착되었다(김정규, 이광자, 조정숙, 2007).

교수매체(instruction media)는 일반적인 매체 개념보다는 교수·학습 과정에서 교사로부터 학습자에게로 학습내용을 전달하는 수단 즉, 학습과정에 자극을 부여할 수 있는 사물이나 구성요소를 의미한다. 따라서 수업 실제에서 그 수업의 목표를 효과적, 효율적, 매력적인 방법으로 달성할 수 있도록 교수자와 학습자간의 학습에 필요한 커뮤니케이션을 도와주는 다양한 형태의 매개수단 또는 제반체제를 말한다.

교수매체의 개념은 협의의 개념과 광의의 개념으로 나누어 볼 수 있다. 협의의 개념 즉, 좁은 의미에서 교수매체는 모형, 사진, 표본 등과 같은 시각자료에서부터 비디오, 컴퓨터 등과 같이 교수자의 교수활동을 돕는 교구와 이런 교구의 활용을 위해 필요한 슬라이드, 필름, 비디오 테이프 등의 교재를 말한다. 반면에 넓은 의미에서의 교수매체는 교수자와 학습자 사이의 교육적 커뮤니케이션을 증대할 수 있는 장치나 과정, 방법, 시설 및 학습 환경 등의 제반 체제 즉, 수업설계의 전략의 수립에서부터 학교의 교육 환경, 교육을 지원하는 모든 산물을 포함한다.

최근에는 교육공학의 발전으로 교수매체를 교과교재, 시청각자료, 시청각교구 등과 같은 교육적 자료들을 뜻하는 좁은 의미로 한정시키지 않고, 매체의 이용 방법 및 전달 방법과 같은 방법론적인 측면과 환경적인 측면까지 포함하는 넓은 개념으로 사용하고 있다.

2) 특수교육에서의 교과교재

교과(教科, subject matter)란 학교에서 교육의 목적에 맞게 가르쳐야 할 내용을 계통적으로 짜 놓은 일정한 분야를 말하는 것으로 일반적으로 국어, 사회, 수학, 과학 등과 같은 교과목을 의미하며, 교재(教材)란 학문이나 기예 따위를 가르치거나 배우는 데 필요한 여러 가지 재료를 말한다. 우리나라에서는 초등학교 이상의 각급 학교에서 사용되는 교과의 종류 및 그 내용을 교육과정령으로 정해두고 있다. 따라서 학교에서 행해지는 교과교육은 '교과'와 '교육'이라는 말의 합성어로서 교육과정령에 의해 지정된 특정 교과를 지정 시간만큼 이수하도록 교과를 가르치는 활동이라고 할 수 있다.

전통적으로 교육에서 교과라는 것은 전적으로 학생들이 학습해야 할 내용을 의미하는 것으로 생각되었다. 따라서 각 교과는 주된 교재로 교과서가 있으며 교사는 교과서를 매개체로 하여 학생을 지도하며, 학생들은 학습목표를 달성하기 위한 하나의 학습재료로 삼게 된다. 그러므로 교과교재는 한 교과목의 주된 교과서라고 할 수 있으며, 특수교육의 주된 교과교재 역시 교과서라고 할 수 있다.

그러나 특수교육에서는 특수교육적 요구를 가진 아동들의 인지적·신체적·정서적 발달 특성상 학습과 실생활교육, 발달교육 등의 다양성을 지니고 있다. 따라서 특수학교 교육과정은 특수교육적 요구를 가진 아동들의 제한된 인지능력과 신체기능으로 인해 생활중심, 기능중심으로 교과가 통합 운영되므로 일반 초·중등학교에서와 같은 교과목의 조직과는 달리 특수교육적 요구를 가진 아동들의 생활경험과 인지수준에 바탕을 둔 활동 및 활용자료들이 모두 교재가 된다고 할 수 있다. 그러므로 특수교육적 요구를 가진 아동들의 교과교육을 위해서는 그들의 본질적인 가치인 성장 발달에 교육의 궁극적인 목적을 두어야 한다. 또한 교육내용을 지도함에 있어 특수교육적 요구를 가진 아동들의 경험이 구성되거나 재구성될 수 있는 학습활동 등을 위주로 교육을 실시하여 그들의 교육적 요구를 충족시키고 전인적 발달의 최적화를 극대화시킬 수 있어야 한다.

따라서 특수교육에 있어서의 교과교재 연구란 특수교육 현장에서 특수교육적 요구를 가진 아동들의 전인적 발달의 최적화를 위해서 수업설계, 수업전략 수립 그리고 수업의 구체적인 실천기술에 이르기까지 일련의 수업과정에 따른 최적의 수업방법을 탐구하는 것이라고 정의할 수 있다.

2 교과교재 연구 및 지도법의 영역

교과교재 연구 및 지도법은 하나의 영역, 학습주제(활동 주제) 또는 단위 수업활동의 효율화를 위한 보다 구체적이고 실천적인 교수방법을 탐구하는 분야를 말한다.

특수교육에서의 교과교재 연구 및 지도법의 탐구영역은 〈그림 1-1〉에 제시되어 있듯이, 수업 실제의 최적화를 위한 수업계획을 말한다. 즉, 한 주제 또는 영역별 단위수업 활동을 효율적으로 이끌기 위한 수업목표의 설정, 활동 내용의 선정, 교수

매체, 교구의 선정, 발문 기술의 탐색, 활동의 전개 계획, 평가 계획 등 수업활동의 최적화를 위한 일련의 사전 계획을 수립하는 활동을 뜻한다.

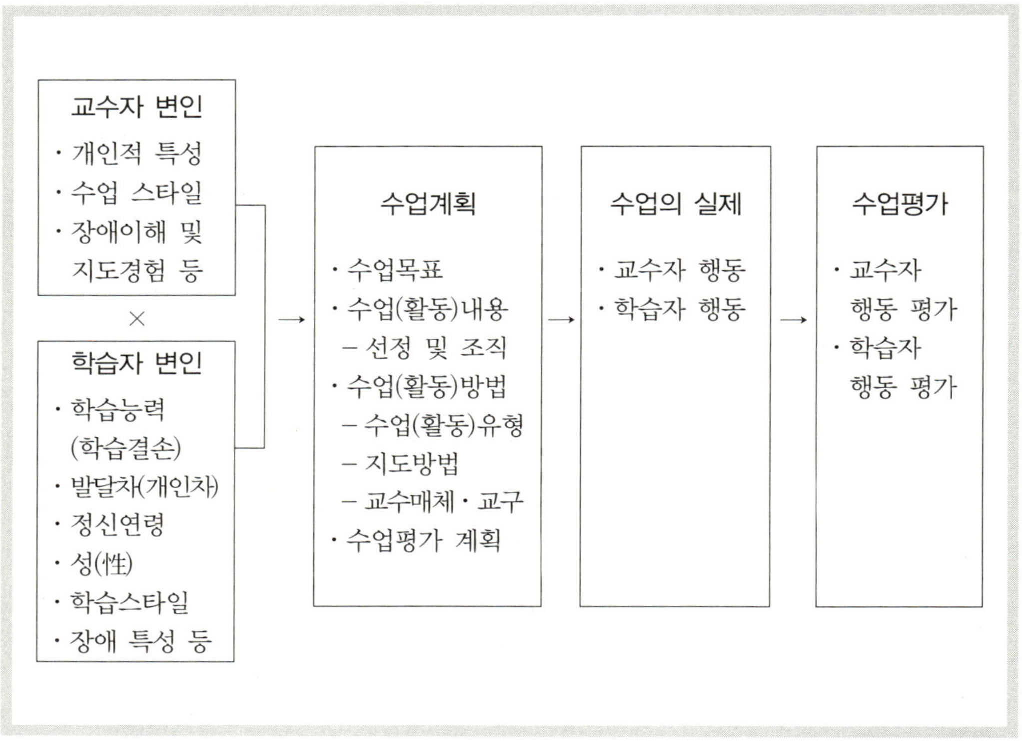

〈그림 1-1〉 교과교재 연구 및 지도법의 관련영역

3 교수, 수업, 학습의 개념

교수와 수업이라는 용어는 학문적으로 학자에 따라서 개념을 다르게 설명하기도 하지만 일반적으로 교수와 수업이라는 용어의 의미가 비슷하여 혼용되고 있다. 그러나 엄밀히 보면 교수와 수업은 다른 의미를 지니고 있다.

교수(敎授)는 교사가 학생에게 지식과 기능을 전달해 주는 행위 즉, '가르쳐 주는 것'을 의미한다. 이처럼 교수의 의미를 지식의 전달 위주로 파악할 때 '교수'의 영어는 'instruction'이 주로 쓰이나 교육 받은 인간의 폭넓은 경험과 성장에 관심을 두게 되면서 'teaching'이라는 영어가 보편적으로 사용되고 있다. 교수는 학자에 따라 다양하게 정의하고 있는데, 그린(Green)과 같은 학자는 교수에 교화(indoctrination), 조건화(conditioning) 및 훈련(training), 수업(instruction) 등이 포함되는 것으로 보고 있다.

또한 코리(Corey, 1971)는 교수의 개념을 '특정한 조건 하에서 특정한 행동을 습득 또는 배제하거나 혹은 특수한 상황에 대한 반응을 하거나 학습이 일어날 수 있도록 개인의 환경을 계획적으로 관리하는 전 과정'이라고 정의하였다. 이 정의에서 강조하는 것은 교수는 특정 행동, 즉 목표를 성취하기 위한 최적의 학습 환경을 의도적으로 조작하는 일련의 과정이라는 것이다(한상길 등, 2010). 가네(Gagné, 1975)는 '학습자의 내적 학습과정을 지원하기 위해 의도적으로 설계·정렬된 외적 사상의 집합'으로 교수를 정의하였다. 이처럼 많은 학자 등(Gagné, 1964 ; Gagné, 1975 ; Gorey, 1971)이 교수를 매우 포괄적인 개념으로 보고 있는데, 하스포드(Hosford, 1973)는 교수를 교사-학생 간의 상호작용을 통해 학습자의 학습목표에 영향을 주려는 시도라고 정의하고 있다.

수업(授業)은 학습자가 특정한 수업목표를 달성할 수 있도록 학습자의 내적·외적 환경을 계획적이고 체계적으로 조정하는 과정을 말하는 것으로, 목적성, 의도성, 계획성을 가진 활동을 말한다. 또한 좁은 의미로는 학습자의 지적 특성을 계발하는 데 적용되는 개념이지만, 넓은 의미로는 교수(教授)라는 용어와 혼용되어 사용되기도 하며, 교수가 '가르쳐 주는 것'을 의미한다고 할 때 수업은 '주는 것'을 의미한다는 견해도 있다. 수업은 교육과정(教育課程)과 밀접한 관련이 있으며, 수업내용의 타당성은 교육과정에서 찾아야 한다. 따라서 좋은 수업이란 교육과정에 적합한 것이어야 하며, 교수자가 의도한 것과 학습자가 학습한 것의 일치도를 판단하여 수업의 질을 평가할 수 있다.

〈그림 1-2〉는 수업과 교육과정 및 학습의 관계를 그림으로 나타낸 것이다. 〈그림 1-2〉에서 볼 수 있듯이, 좋은 수업 즉 효과적인 수업(7영역)은 가르쳐야 할 내용을

교수자는 가르치고 학습자는 학습한 상태를 말한다.

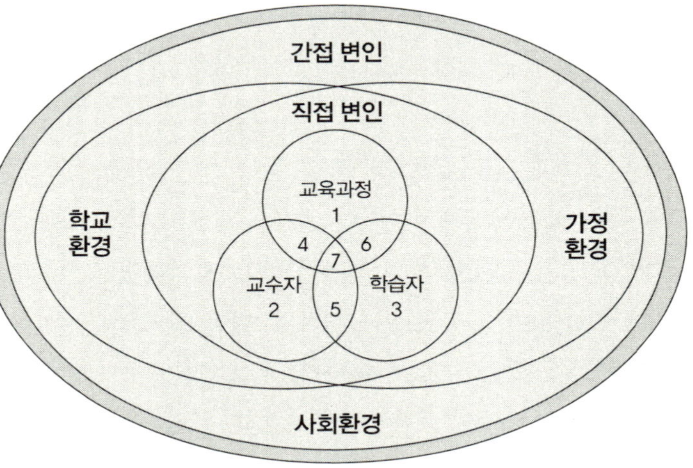

1영역 : 가르쳐야 할 내용(교수와 학습이 이루어지지 않음)
2영역 : 교육과정 외의 내용을 가르치고 학습자는 학습이 이루어지지 않음
3영역 : 교육과정 외의 내용을 학습자 스스로 학습(잠재적 교육과정)
4영역 : 교수자가 교육과정의 내용을 가르쳤으나 학습자는 학습이 이루어지지 않음
5영역 : 교수자가 교육과정 외의 내용을 가르치고 학습자는 그 내용을 학습함
6영역 : 교수자는 교육과정을 다루지 않았으나 학습자가 교육과정의 내용을 학습함 (잠재적 교육과정)
7영역 : 교수자는 가르쳐야 할 내용을 지도하고 학습자는 학습이 이루어짐 (가장 바람직한 수업)

〈그림 1-2〉 수업과 교육과정 및 학습의 관계

출처 : 권순황(2008). 특수교육 교과교재 연구 및 지도법. 서울 : 일문사, p. 19.

한편, 수업과 교수가 갖는 국어학적 어의는 다소 미묘한 차이가 있다. 그러나 교수와 수업에 대한 개념에 있어서 교수를 수업보다 포괄적인 개념으로 보는 사람들도 있으며, 수업을 교수보다 더 포괄절인 개념으로 보는 사람들도 있는데, 이 책에서는 교수가 수업보다 더 포괄적인 개념이라고 보는 김순택(1978)과 변영계(2002) 등의 입장을 지지한다.

김순택(1978)은 수업과 교수의 개념을 다음과 같이 구분하고 있다.

첫째, 교수는 학습자의 모든 능력을 자극하는 포괄적인 내용의 전달을 의미하는 반면, 수업은 학습자의 지적, 탐구적 특성을 자극하는 내용을 전달하는 데 적용되는 말이다.

둘째, 교수는 학습자가 보인 변화 중에서 의도적인 것과 비의도적인 것을 모두 포함하지만, 수업은 보다 의도적인 목표 달성을 계획한다.

셋째, 교수는 교사와 학생 간의 인격적인 상호작용을 전제하고 있는데 비하여 수업은 반드시 인격적 상호작용을 전제로 하지 않는다. 즉 수업은 교사가 진행하는 것뿐만 아니라 프로그램 자료나 시청각매체, 컴퓨터 등을 통해서도 이루어질 수 있다는 것이다.

코리(Gorey, 1971)와 가네(Gagné, 1975) 등의 정의를 종합해 보면, 결국 교수라 하면 학습이 발생할 수 있도록 하기 위해 도움을 주는 의도적이고 계획적인 활동을 말한다. 또한 교수는 수업에 비해 포괄적인 개념으로 교사가 수업을 하기 위한 준비, 계획, 실행(수업), 평가(수업 후 처치) 등을 포함하는 모든 활동을 의미한다고 할 수 있다.

그러나 최근에는 진보주의 교육이론의 대두로 학습자의 능동적인 학습활동과 학습자들의 개인차가 강조되면서 교수라는 용어보다 학습지도(learning guidance)라는 용어가 많이 사용되고 있다. 이는 교사의 가르침 활동이 학습자에게 학습내용을 일방적으로 전달하는 것이 아니라 학습자들이 스스로 학습을 수행해 나갈 수 있도록 학습활동과 학습자가 배우는 과정을 강조하고 교사와 학습자의 상호작용을 중요시하기 때문이다.

교수를 전술한 바와 같이 '가르쳐 주는 것'이라고 정의할 때 학습(學習, learning)은 '배우는 일'이라고 할 수 있으나 정의에 있어서는 학자들 간에 일치하지는 않다.

일반적으로 학습은 배우고 익히는 것을 말하며 그래서 모르던 것을 알거나 할 줄 알게 되는 것을 말하는 것으로 게이트(Gates)는 학습을 경험과 훈련을 통한 행동의 변화라고 정의하고 있으며, 힐가드(Hilgard)는 생활체가 당면한 장면에서 반응함으로서 하나의 활동기제가 새롭게 성립하고 변화하는 과정이라고 정의하였다.

이상의 정의들 가운데서 가장 널리 알려진 정의는 킴블(Kimble, 1961)의 정의인데, 킴블은 학습을 '훈련의 결과로 일어나는 행동 잠재력의 비교적 영속적인 변화'라고 정의하였다. 이 정의를 좀 더 자세히 살펴보면 다음과 같다. 첫째, 학습은 행동의 변화로 본다. 다시 말하면 학습의 결과는 언제나 관찰 가능한 행동으로 나타나야 한다는 것이다. 둘째, 행동변화는 비교적 영속적으로 나타나야 한다. 즉 그것은 일시적인 것도 아니고 고정적인 것도 아니다. 셋째, 행동의 변화는 학습 경험에 바로 이어서 나타날 필요가 없다. 비록 다르게 행위 할 가능성은 있지만 이러한 행동 잠재력이 즉시 행동으로 나타나지 않을 수도 있다. 넷째, 행동의 변화는 연습을 통해 생겨난다. 다섯째, 경험 또는 연습은 강화를 받아야 한다. 즉 보상으로 나아가는 반응만이 학습될 것이다.

그러나 이외에도 학습에 대한 정의는 매우 다양하게 내려지고 있는데, 크게 광의의 의미의 학습과 협의의 의미에서의 학습으로 정의를 내릴 수 있다. 먼저, 광의의 의미의 학습은 유기체가 그를 둘러싸고 있는 환경과의 상호작용을 통해 일어난 유기체 행동의 변화라고 정의할 수 있다. 이런 의미에서 '지렁이도 밟으면 꿈틀한다.'라는 속담에서와 같이 지렁이도 외부 환경과의 상호작용한 결과로 꿈틀거렸으므로 학습의 결과로 보아야 할 것이다. 그러나 협의의 의미에서 학습이란 학습자가 정해진 학습목표를 달성시키려는 상황에 참여하여 의도한 학습목표를 성취하는 활동으로 의미를 한정짓는다. 즉, 수업활동을 통하여 습득된 활동을 학습이라고 보는 정의이다(권순황, 2008).

요약하면, 교수(instruction)는 학습자로 하여금 전인적인 성장을 촉진시키는 것을 말하는 반면, 학습(learning)은 학습자의 행동의 변화를 의미하며, 이 때 성숙에 의한 변화나 생리적인 변화는 제외된다. 그리고 엄격한 의미에서 교수, 학습, 교수·학습, 수업의 개념은 구분되지만, 그 개념들은 기본적으로 학습자가 특정한 수업목표를 달성할 수 있도록 계획적, 체계적으로 조성하는데 초점을 두고 있다.

〈표 1-1〉 교수와 학습의 관계

관점	교수	학습
학생의 입장	교사중심 활동(피동적)	학생중심 활동(능동적)
변수	독립변수	종속변수
목표	목표가 반드시 필요	목표가 있을 수도 없을 수도 있음
의의	일의적	다의적
의도성	의도적인 작용	의도적, 무의도적
연구대상	교실 사태	동물, 단순화된 교수 장면
주안점	지적 체계	생활 경험
교수대상	인간	동물
행동변용 방법	처방적	기술적

4 수업의 효율성 연구 모형

일반적으로 수업에 대한 '능률', '비법', '효과' 등을 '수업의 효율성'으로 통칭한다. 수업의 효율성이란 '학습자의 학업성취 수준을 최대한 높여주기 위하여 수업에 투입되는 활동이나 동원되는 자원이 수업목표에 가장 적합하고, 최소한의 투입으로 최대한의 성과를 거둘 수 있는 수업의 방법'을 말한다. 이러한 수업의 효율성에 영향을 미치는 요인은 여러 가지가 있지만, 수업에 대한 지금까지의 연구를 보면 효율적이고 좋은 수업을 하기 위해서는 교수자의 특성 변인, 과정변인, 산출변인 등을 고려하여야 한다. 여기서는 수업의 효율성에 대한 대표적인 모형인 Dunkin과 Biddle(1974)이 제시한 모형을 통해 수업의 효율성 연구모형에 대해 살펴보고자 한다.

1) 교수자의 특성 변인(Presage Variable)

이 변인에는 교수자의 특성에 관련된 변인들이 다 포함된다. 즉, 교사의 성(性), 연령, 건강, 신체적 특징 등과 같은 인구학적 변인들, 성품, 가치관, 태도 등과 관련

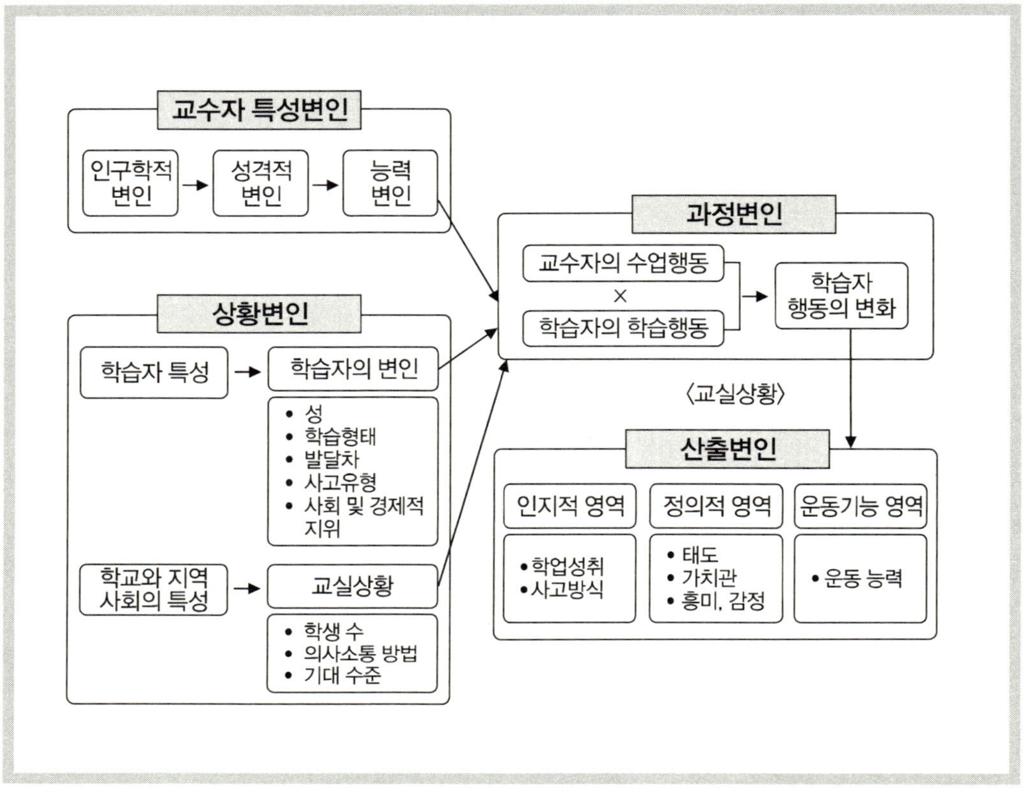

〈그림 1-3〉 수업의 효율화 연구 모형

출처 : 권순황(2008). 특수교육 교과교재 연구 및 지도법. 서울 : 일문사, p. 23.

된 성격적 요인들, 지능, 지식, 교수기술 등과 같은 능력 변인들 그리고 교사의 학력, 사회 경제적 지위, 출신 성분 등과 같은 사회적 요인들이 포함된다. 그러나 교수효과에 대한 연구를 보면, 이러한 교사의 특성 변인들은 그 자체로는 깊은 의미가 없으며, 이러한 변인들이 다른 변인들과 어떠한 관련을 맺어 수업의 효과에 영향을 미치는가에 주목하고 있다.

2) 상황변인(Context Variables)

상황변인은 교수자가 반드시 적응해야 하는 조건으로, 수업 사태에서 교수자의 특성변인과 상호작용하리라고 예상되는 모든 종류의 변인들이 이에 포함된다. 즉 상황변인에 포함되는 학습자의 특성은 교수자의 특성과 상호작용하며, 학습에 영향을 미친다. 학습자와 관련된 변인으로는 학습자의 지능, 성격, 적성, 흥미 등이 있다. 학습자 특성 외에도 학년, 학급의 크기, 학급이나 학교의 분위기 그리고 교사의 학생에 대한 기대 수준 등과 같은 학교와 지역사회의 특성도 수업에 영향을 미치는 중요한 상황변인의 하나이다. 이러한 상황변인의 설정은 교육효과 또는 교육과정의 효과를 논함에 있어서 교사의 특성 변인만으로는 그 설명이 불충분함을 의미한다. 따라서 상황변인은 엄밀한 의미에서 교수자의 특성변인은 아니지만 교수자의 특성변인을 연구하는 과정에서 반드시 동시에 고려하여야 할 변인이다.

3) 과정변인(Precess Variables)

과정변인은 수업활동 시 교수자가 나타내 보이는 모든 관찰 가능한 행동들과 학습자의 수업행동이 포함되어 있다. 그러나 과정변인은 주로 수업의 효과와 관련되는 교수자의 행동에 초점을 둔다. 즉 수업의 효과(교육효과)는 교수자의 성품이나 능력, 태도와 같은 변인보다는 수업 중에 외형적으로 나타내 보이는 구체적인 행동들에 의해서 직접적인 영향을 받게 된다. 로젠샤인(Rosenshine, 1979)은 교수자가 수업에 영향을 미치는 행동들을 구체적으로 제시하였는데 그 중에 몇 가지만 열거하면 다음과 같다. 첫째, 명료한 수업 전개 행동, 둘째, 단조롭지 않고 다양한 수업 활동, 셋째, 과제 중심의 수업 활동, 넷째, 학생의 생각을 격려하고 인정하는 교사 행동, 다섯째, 칭찬과 꾸중, 여섯째, 수업의 시작이나 과정에서 앞으로 배울 내용을 제시하고 이미 배운 내용은 요약해 주는 행동, 일곱째, 다양한 종류의 질문을 사용하는 일, 여덟째, 학생의 응답이나 반응이 완전치 않은 경우 계속 올바른 응답을 유도하는 행동을 말한다.

4) 산출변인(Product Variables)

산출변인은 수업의 결과로 학습자에게서 나타날 수 있는 모든 종류의 변화가 포함된다. 일반적으로 이러한 변화의 영역은 학업성취나 사고방식의 변화와 같은 인지적 영역의 변화, 태도나 가치관, 흥미나 감정의 변화로 대표되는 정의적 영역의 변화 및 신체기능의 변화와 같은 운동 기능적 영역의 변화로 분류될 수 있다(허경철, 1987). 그러므로 산출변인은 교수효과를 알아보는데 하나의 준거 내지는 목적의 역할을 담당한다.

5 특수교육을 위한 교수설계의 3대 변인

이상적인 교수활동이 학습자의 학습활동을 지원해주는 것이라고 할 때, 교수자가 우선적으로 해야 할 일은 학습자의 특성과 교수내용의 특징에 적합한 교수방법을 고안하는 일이다. 그러나 특수교육적 요구를 가진 학생들은 일반학생들에 비해 교육적 요구가 다양하므로 교수자는 보다 다양한 교육방법과 개별화된 교수방법에 대한 이해가 필요하다. 또한 교수자는 수업의 효율성을 높이기 위해서 수업과 관련된 모든 변인들에 대한 체계적인 지식과 기능을 획득하고 수행하는 교수설계자로서의 역할을 수행할 수 있어야 한다.

교수설계는 교수학습 과정에서 매우 중요하다. 교수자의 역할을 교수설계의 관점에서 규명해 보면, 특정 학습자 집단에게 특정 내용을 가르치기 위한 최적의 교수처방전을 산출하는 것이 교수자의 역할이라고 할 수 있다. 많은 학자들이 이상적인 교수자의 요건을 교수의 변인에 근거하여 규명해 왔지만, 본 항에서는 롸이거루스(Reigeluth)와 메릴(Merrill)이 제시한 교수의 3대 변인 즉, 교수조건(instructional conditions), 교수방법(instructional methods), 교수결과(instructional outcomes)의 변인에 대해 살펴보고자 한다.

〈그림 1-4〉는 롸이거루스(Reigeluth)와 메릴(Merrill)이 제시한 교수의 3대 변인에 속해 있는 하위 요소들 간의 상호관계를 나타낸 것이다.

1) 교수조건

교수조건은 교수방법을 처방하는데 중요한 요소로 교수자에 의해서 통제될 수 없

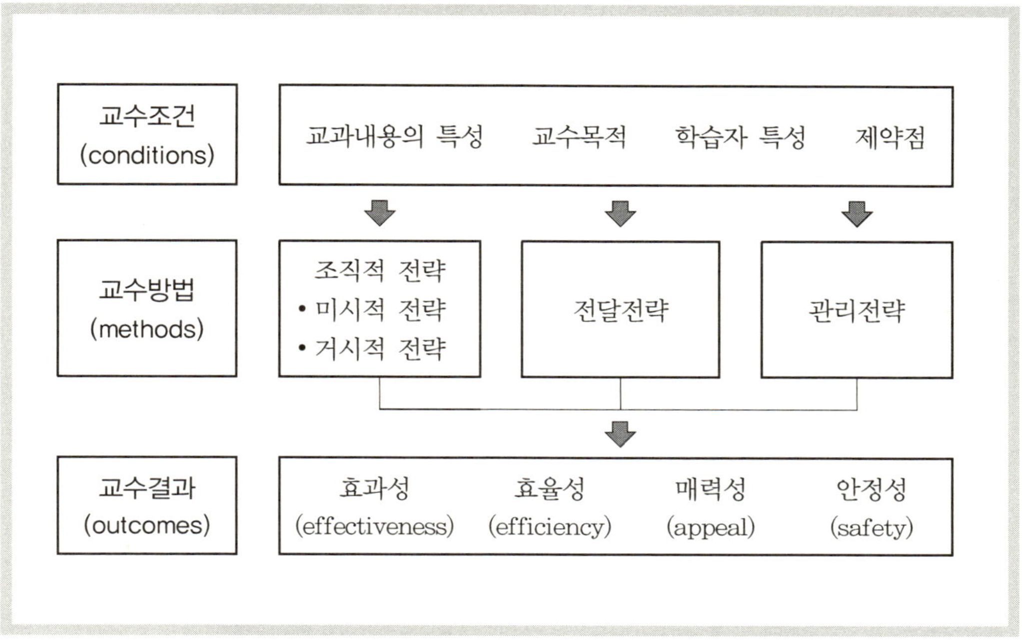

〈그림 1-4〉 교수조건, 방법, 결과변인들과 상호관계

출처 : 박숙희, 염명숙(2007). 교수·학습과 교육공학. 서울 : 학지사, p. 186. 재구성

는 제약조건이다. 따라서 교수조건이 상황이나 수업설계자 혹은 교수자에 의해서 통제되면 이는 교수조건이 아닌 교수방법이 된다.

교수방법에 영향을 미치는 교수조건에는 교과내용의 특성, 교수목적, 학습자 특성, 인적·물적 자원 등의 제약조건 등이 있다. 교과내용의 특성이란 특정 내용이 어떤 지식을 포함하고 있으며 그 지식은 어떤 구조로 이루어져 있는지를 의미하며, 교과내용에 포함되는 지식으로는 개념, 원리, 절차, 기법 등을 비롯하여 명세적 지식 및 절차적 지식 등이 있다. 이러한 교과내용의 특성은 다른 교수방법을 처방하는 기준이 된다. 교수목적은 달성하고자 하는 교수목적의 준거(수준)나 정도로 교수방법을 선택하는데 중요한 영향을 미친다. 학습자 특성은 학습자의 개인적 적성, 학습동기, 선수학습, 태도, 학습전략 등으로 교수방법 선택에 영향을 미친다. 인적·물적 자원 등의 제약조건은 교수매체, 인적자원 및 물적 자원, 시간, 재원 등의 교수방법에 영향을 미치는 중요한 변인으로 작용한다.

2) 교수방법

교수방법은 교수 · 학습 과정에서 적용되는 전략으로, 교수조건이 교수자가 수용해야 할 절대적인 성격의 변인들이라면, 교수방법 변인은 교수자나 교수설계자가 노력과 창의적인 발상에 의해 무한대로 발전시키고 조정할 수 있는 상대적인 성격의 변인이라고 할 수 있다.

교수방법 변인에는 조직적 전략, 전달전략, 관리전략이 있다.

조직적 전략(organizational strategy)은 교수내용을 조직하기 위한 기본적 방법들을 말하는 것으로 거시적 전략과 미시적 조직전략으로 구분할 수 있다. 미시적 조직전략(micro-strategy)은 단일한 개념이나 원리 등을 가르치고자 할 때 수업을 조직하는 방법으로, 하나의 개념이나 사례 제시, 정의 제시, 연습문제 제시, 대안 제시 등을 제시할 때 어떻게 조직하는 것이 최상의 방안인지를 처방하는 전략이다. 거시적 조직전략(macro-strategy)은 복잡한 여러 아이디어를 가르치고자 할 때 고려해야 할 전략으로, 아이디어를 선정하고 계열화하여 요약하고 종합하는 전략을 말한다.

전달전략(delivery strategy)은 교수과정에서 학습내용을 학습자에게 전달하고 학습자들의 학습수행을 평가하는 수업의 전 과정을 이끌어가기 위한 방법을 말한다. 전달전략에는 교수매체, 교사, 교과서, 학습자료 선정 등이 포함되며, 교수자는 다양한 교수법과 다양한 종류의 매체를 활용할 수 있는 지식과 기능을 지니고 있어야 한다.

관리전략(management)은 앞서 언급한 조직전략과 전달전략의 많은 내용들을 언제, 어떤 조직 및 전달 전략의 요소를 사용할 것인지를 결정하는데 필요한 체계적인 정보를 제시해주는 전략을 말한다. 따라서 수업을 계열화시키는 방법, 교수매체 활용을 위한 시간표 작성, 학습자들의 성적기록 활동 등이 관리전략에 포함된다.

3) 교수결과

교수결과는 서로 다른 조건 하에서 사용된 교수방법들이 어느 정도 효과가 있었는지를 나타내는 것이다. 따라서 교사는 항상 교수결과 변인들을 고려하여 교수활동을 전개해야 하며, 교수결과의 변인에는 효과성, 효율성, 매력성, 안정성의 네 가지 하위 요소가 포함된다.

효과성(effectiveness)은 학습자가 다양한 종류의 교수내용을 획득한 정도에 의해 측정되며, 이는 학습자가 의도한 교육목표를 어느 정도 달성하였는지의 여부에 의해서 측정된다. 효율성(efficiency)은 학습자가 사용한 시간과 교수의 비용(교사의 투입시간, 교수설계와 개발시간) 등으로 나눔으로써 효율성을 측정한다. 즉 일정한 교육목표를 달성하는데 가능한 적은 비용과 시간 그리고 노력이 투자될수록 효율적이라고 할 수 있다. 매력성(appeal)은 학습자가 지속적으로 학습하기를 원하는 정도에 의해서 측정된다. 따라서 교수자는 학습자의 내재적 동기를 유발할 수 있는 교수자료, 매체, 교수방법 등을 개발하고 사용하여야 한다. 안정성(safety)은 교수자를 통해 학습자가 습득한 지식이나 기능이 물리적인 안녕을 저해하거나 도덕적·윤리적인 문제를 유발하여서는 안 된다는 것이다.

6 효율적인 수업을 위한 교수·학습 원리

교사라면 누구나 교과내용을 잘 이해하여 학생들을 잘 가르치는 교사가 되기를 희망한다. 수업과 수업기술에 관한 수많은 연구가 세계적으로 수행되어진 것을 보면 교사들의 이러한 갈망이 얼마나 큰지 알 수 있을 것이다. Vosniadou(2001)는 수업과 관련된 여러 연구들을 종합·분석하여 효율적인 수업을 위한 특징을 다음과 같이 12가지로 요약하고 이들을 학습 원리로 간주하였다.

① 능동적인 참여(Active involvement)

② 사회적 참여(Social participation)

③ 의미 있는 학습활동(Meaningful activities)

④ 기존 지식과 연계된 새로운 정보(Relating new information to prior knowledge)

⑤ 전략적 학습(Being strategic)

⑥ 자기 통제와 반성적 사고(Engaging in self-regulation and being reflective)

⑦ 기존 지식의 재구조화(Restructuring prior knowledge)

⑧ 암기보다는 이해에 초점(Aiming to wards understanding rather than memo-rization)

⑨ 전이를 위한 학습 장려(Helping students learn to transfer)

⑩ 충분한 학습 시간 제공(Taking time to practice)

⑪ 발달적 차이 및 개인적 차이 인정(Developmental and individual differences)

⑫ 학습 동기가 충만한 학습자 창출(Creating motivated learners)

한편, 번영계(1996)는 효율적인 교수·학습을 위해 고려해야 할 수업원리를 첫째, 수업목표의 제시, 둘째, 학습동기 유발, 셋째, 학습결손의 발견과 처치, 넷째, 활동내용의 제시와 교수·학습활동, 다섯째, 형성평가와 피드백, 여섯째, 연습과 응용으로 구분하여 제시하였다. 이에 대한 구체적인 설명은 〈표 1-2〉와 같다.

〈표 1-2〉 효율적인 수업을 위한 교수·학습 원리

수업원리	내 용
수업목표의 명확한 제시	• 학습자에게 학습목표를 명확히 인지시키면 학습은 촉진된다. • 학습자에게 학습목표를 획득하는 절차를 이해시키면 학습은 촉진된다. • 학습이 완료되었을 때, 기대되는 결과나 모범작품을 관찰시키면 학습은 촉진된다.
학습동기의 유발	• 학습자가 학습과제에 흥미를 갖도록 하면, 그 수업에 적극적으로 참여하게 된다. • 학습자가 수업목표의 가치를 인식하면, 학습 동기는 높아진다. • 학습자가 수업목표 달성에 자신감을 가지면, 학습 동기는 높아진다. • 학습자가 학습과정에서 성공적인 경험을 하면, 학습 동기는 더욱 높아진다.
학습결손의 발견과 처치	• 학습자가 선수학습 요소를 충분히 획득하고 있을 때, 학습목표 달성은 용이하다. • 학습자가 선수학습 능력에 대한 자신의 결손을 명확히 알 수 있을 때, 보충학습은 효율적으로 이루어진다. • 학습자가 선수학습 능력의 결손부분에 적절한 보완학습의 자료나 보충학습 자료를 제공받으면, 학습자의 결손 보완은 효과적으로 이루어진다.

수업원리	내 용
활동내용의 제시와 교수·학습 활동	• 학습자의 학습능력 수준에 알맞게 학습활동을 개별화시켜 주면, 학습 목표의 달성은 촉진된다. • 학습자가 학습활동에 능동적으로 참여하게 되면, 그 학습자의 학습은 촉진된다. • 수업목표의 유형에 따라 적절한 수업사태를 마련하여 주면, 학습은 효율적으로 이루어진다. • 학습자의 다양한 학습양식에 알맞은 학습 환경을 제공하면, 학습은 효과적으로 이루어진다. • 수업목표의 하위 구성요소들을 계열적으로 순서화하여 그 순서대로 가르치면, 학습자들은 보다 용이하게 학습을 하게 된다. • 학습자의 수업이해력에 알맞게 학습내용을 설명하면, 학습자들은 보다 쉽게 수업목표를 획득할 수 있다. • 새로운 개념이나 원리학습에서 학습자에게 선행조직자를 형성시켜 주면, 그 학습은 보다 유의미한 학습이 될 수 있다. • 수업목표나 수업활동에 알맞은 수업매체가 선택되어 학습자에게 제시되면, 보다 높은 학업성취가 이루어질 수 있다.
형성평가와 피드백	• 학습결과에 대한 정보가 즉각적으로 학습자에게 주어지고 그에 따른 강화가 있을 때, 학습은 효율적으로 이루어진다. • 학습자 자신이 학습결과를 평가할 수 있는 기회가 많으면, 학습결과는 높아진다.
연습과 응용	• 연습은 학습을 확고하게 해 주고 망각을 방지시켜 준다. • 학습한 것을 새롭게 상황에 적용하는 연습을 하면, 학습의 일반화가 증대된다. • 학습자의 개인차를 고려해서 개인의 능력에 알맞은 연습량을 제공하면, 연습의 효과는 높아진다. • 학습자의 개인차를 고려해서 개인의 능력에 알맞은 연습량을 제공하면, 연습의 효과는 높아진다. • 단순한 암기나 공식에 의한 학습보다는 확실하게 이해된 학습을 하면, 그 학습의 파지와 전이는 높아진다. • 학습한 행동을 익숙한 생활주변의 문제에 적용해 보는 경험이 많게 되면, 학습의 전이와 일반화는 높아진다. • 학습 직후에 학습한 내용을 요약·정리해 주면 학습의 파지, 전이 및 일반화 수준은 높아진다.

제 2 장

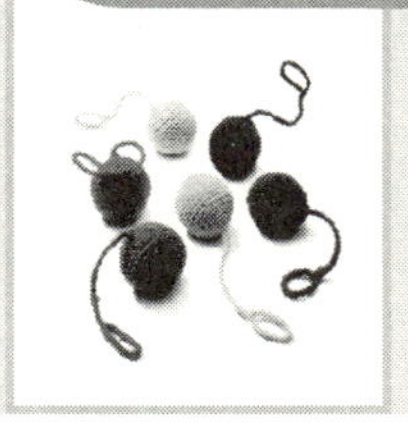

교재 교구의 발달사

1 코메니우스의 세계 도회
(John Amos Comenius, 1592~1670)

체코슬로바키아에서 태어난 코메니우스는 『대교수학』(Didactica Magna, 1632), 『세계도회』(Orbis Sensualum Pictus, 1653~1665)의 자자로 우리에게 잘 알려져 있다. 감각적 실학주의자였던 그는 전통적인 언어 위주의 교육과는 반대로, 감각적 경험을 통해 어린이들을 가르치는 것을 중요시하여, 언어를 사용한 간접경험보다 직접경험이, 일반규칙보다는 구체적인 사례를 이용하는 것이 효과적인 교육방법이라고 주장하였다.

코메니우스는 이러한 그의 교육철학을 반영하여 세계 최초의 그림이 있는 교과서인 『세계도회』를 저술하였다. 이 책은 주어진 주제와 그에 관련된 삽화를 집어넣어 어린이들이 보다 쉽고 정확하게 실제적인 지식을 습득할 수 있도록 하였다. 또한 그림을 통해 언어와 그림 속에 제시된 사물의 지식을 철저하게 학습할 수 있는 욕구와 흥미를 주었다. 이것을 근거로 하여 코메니우스는 현대 시청각 교육의 창시자로 일컬어지고 있으며, 『세계도회』가 갖는 의의는 다음과 같다.

① 어린이를 위한 그림책

『세계도회』의 그림은 이 책을 읽는 모든 어린이에게 흥미를 주었고 내용의 이해를 돕는 삽화로서의 역할을 충분히 달성하였다.

② 시각적 교과서

『세계도회』는 초보적인 언어 교과서로의 의의뿐만이 아니라, 감각주의와 사물주의의 교육 사상이 잘 접목된 형태로 나타나 있다.

③ 범지학의 전체상을 표현한 저작

자연과 인간과 신에 대한 모든 것을 총괄한 통일적 · 보편적인 지식 체계를 정리하려고 한 이 사상을 범지학이라 부른다. 순서가 없이 쓰여진 것처럼 보이는 『세계도회』의 항목의 순서가 범지학의 사상을 반복 표현하였다.

▶ 이 그림은 코메니우스가 1658년에 출판한 『세계도회』(Orbis sensualium Pictus)란 책에 실려 있는 것으로, 포도밭에서 포도를 수확하여 포도주를 만드는 과정을 보여 주는 장면이다. 이 그림은 코메니우스가 직접 스케치한 후 전문가에게 목판에 새기게 하여, 그것을 인쇄하여 책으로 만들었다.

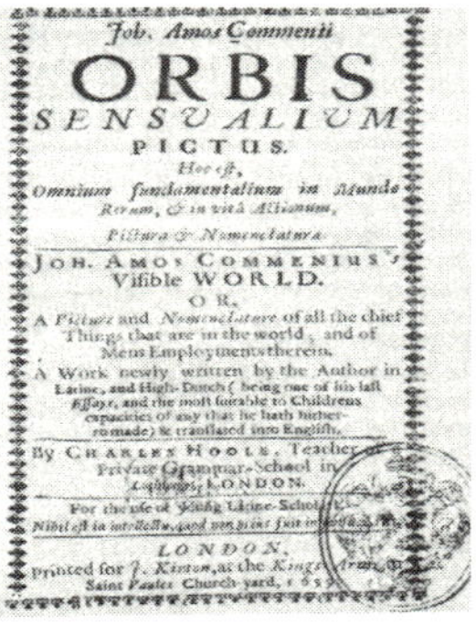
Job. Amos Commenii
ORBIS
SENSUALIUM
PICTUS.
Hoc est,
Omnium fundamentalium in Mundo Rerum, & in vitâ Actionum,
Pictura & Nomenclatura.
JOH. AMOS COMMENIUS's
Visible WORLD.
OR,
A Picture and Nomenclature of all the chief Things that are in the world, and of Mens Employments therein.
A Work newly written by the Author in Latine, and High-Dutch (being one of his last Essays, and the most suitable to Childrens capacities of any that he hath hitherto made) & translated into English.
By CHARLES HOOLE, Teacher of a Private Grammar-School in Lothbury, LONDON.
For the use of Young Latine-Scholars.
Nihil est in intellectu, quod non prius fuit in sensu.
LONDON,
Printed for J. Kirton, at the Kings Arms, in Saint Paules Church-yard, 1659.

▶ 왼편 그림은 코메니우스의 1642년의 모습을 그린 초상화이며, 오른편의 그림은 영국의 런던에서 1659년에 영어로 출판된 코메니우스의 『세계도회』의 표지이다.

〈그림 2-1〉 세계도회

출처 : http://www.comenius.or.kr

2 페스탈로치의 실물교수
(Johann Heinrich Pestalozzi, 1746~1827)

19세기 계몽주의 철학자 중의 한 사람으로 잘 알려진 페스탈로치는 '자연에 따른' 교육을 주장하는 루소의 영향을 많이 받았다. 그는 언어를 통한 주입식 교육의 비능률성을 비판하면서 관찰 즉 감각적 직관이 학습지도의 기초가 되어야 한다고 주장하였다. 여기에서 직관(直觀)은 감성적인 지각처럼 대상의 전체를 직접적으로 파악하는 것을 말하며, 직관에 의한 교육이란 지식을 가르치는데 문자나 구술과 같은 언어보다는 실제의 현상을 직접 관찰시키고 불가능할 때는 표본이나 그림 등을 관찰할 수 있는 경험을 제공하여 교육하는 것을 말한다.

그는 어린이들이 직접 만져 보고, 세어 보며, 느껴 보는 활동을 통해 학습하는 '실물교수(object lesson)' 방법이 어린이들의 본성에 맞는 교육방법이라고 주장하였다. 또한 어린이들을 위한 교육은 직관에서 시작하여 개념으로 나아가야 하며, 언어는 항상 실물 또는 내용과 결부되어야 하고, 가장 단순한 요소에서부터 출발하여 점진적으로 촉진되어야 한다고 하였다. 이러한 그의 대부분의 교육사상과 원리는 현대 초등교육에 흡수되었으며, 오늘날의 교과교재를 통한 교육의 기초가 되었다.

3 프뢰벨의 은물
(Friedrich Wilherm August Fröbel, 1782~1852)

1837년 세계 최초로 유치원을 창설한 프뢰벨은 훌륭한 교육학자이자 유아교육의 아버지로 널리 알려져 있다. 프뢰벨은 놀이 활동을 통한 교육을 시간의 낭비로 여기는 당시의 추세에도 불구하고 유아의 본성에 따르는 교육을 중요시하였다. 또한 유아의 성장에 있어 중요한 역할을 하는 자발성과 창의성이 놀이를 통해 가장 잘 나타

난다고 보았기 때문에 어린이의 교육에 있어 놀이는 아무리 강조되어도 지나치지 않다고 주장하였다. 그러면서 어린이의 놀이는 단순히 신체나 손발의 감각을 키우고 강하게 하는 것만이 아닌 심정의 발달이나 정신 도야 및 내적 감정의 각성을 촉진시킨다고 하였다.

특히, 프뢰벨은 아동기는 놀이를 하는 노력이 가장 왕성한 시기라고 하였다. 이 시기의 어린이들은 생활이 곧 놀이이며, 놀이를 통해서 사물의 상호관계와 인간과의 관계 등에 대해서 배우게 된다고 하였다. 따라서 이 시기에 어린이들의 특성을 충분히 발휘시키고 일깨우기 위한 교사와 부모들의 노력이 필요하다.

프뢰벨은 놀이의 가치를 이론적으로 증명하는 데에 만족하지 않고 어린이들이 놀이감을 통하여 자기를 표현하고 창의력을 기르는데 도움이 되는 교육적인 교구를 개발했다. 프뢰벨이 개발한 교육적인 놀이감인 은물(恩物)은 신이 주신 선물이라는 뜻으로 독일어로 'spielgabe', 영어로는 'gift'라 부른다. 은물은 그 자체로서 완성된 교구가 아니라 도형의 가장 기본인 면, 선, 점으로 이루어져 있어 어린이들이 이 기본 모형을 이용해 자기 스스로 만들고자 하는 것을 만들어 볼 수 있게끔 제작되어 있다.

1) 은물의 종류[1)]

은물은 단계에 따라 총 10세트로 되어 있고, 작업은 11가지 활동으로 구성되어 있는데, 형태 → 면 → 선 → 점의 순으로 되어 있다.

(1) 첫째 은물(자발성과 안정된 정서의 발달)

첫째 은물은 털실로 짠 직경 6cm의 6개의 작은 공으로 이루어져 있다. 공의 색깔은 빨강, 노랑, 파랑, 오렌지, 초록, 보라로 되어 있으며, 공에는 끈이 달려 있다. 그는 어린이에게 주는 놀이감은 단순하고 기본적인 것이 이상적이라고 보았는데, 바로 공은 모든 자연물의 형상이 갖는 기본적인 조건인 면, 선, 점을 그 자체 속에 포

1) 사진 출처 : http://www.froebelgifts.com

함하고 있고, 누구나 쉽고 재미있게 가지고 놀 수 있기 때문에 공을 첫 번째 은물로 사용하였다.

어린이들은 첫째 은물을 사용하여, 색깔 놀이, 수 놀이, 방향놀이, 모방 놀이 등의 다양한 놀이를 할 수 있다. 특히, 어린이들은 공에 달린 끈을 이용하여 공을 흔들어 봄으로써 자기와 대상의 근원적 속성에 대해 자연스럽게 배울 수 있다. 그리고 공을 가지고 놀면서 자연스럽게 공의 특성과 움직임을 이해하고, 공의 다양한 색깔을 통해 삼원색과 삼보색을 이해하며 미적 감각을 발달시킬 수 있다.

〈그림 2-2〉 첫째 은물

(2) 둘째 은물(사물에 대한 이해력과 분별력 발달)

나무로 만든 직경 6cm의 구, 높이 6cm의 원기둥, 한 변의 길이가 6cm인 정육면체로 되어 있다. 구는 첫 번째 은물과는 달리 나무로 만들어져 있기 때문에 한층 완전에 가깝고, 이런 구와 비교할 수 있도록 전혀 성질이 다른 정지상태의 입방체가 추가되며, 원기둥은 이 둘을 매개해 주는 속성을 가지고 있다.

구, 원기둥, 정육면체의 윗부분에는 금속 고리가 붙어 있어 그곳에 끈을 달아 회전놀이를 할 수 있다. 또한 회전놀이를 위한 막대와 틀이 들어 있는 상자가 준비되어 있는데, 상자 뚜껑에는 구멍이 뚫려 있어 그 막대를 세울 수 있도록 하였다. 어린이들은 둘째 은물을 사용하여 회전놀이 등을 할 수 있는데, 이러한 놀이를 통해서 물체가 회전하여도 물체의 속성에는 변함이 없음을 자연스럽게 배울 수 있다.

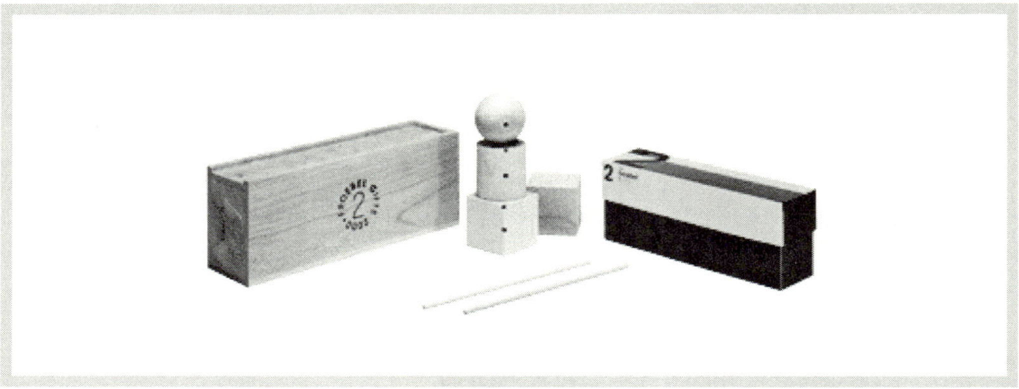

〈그림 2-3〉 둘째 은물

(3) 셋째 은물(사회성과 수리력 발달)

나무로 만든 한 변의 길이가 3cm인 작은 정육면체 8개로 되어 있다. 첫째 은물이 아동의 자발적인 행동을 유발시키고, 둘째 은물이 공간적 형태의 다양성을 경험하게 했다면, 셋째 은물은 비로소 프뢰벨의 놀이정신을 규정하는 신비한 수학적 법칙성과 아름다움을 보여주고 있다. 또한 어린이들은 물체의 겉면만이 아닌 내부까지 알고 싶어 하며, 하나로 되어 있는 것은 분해하려고 하는 요구를 가지고 있고, 점차 수가 많고 복잡한 놀이감을 요구하는 경향이 있는데, 셋째 은물은 어린이들의 이러한 요구에 부응한 은물이다.

셋째 은물은 여러 가지 건축물을 만드는데 사용할 수 있어, 넷째, 다섯째, 여섯째 은물과 함께 건축 은물이라고도 한다. 어린이들은 셋째 은물을 가지고 놀면서 자연스럽게 부분과 전체를 이해하고, 정교한 손의 조작력을 발달시킬 수 있으며, 사고력, 상상력, 수 개념, 미적 감각 등을 발달시킬 수 있다.

〈그림 2-4〉 셋째 은물

(4) 넷째 은물(공간 지각력과 창의력 발달)

넷째 은물은 나무로 만든 각 변의 길이가 1.5cm, 3cm, 6cm인 8개의 직육면체로 구성되어 있다. 넷째 은물은 지금까지 가지고 놀던 정육면체와 달리 서로 다른 세 가지 면을 가지고 있어 셋째 은물보다 복잡하고 실제에 가까운 건축을 할 수 있다. 그러나 셋째 은물과 같이 8개로 구성되어 있으며, 전체를 종합한 모양도 같다.

어린이들은 넷째 은물을 가지고 놀면서 직육면체의 성질을 이해하고, 직육면체와 정육면체의 공통점과 차이점을 알 수 있다. 또한 빈 공간을 이용한 아름다운 구성물을 만들어 보면서 공간과 규칙을 이해하고 미적 감각을 발달시킬 수 있다.

〈그림 2-5〉 넷째 은물

(5) 다섯째 은물(공간 지각력과 표현력 발달)

다섯째 은물은 셋째 은물과 넷째 은물에서 사용한 각 모서리가 6cm인 정육면체보다 3cm가 더 긴 9cm의 정육면체의 가로, 세로, 높이를 각 두 번씩 잘라서 3cm의 작은 정육면체 27개로 만든 것이다. 그 중 3개의 정육면체를 대각선으로 한 번 잘라 삼각기둥 6개를 만들고, 이 중에서 3개의 정육면체를 대각선으로 두 번 잘라 작은 삼각기둥 12개를 만들었다. 이 은물에서는 3이란 수를 기초로 하여 홀수를 취급했다는 것과 또 삼각기둥을 삽입하여 직각 이외에 예각을 알게 하고 면에 있어서도 정사각형 이외에 직사각형과 삼각형을 경험하게 했다는 특색을 가지고 있다.

어린이들은 다섯째 은물을 가지고 놀면서 그 동안 경험하지 못했던 삼각기둥을 사용하여 건축물의 뾰족한 지붕 모양 등을 표현할 수 있다. 또한 셋째 은물이나 넷째 은물보다 길이나 높이, 두께가 충분하고 다양한 모양의 입방체를 사용하여 보다 실제에 가까운 건축물을 만들 수 있기 때문에 공간 구성력, 관찰력 그리고 창작력을 발달시킬 수 있다.

〈그림 2-6〉 다섯째 은물

(6) 여섯째 은물(논리적 사고력과 창의력 발달)

여섯째 은물은 8개의 직육면체로 구성된 넷째 은물을 발전시킨 것으로, 넷째 은물과 똑같은 직육면체 18개, 이 직육면체를 2분등한 높이 6cm, 길이와 폭이 다 같이

1.5cm인 기둥 6개, 높이가 1.5cm, 길이와 폭이 3cm인 받침 12개로 되어 있다.

이 은물의 특색은 직육면체를 잘라 만든 기둥과 받침이 포함되어 있다는 것인데, 이 기둥과 받침을 사용함으로써 빈 공간을 많이 가지고 있는 이상적이고 보다 실제에 가까운 건축물을 만들 수 있다. 여섯째 은물 놀이를 통해 어린이들은 균형 있는 건축물을 만들어 봄으로써 공간 구성력과 상상력 그리고 창의력 등을 발달시킬 수 있다.

〈그림 2-7〉 여섯째 은물

(7) 일곱째 은물(미적 감각과 수리력 발달)

일곱째 은물은 나무로 만든 각종 사각형과 삼각형으로 구성되어 있으며 지금까지의 형태에서 면으로 발달시킨 것이다. 일곱째 은물은 정사각형, 마름모, 원, 반원, 정삼각형, 직각이등변삼각형, 직각삼각형, 둔각이등변삼각형의 8가지 도형으로 이루어져 있다.

일곱째 은물은 8개의 평면도형으로 여러 가지 실물놀이와 무늬놀이가 가능하며, 8가지의 다양한 색깔(3원색, 3보색, 흑색과 백색)을 가지고 있어 색채 감각과 미적 감각도 기를 수 있다. 또한 어린이들은 일곱 번째 은물을 통해 여러 가지 모양과 수를 경험하게 되어 어린이의 창조력과 수리력을 발달시킬 수 있다.

〈그림 2-8〉 일곱째 은물

(8) 여덟째 은물(수리력과 관찰력 발달)

여덟째 은물은 입체의 모서리와 면을 통해 경험한 선을 구체적으로 표현한 금속이나 나무로 만든 가느다란 막대로 되어 있다. 여덟째 은물은 3cm, 6cm, 9cm, 12cm, 15cm의 길이가 다른 5종류의 막대로 구성되어 있다. 막대의 길이는 3cm를 기준으로 해서 3cm씩 규칙적으로 늘였기 때문에 길이를 비교하면서 길이의 차이를 이해하고, 분수 등의 수학적 지식을 익힐 수 있다.

또한 막대를 이용하여 묶음과 낱개를 알고 간단한 연산을 할 수 있으며, 한 선이 만나 각을 이루고 면을 이룬다는 것을 경험할 수 있다. 여덟째 은물은 8가지 색으로 이루어져 있기 때문에 사물을 구체적으로 표현하거나 무늬를 꾸미는 등의 활동을 통해서 관찰력과 미적 감각을 기를 수 있다.

(9) 아홉째 은물(창의력과 미적 감각 발달)

아홉째 은물은 첫째 은물과 둘째 은물에서 경험한 원을 구체적인 곡선으로 표현한 것으로, 금속으로 만든 6cm, 4.5cm, 3cm의 3가지 종류의 고리와 그 고리를 반으로

〈그림 2-9〉 여덟, 아홉째 은물

나눠 만든 반고리로 되어 있다. 아홉째 은물에서는 곡선을 다루고 있기 때문에 고리와 반고리를 사용하여 직선으로는 표현하기 힘들었던 동물이나 사물의 윤곽을 보다 사실적으로 표현할 수 있다.

어린이들은 아홉째 은물을 가지고 놀면서 자연스럽게 곡선의 아름다움을 알고, 곡선으로 이루어진 다양한 패턴을 경험하게 된다. 또한 여덟째 은물에서 사용된 직선과 아홉째 은물에서 사용된 곡선과의 차이점을 알게 되고, 자연스럽게 놀이를 통해서 고리와 반고리의 관계, 원의 지름과 반지름 그리고 둘레를 이해하게 된다.

(10) 열째 은물(본질에 대한 탐구력을 자극)

열째 은물은 모든 형태의 기본이 되는 요소로 형체는 없고 위치만 있는 '점'을 나타낸 것이다. 형체가 없는 추상적인 점을 구체화시키기 위해서 초기에는 부드러운 완두콩이나 초로 만든 작은 구형 등을 사용하였으나 최근에는 바둑알 모양의 작은 구형을 사용하여 점을 입자로 구체화하였다.

열째 은물은 보통 작은 8~9개 색의 점(작은 구형)으로 구성되어 있어, 이를 통해 점을 이어가면서 형태를 만들고, 많고 적음을 측정하며, 수와 연산을 이해할 수 있

〈그림 2-10〉 열째 은물

다. 어린이들은 열째 은물을 가지고 놀면서 크기, 전체와 부분, 위치와 수량, 길이와 크기를 자연스럽게 경험하게 되어 아동의 수학적 사고 발달에 도움을 준다.

2) 작업의 종류

프뢰벨은 은물 외에 11가지 작업을 독창적으로 고안했는데 이것은 교과서나 인쇄물을 주입식으로 가르쳤던 프뢰벨 이전의 유아지도를 생각해 볼 때 획기적인 일이라고 할 수 있다. 11가지의 작업은 다음과 같이 구성되어 있다.

〈점〉

제1작업 : 종이에 구멍 뚫기

제2작업 : 종이에 바느질하기

제3작업 : 그림 그리기

〈면〉

제4작업 : 그림에 물감이나 크레용으로 색칠하기

매트 짜기

출처 : http://cafe.daum.net/gabepower/

종이 접기

출처 : http://www.youtube.com

〈그림 2-11〉

제5작업 : 종이끈으로 형태 만들기

제6작업 : 매트 짜기

제7작업 : 종이 접기

제8작업 : 종이 오리기, 찢어 붙이기, 음영그림 만들기

〈형체〉

제9작업 : 불린 콩으로 구성하기

제10작업 : 종이로 모형 만들기

제11작업 : 찰흙 놀이

현재까지도 프뢰벨이 개발한 11가지 작업은 우리나라뿐만 아니라 전 세계의 많은 유아교육기관에서 여전히 사용되고 있다. 그러나 프뢰벨이 창안한 그대로 사용되지 않고 나라마다의 독특한 문화적 배경과 교육관에 따라 그리고 어린이의 발달 단계에 따라 변형되어 사용되고 있다.

4 몬테소리 교구

(Maria Montessori, 1870~1952)

19세기 후반 이탈리아 귀족집안에서 태어난 몬테소리는 그 당시 이탈리아 최초의 여자 의사이자 교육자이다. 몬테소리는 로마대학 의학부를 졸업하고 로마대학 부속 정신병원의 조수로 일하면서 정신지체 아동들을 접하게 되었다. 그녀는 정신병원에 수용되어 있던 정신지체 아동들이 식사시간이 끝나면 빵부스러기를 찾아 마루를 기어 다니는 것을 보게 되었다. 이것을 본 그녀는 정신지체 아동들이 필요 이상으로 손을 움직이는 것을 보게 되었고, 이러한 그들의 행동이 먹을 것을 찾기 위한 단순한 행동이 아닌 손을 사용하고자 하는 욕구를 반영하고 있음을 알게 되었다.

이러한 그녀의 생각은 정신지체 아동들에게 적절한 교육환경을 제공하면 일반인들과 같은 생활을 할 수 있을 것이라는 생각을 불러일으켰다. 그 후 그녀는 정신지체 아동들을 위한 교육방법을 적극적으로 모색하면서 그들을 위한 교육시설의 필요성을 호소하였다. 1899년 몬테소리의 주장은 열매를 맺어 공립 정신지체학교가 설립되었고, 그녀의 뛰어난 지도와 노력에 의해서 정신지체 아동들은 놀랄만한 발전을 보였다. 그 후 그녀의 관심은 점차 일반 아동들에게로 옮겨가 다시 로마대학 철학과에 진학하여 철학, 실험심리학, 교육학 등을 전공하면서 이타드(Itard), 세강(Séguin)의 교육과 그 업적을 철저하게 연구하였다.

드디어 그녀는 1907년 1월 6일에 '어린이집(Casa dei Bambini, Children's House)'이라는 이름의 교육시설을 설립하여, 슬럼가의 3세부터 7세까지의 어린이들을 대상으로 교육을 실천하였다. 그 후 중류와 상류가의 어린이를 대상으로 한 어린이집도 설립하여 어린이들을 위한 교육에 앞장섰다.

몬테소리는 당시 어린이들을 게으르고 무능한 존재로 보던 일반적인 유아관과는 달리 어린이는 흡수하는 지적 정신을 소유한 지적인 존재이자 적극적이고 활동적인 탐구자로 보았다. 따라서 어린이들이 능동적·적극적·자발적으로 자신의 내적인 힘을 활용하여 스스로 성장을 할 수 있게끔 도와주어야 한다고 주장하였다. 그리하여 어린이들의 내적 욕구를 충족시키며 감각을 자극하여 정신적 발달과 지능을 촉진시킬 수 있는 교구의 필요성을 인식하고 어린이들을 위한 교구를 개발하였다.

1) 몬테소리 교육 내용

몬테소리의 교육내용은 학자에 따라 다르게 분류하고 있지만, 일반적으로 일상생활 훈련, 감각 교구를 통한 훈련, 언어훈련, 학습 준비, 문화적인 것의 훈련으로 나눌 수 있다.

일상생활 훈련과 문화적인 것의 훈련은 그 나라의 지리적 환경조건 및 문화적 환경조건 하의 여러 가지 생활방식을 인격형성에 필요한 작업으로 받아들여 연습하는 것을 목적으로 한다. 감각 교구를 통한 훈련은 어린이의 제 감각의 발달과 형성을 도와 명확하고 강한 지성의 기초를 확립하고, 현재와 미래 사회에 잘 적응할 수 있도록 하는데 목적이 있다. 언어훈련의 목적은 모국어를 정확하게 이해하고 표현하는 기초능력을 기르며, 문화의 전승과 창조의 힘을 발달시켜 사고력, 이해력의 증진을 통한 논리적 과학적인 사고를 확립시키는데 있다. 학습 준비는 어린이들에게 지적 발달을 자극해 가기 위해서 논리적으로 사물을 생각해 가는 힘을 확고하게 몸에 익히게 하는데 의의가 있다.

2) 교사의 역할

교육이란 아동의 자율적인 학습활동을 조장하고 도와주는 것이라고 할 때 교사는 이런 어린이의 활동을 존중하고 꽃피워 나갈 수 있도록 도와주는 역할을 해야 한다. 따라서 교사는 아동을 일방적으로 '가르치는 것'이 아닌 그들이 가진 자연적 에너지를 '이끌어 내는 것'을 본 임무로 한다. 따라서 몬테소리 교육에 있어서의 교사는 어린이의 독립적 발달과 자기 교육을 지켜보는 보조자이자 관찰자의 역할을 담당하는 사람이 되어야 한다.

이처럼 몬테소리 교사의 가장 중요한 역할과 임무는 어린이들을 관찰하여 그들의 바람에 적절히 대처해야 하는 것이다. 그 밖에도 교사는 어린이들의 자발적인 학습이 이루어질 수 있게끔 최적의 환경을 준비하고 조성해주어야 한다. 그리고 어린이들의 학습을 유발하고 촉진할 수 있는 교구와 아동을 연결시키기 위해 교구를 이해하고 어린이들에게 교구사용법을 설명해주는 해설자이자 촉진자로서의 역할을 해야 한다.

3) 교수방법

몬테소리는 세강의 3단계 연습법을 교수방법으로 사용하였다.

1단계는 이름 붙이기 단계이다. 이 단계에서 교사는 명칭과 대상물을 일치시키는 교육을 하는데 주로 "이것은 무엇이다"와 같은 방식으로 어린이들에게 정보를 준다. 2단계는 대상물을 인식시켜 어린이가 그 대상물을 지적하거나 찾아내게 하는 단계로 주로 "무엇 무엇을 여기에 놓아라."하는 식으로 어린이를 연습시킨다. 3단계는 교사의 질문에 기억하고 있는 것을 말하게 하는 단계이다. 이 단계에서는 주로 "이것은 무엇일까요?"와 같은 질문을 어린이들에게 함으로써 어린이가 이름과 사물을 관련지어 기억하는가 하는 것을 확인하는 단계이다.

4) 몬테소리 교구[2)]

몬테소리 교구 중 본 항에서는 일상생활 훈련 교구, 감각 훈련 교구, 학습 준비 교구 중 산수 교구를 살펴보고자 한다.

(1) 일상생활 훈련 교구

일상생활을 위한 훈련에는 환경의 배려, 자기 자신의 관찰과 몸단장, 타인과의 사회적 연관성, 손가락 운동을 하는데 필요한 소근육 연습, 운동의 조절을 위한 대근육 운동 등의 내용을 포함한다.

환경의 배려에 관련된 하위 활동에는 운반하는 작업, 거는 작업, 열고 닫는 작업, 닦는 일과 세탁, 다리미질, 청소(쓸기), 자르기, 꽃병에 물 갈아주기 등의 활동이 포

---

2) 사진 출처 : http://www.modumoa.kr

함된다. 자기 자신의 관찰과 몸단장에 관한 활동에는 입고 벗는 작업, 머리 손질, 손 씻는 일, 코 푸는 방법, 다양한 종류의 단추와 끈 매기 등의 활동이 포함된다. 타인과의 사회적 연관성에 관한 활동에는 자리를 권할 때, 타인의 앞을 지나갈 때, 타인에게 손해를 입혔을 때, 양해를 구하는 말을 하는 방법이나 타인을 괴롭히는 일, 타인을 귀찮게 만지는 일을 하지 않게 하는 활동 등이 포함된다.

손가락 운동을 하는데 필요한 소근육 연습에는 구슬 등을 꿰는 일, 다양한 물체를 분류하는 일, 종이 등을 접는 일, 바느질, 종이 자르기 활동 등이 포함된다. 그리고 운동 조절을 위한 대근육 연습에는 선을 따라 걷기나 발을 가지런히 모으고 앉기, 소리에 귀를 기울이기 등의 정숙 훈련이 포함된다.

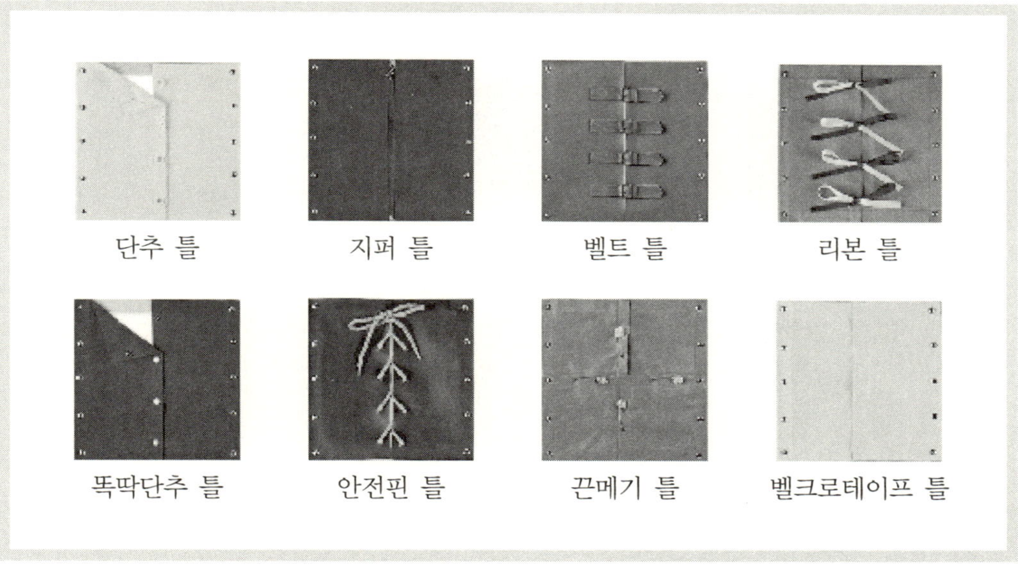

〈그림 2-12〉 자기 자신의 관찰과 몸단장 활동에 사용되는 다양한 종류의 단추와 끈매기 교구

(2) 감각훈련 교구

감각훈련 교구에는 시각, 촉각, 청각, 미각, 후각 교구 등이 있다.

시각 교구는 눈을 사용하여 시각 거리와 수평 시각을 발달시키는 것이 목적으로

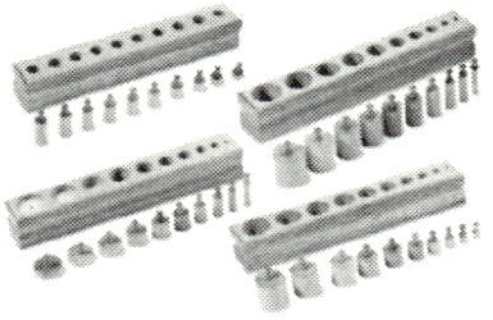

〈꼭지원 기둥 4세트〉

〈분홍탑〉

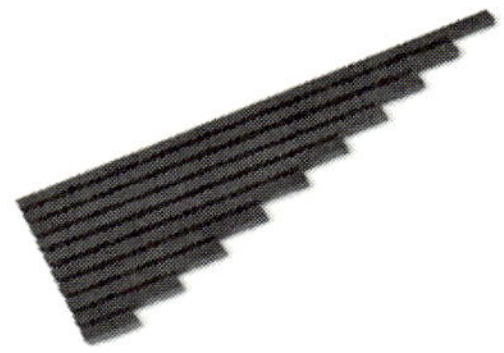

〈빨간 막대〉

〈갈색 계단〉

〈색 원기둥〉

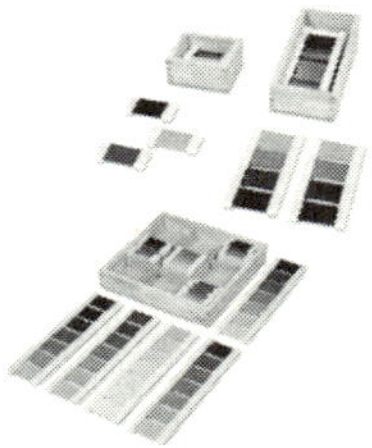

〈색판〉

〈기하 도형 서랍〉

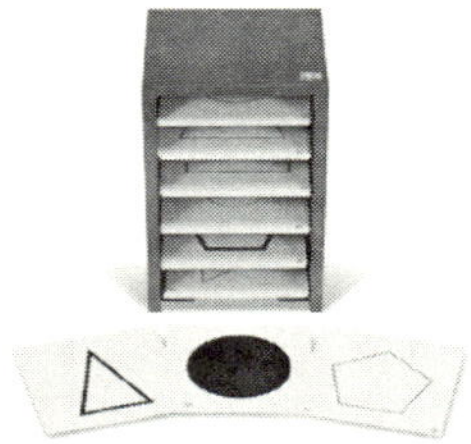

〈기하 도형 카드〉

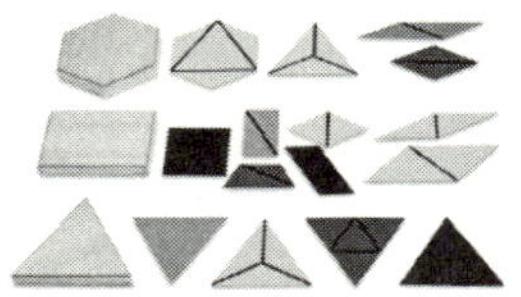

〈구성 삼각형〉

〈그림 2-13〉 시각 교구

교구에는 꼭지원 기둥 4세트, 분홍탑, 빨간 막대, 갈색 계단, 색 원기둥, 색판, 기하 도형 서랍, 기하 도형 카드, 구성 삼각형의 총 9가지 세트로 이루어져 있다.

촉각 교구는 촉각을 이용하여 질감, 무게, 온도, 모양 등을 분별해 내게 하는 것이 목적으로, 촉각판, 무게판, 헝겊 맞추기, 기하입체, 온도판으로 구성되어 있다.

청각 교구는 소리를 들어봄으로써 변별력을 길러 주는 것이 목적으로 교구는 2개의 나무 상자로 구성되어 있으며 같은 소리끼리 짝을 맞출 수 있다. 청각 교구는 2개의 상자, 즉 빨간색 상자와 파란색 상자로 구성되어 있는데 각각의 상자에는 상자의 색과 같은 색이 상단에 칠해진 원기둥이 6개씩 들어 있다.

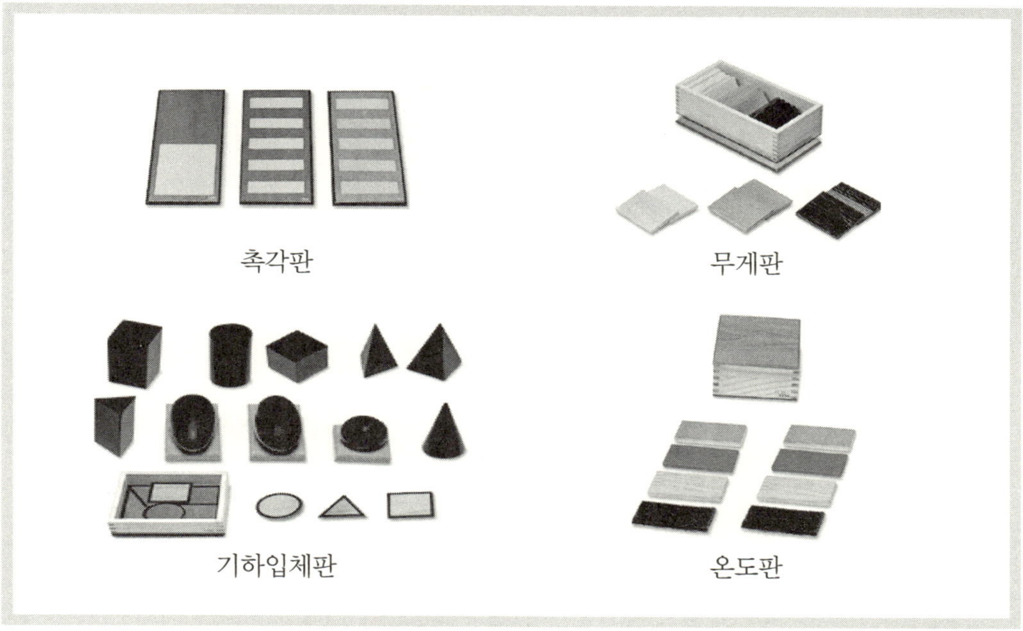

〈그림 2-14〉 촉각 교구

〈그림 2-15〉 청각상자

미각 교구인 미각 항아리(tasting bottles)는 맛을 식별해 내는 경험을 주는 교구이다. 이 교구는 8개의 작은 항아리로 되어 있으며, 단맛, 신맛, 짠맛, 쓴맛이 각각 두 항아리씩으로 총 4개가 한조이다. 각각의 항아리에 담긴 음식물을 하나씩 맛보면서 맛을 언어로 표현하기도 하고 또 짝을 짓기도 하는 활동을 한다.

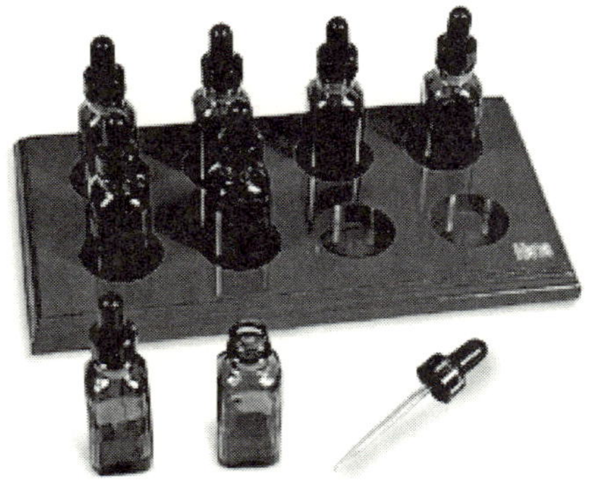

〈그림 2-16〉 미각 항아리

후각 교구인 후각상자(smelling boxes)는 냄새를 맡은 후 냄새를 분별해 내게 하는 것이 이 교구의 목적이다. 이 통들에는 양념이나 독특한 향을 가진 물질들이 들어 있으며 같은 냄새가 나는 것끼리 짝을 이뤄 총 6조(12개의 통)로 구성되어 있다.

〈그림 2-17〉 후각상자

산수 교구는 어린이들이 1~10까지의 수를 세기, 숫자에 대한 개념 갖기, 십진법 알기, 덧셈, 뺄셈, 나눗셈, 곱셈하기, 추상적인 수준에서 수 다루기 등을 목적으로 한다. 산수 교구에는 수 막대기, 숫자판, 수 막대기와 숫자카드, 방추형 막대기 상자, 숫자와 바둑알, 구슬 막대와 숫자카드, 세강판, 색구슬 곱하기, 분수 등이 있다.

수 막대기

숫자판

수 막대기와 숫자카드

방추형 막대기 상자

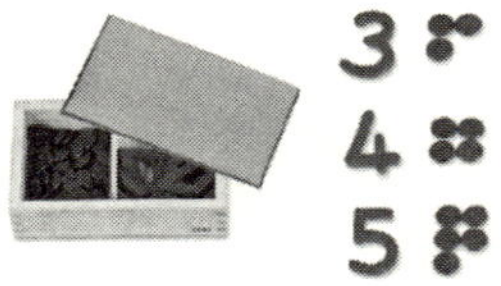

숫자와 바둑알

구슬 막대와 숫자카드

세강판

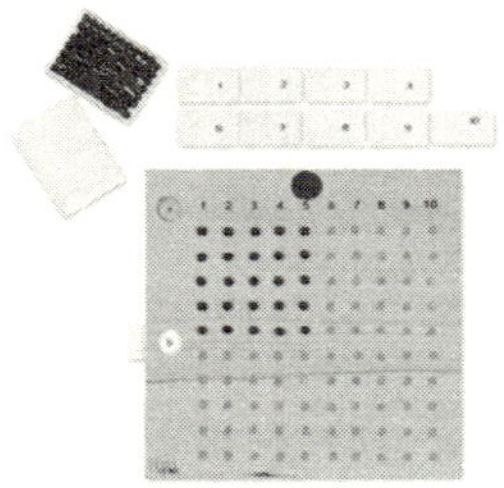

색구슬 곱하기

〈그림 2-18〉 산수 교구

5 라바텔리의 인지 촉진자료
(Celia Stendler Lavatelli, 1912~1976)

라바텔리는 피아제(Piaget)의 발달이론을 유아교육에 적용하여 인지발달을 촉진하기 위한 교구를 개발하였다. 라바텔리의 교구는 분류, 수·측정·공간, 서열에 대한 3가지 주제를 중심으로 만들어졌다.

분류를 위한 교구들은 8세트로 구성되어 있으며, 여기에는 다양한 색과 크기의 구슬과 큐브, 매트릭스 퍼즐, 교통기관들의 분류(비행기, 트럭, 자동차 등), 동물들의 분류(개, 고양이 등), 식기·연장·동물들의 분류(플라스틱 접시, 플라스틱 짐승, 플라스틱 고리, 장난감 연장 세트), 고리와 기하도형, 종이인형과 기차, 다양한 모양의 나무판 등으로 되어 있다.

식기·연장·동물들의 분류

고리와 기하 도형

〈그림 2-19〉 분류를 위한 교구의 예

수·측정·공간을 위한 교구들은 9세트로 되어 있다. 이 세트에는 나무로 된 말, 동전, 큐브, 다양한 크기의 플라스틱 원통, 깔대기 병뚜껑, 플라스틱 자동차와 주차장 그림, 스펀지 블록, 접시 등 식사용 기구, 집 인형, 나무, 차고 등이 있다. 이러한 교구를 통해서 어린이들은 1 : 1 대응, 수 보존, 수 관계 등을 발달시킬 수 있다.

서열은 어떤 물건을 순서에 따라 배열하는 것을 말하는 것으로, 서열화를 위한 교구는 다섯 세트로 구성되어 있다. 여기에는 화분 컷 자료, 인형과 우산그림, 굴곡이 진 판과 직사각형 줄, 기하도형 컷 자료, 구역 퍼즐 세트 등이 있다.

주스 따라 붓기(수 · 측정 · 분류)

기하도형 세트(서열)

〈그림 2-20〉 수 · 측정 · 분류와 서열을 위한 교구의 예

제 3 장

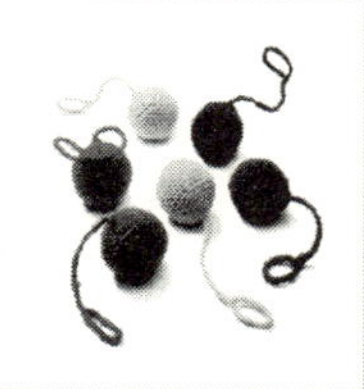

교재 교구의 기초 이론

1 인지와 기억

교과교재는 학습자의 감각기관을 자극하여 목표대상물을 지각하게 하고, 지각함으로써 이해와 사고를 용이하게 하여 태도의 변화를 가져오게 한다. 특수교육적 요구를 가진 아동들의 인지과정을 고려한 교과교재를 제공하는 것은 그들이 학습목표를 보다 효과적으로 달성하는데 도움을 준다. 따라서 특수교육적 요구를 가진 아동들을 위한 교과교재를 선정 및 제작하여 제시하기 위해서는 그들의 인지과정에 대한 이해가 필요하다.

1) 인지과정

1958년 브로드벤트(Broadbent)와 그의 동료들의 '인간본질에 관한 연구'는 그 동안 학습과 기억은 별개의 것이라는 관념을 극적으로 바뀌게 하였다. 브로드벤트와 그의 동료들은 연구에서 최초의 감각입력에서 시작하여 학습과 기억과 행동출력에 이르는 일련의 연속적인 정보의 흐름을 개념화하고, 이 과정을 정보처리과정(information processing)이라고 불렀다.

정보처리이론의 기본적 입장은 인간의 내적 정보처리과정과 컴퓨터의 정보처리과정은 유사하다는 전제하에 인간의 뇌를 상징체계를 다루는 일반적인 장치로 보고 있다. 따라서 정보처이론에서는 인간의 정보처리 체계는 컴퓨터의 하드웨어와 유사한 감각수용(sensory register), 활동기억(working memory), 장기기억(long-term memory)이라는 세 개의 장치로 이루어져 있다고 전제하고 인간의 뇌와 컴퓨터를 연결하여 유추함으로써 뇌에서 정보가 어떻게 처리 되는지를 비롯한 인간의 사고 과정을 밝혀내는 것을 목적으로 한다(박경미, 1993).

이처럼 정보처리이론은 인간의 인지과정에 대한 단순하고 분명한 개념적 틀을 제공해준다는 장점을 가지고 있다. 반면에, 인간의 인지과정을 감각기관에 의한 지각 → 단기기억 단계 → 장기기억 단계로 요약하여 도식적으로 표현하는 데 따른 여러 가지 문제점들도 가지고 있다. 〈그림 3-1〉은 기억에 관한 전형적인 정보처리과정을 도식으로 나타낸 것이다. 정보처리과정을 이해하기 위해 그 구성요소를 다음과 같이 살펴보고자 한다.

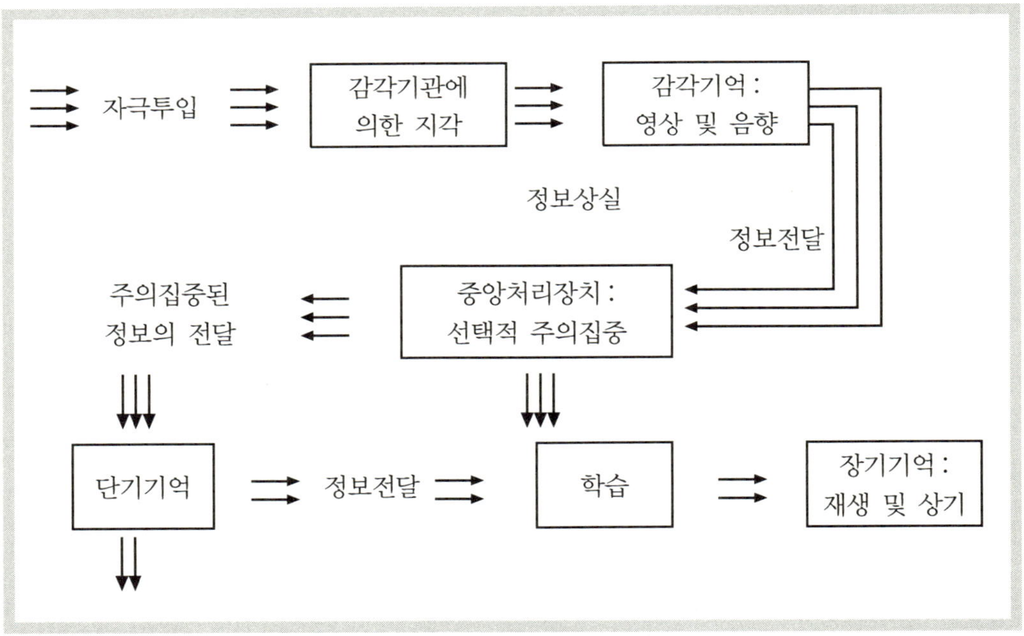

〈그림 3-1〉 인지과정

출처 : 여광응 등(2006). 정신지체아의 심리학적 이해. 서울 : 도서출판 특수교육, p. 18.

(1) 감각수용(지각)

감각수용이란 학습자가 환경으로부터 눈이나 귀와 같은 감각수용기관을 통해 최초로 정보를 받아들이는 과정을 말한다. 즉, 우리가 어떤 것을 보고 듣고 냄새 맡고 하는 것들이 정보처리 단계에 있어 첫 번째가 된다. 감각에 수용된 특정 자극에 아동이 주의를 기울이게 되면 이것은 지각적으로 해석이 된다(정문자, 조정숙, 1998).

이처럼 지각(perception)은 감각정보에 대한 해석 즉, 자극을 탐지하고 여기에 의미를 부여하는 과정을 말한다. 그러나 엄밀히 보면 어린 아동의 지각과 성인의 지각에는 약간의 차이가 있다. 성인도 오감에 의해 외부세계를 감지하지만 성인은 이전의 경험이나 지식에 의거하여 이 지각세계를 해석하고 넓힐 수 있는 반면에 어린 아동은 이러한 사전지식이나 자원이 상대적으로 척박하기 때문에 많은 부분을 지식에 의존하는 경향이 있다. 따라서 어린 아동이 사물을 지각적으로 해석하기 위해서는 성인보다 더 많은 정보가 필요하다.

우리는 수많은 자극과 정보에 둘러싸여 있지만 이 많은 자극을 전부 명확하게 지각하지 못한다. 예를 들어, 자동차를 이용해 약 20분 거리에 있는 직장으로 출근을 한다고 가정해보자. 우리는 이 20분이라는 출근시간 동안 비록 자동차를 운전하고 있기는 하지만 무수한 자극들에 노출이 된다. 거기에는 지나가는 행인이나 거리의 건물과 나무들이 있을 수도 있고, 거리를 달리는 여러 종류의 차들이 있을 수도 있다. 그러나 우리가 주의를 집중하지 않는 한 우리가 운전하면서 보았던 여러 가지 사물들은 우리의 기억 속에 전혀 지각되지 않을 수도 있다.

이처럼 우리는 살아가면서 무수한 자극을 접하게 되지만 다양한 기억에 의하여 모든 정보를 기억하지 못하고 주의집중 과정에 의해 극히 일부만 지각하게 된다. 또한 감각기관을 통해 들어온 정보에 대해 개인이 필요한 정보만을 선택적으로 주의집중하거나 의식함으로써 선별적으로 받아들일 수도 있는데, 이를 '선택적 주의집중'이라고 한다.

그러나 특수교육적 요구를 가진 아동들의 경우 어느 한 자극에 주의를 기울이거나 경쟁자극을 무시하기가 대단히 어렵다. 따라서 어떠한 자극이나 정보를 지각하기 위해서는 보다 정교화되고 체계화된 정보를 제공해야 할 필요가 있다. 김정규 등(2007)은 교재의 조직화, 친숙도와 의미성, 난이도, 이용되는 감각의 종류 등이 학습자의 주의 집중에 많은 영향을 미친다고 하였다. 따라서 특수교육적 요구를 가진 학생들의 주의집중력을 높이기 위해서는 학습자들에게 친숙하고 그들의 능력으로 해결할 수 있는 체계적이고 조직화된 자극물(교재)을 사용할 필요가 있다.

또한 학습자에게 수업의 목적을 분명하게 말해주고, 다양한 신호를 사용하며, 호기심과 놀라움을 자극할 수 있는 자료 등을 사용한다면 학생들의 주의집중력을 유발시키고 유지시키는데 도움이 될 것이다(김아영 등, 2007).

(2) 감각기억

감각기억(sensory memory)은 어떤 정보가 지각된 최초의 순간에 기억되는 것을 말한다. 그렇기 때문에 들어오는 정보를 기억하고서 아주 짧은 시간 동안만 유지하는, 정보처리계에 있는 일종의 지각 저장고라고 할 수 있다.

일반적으로 감각기억의 용량은 아주 커서 우리가 한 번에 다룰 수 있는 양 이상의 정보를 담고 있을 수 있다. 그리고 정보를 아주 정확하게 저장할 수 있지만 그 지속시간은 매우 짧다. 보통 시각의 경우는 약 1초 정도, 청각인 경우는 약 4초 정도 정보를 저장할 수 있다고 알려져 있어 초단기 기억이라고도 불린다. 따라서 감각기억된 정보들은 즉시 처리되지 않으면 곧 사라지게 되며, 주의를 기울인 정보나 선택적으로 지각된 정보는 단기기억(short-term memory : STM)으로 넘어간다.

(3) 중앙처리자

중앙처리자는 집행적 결정자(executive decision)라고도 하는데, 정보를 받아들일 것인지 아니면 탈락시킬 것인지를 결정하는 중요한 역할을 한다. 즉, 사람이 학습하고 기억하게 되는 것과 망각하는 것들이 바로 여기에서 결정된다.

이 때 중앙처리자는 선택적 주의집중(selective attention)을 사용함으로써 그것을 결정한다. 선택적 주의집중은 어떤 학습자가 기능적 가치가 큰 자극이나 목표와 관련된 자극에 주의를 집중하고 그 이외의 자극을 무시하는 것을 말한다.

(4) 단기기억

단기기억은 작동기억(working memory) 또는 1차 기억(primary memory)이라고도 한다. 단기기억은 일시적으로 사용하는 기억으로 사용하는 동안만 보존되다가 불필요해지면 바로 제거가 된다. 이처럼 단기기억은 짧은 저장을 뜻하며, 새로운 정보를 15초에서 20초가량 담아둘 수 있는 즉각적인 기억을 가리킨다(Baddeley, 2001). 또한 일반적인 성인의 경우 한 번에 기억할 수 있는 정보의 용량은 7±2개에 불과하다.

따라서 단기기억의 정보를 더 오랫동안 그리고 더 많은 양을 기억하기 위해서 시연, 정교화, 군집화 등의 전략을 사용할 필요가 있다.

(5) 장기기억

장기기억(long-term memory)은 짧은 기억의 단기기억을 넘어서서 무한한 정보를 비교적 영속적으로 저장할 수 있는 곳이다. 정보가 장기기억 내에 영구적으로 저장되기 위해서는 부호화 과정을 거치게 된다. 부호화 과정에서 정보는 단순하게 복사되는 것이 아니라 장기기억 체계로 저장되기 위해 정보의 정교화, 조직화, 심상화, 기억술 등의 다양한 방법을 사용한다(Reed, 2000).

일반적으로 장기기억은 일상기억(episodic memory)과 의미기억(semantic memory)의 두 부분으로 구성되어 있다. 일상기억은 일화기억이라고도 하는데, 주로 개인의 경험을 보유하는 저장소이다. 일상기억의 정보는 주로 이미지로 부호화되며, 정보가 발생한 시간과 장소를 기초로 조직된다. 이러한 일상기억은 기억되는 경험이 매우 의미 있는 경우가 아닐 경우에는 종종 인출에 실패하는 경향이 있는데 이는 보다 최근에 발생한 정보에 의하여 오래된 정보의 인출이 방해가 되기 때문이다.

의미기억은 우리가 아는 사실과 일반적인 정보들로 구성되어 있는데, 개념과 원리, 규칙, 문제해결기술, 학습전략, 일반화 등의 정보들이 의미기억의 내용들에 속한다. 따라서 학교에서 학습한 대부분의 지식과 정보들은 의미기억으로 조직되어 저장되며, 이렇게 조직된 정보는 다른 정보를 이해하거나 기억하는데 효과적이다. 의미기억에 저장되는 정보들은 서로 연관을 맺으면서 체계적인 네트워크를 구성하게 되는데, 이는 교육과 관련하여 매우 중요한 의미를 갖는다(김영봉 등, 2007).

〈표 3-1〉 단기기억과 장기기억

기억유형	입력	용량	지속시간	내용	인출
단기 기억	아주 빠름	제한되어 있음 (7±2 chunk)	아주 짧음 (15~20초)	단어, 심상, 아이디어, 문장	즉각적
장기 기억	비교적 느림	사실상 무제한	사실상 무제한	명제망, 도식, 산출, 일화, 심상	표상과 조직에 따라 달라짐

2 브르너의 지식의 구조

브르너(Bruner, 1966)는 "어떤 교과든지 지적으로 올바른 형식으로 표현하면 어떤 발달단계에 있는 어떤 어린이에게도 효과적으로 가르칠 수 있다"(Bruner, 1960)고 주장하였다. 이와 관련하여 브르너는 어린이들이 세계를 알아보기 위하여 어떻게 심상을 정보처리 하는가를 밝혔는데 이는 행동적 표현(enactive representation), 영상적 표현(iconic representation), 상징적 표현(symbolic representation)의 3가지 양식이라고 주장하였다.

브르너는 「교수이론서설」(1968)에서 천칭의 원리와 이차함수를 가르치는 예를 제시하면서 동일한 지식을 세 가지 표현방식으로 구분하여 제시할 수 있다는 것을 보여주었다. 브르너는 천칭의 원리를 가르치는 경우, 아주 어린 아동들은 직접 시소를 타면서 자기가 탄 쪽이 내려가도록 하려면 받침으로부터 멀리 앉아야 한다는 것을 체험을 통해서 안다(행동적 표현). 그보다 나이든 아이들은 천칭의 모형을 다루거나 그림을 통하여 천칭의 원리를 이해한다(영상적 표현). 그리고 가장 나이든 아이들은 천칭의 원리를 나타내는 언어나 공식을 사용하여 천칭의 원리를 이해하는 데 이를 상징적 표현 단계라고 한다.

다음으로 이차함수를 가르치는 경우에는 아주 어린 아동들에게는 나무토막을 정사각형으로 짜 맞추는 행동적 표현 방법에 의해서 가르치고, 그보다 나이든 아이에게는 잘 맞추어진 나무토막을 보거나 머리 속에 그리는 것과 같은 영상적 표현으로 가르치며, 가장 나이 든 아이에게는 $(x+2)^2=x^2+4x+4$와 같은 추상적 기호체계를 사용한 상징적 표현 방법을 사용하여 가르친다. 이처럼 브르너는 아주 어린 아이들은 아동들이 직접 환경과 접촉하는 행위를 통해서 지식을 획득하지만 아이들이 나이가 들수록 그림이나 정신적인 상을 이용하거나 언어와 같은 상징적 체계를 이용하여 지식을 획득할 수 있다고 주장하였다. 그러면서 가장 이상적인 교육내용의 제시 순서는 행동적, 영상적, 상징적 표현 단계라고 하였다.

또한 브르너는 연령이나 성장 환경에 따라 어린이들이 보다 이해하기 쉬운 표현 방식이 있으리라는 것을 당연한 것으로 받아들이면서, 초등학교와 중등학교에서 가르치는 학습 자료가 어떤 기본적인 성격을 나타내고 있는지에 관해 끊임없이 재조사하였다. 이러한 브르너의 노력들은 각각의 발달단계에 맞는 학습내용의 구조화와 학습 자료가 어린이들의 학습에서 얼마나 중요한지를 보여주고 있다.

따라서 특수교육적 요구를 가진 아동들을 보다 효과적으로 가르치기 위해서는 그들의 인지적 발달단계에 적절한 여러 가지 교재 교구를 적절히 사용하여 그들의 경험의 범위를 확장하고 지식의 구조를 형성할 수 있도록 해야 한다.

3 의사소통 이론

의사소통(意思疏通)이란 '나누다', '전달하다', '관여 · 공유하다'라는 뜻을 가진 라틴어 communicare에서 유래된 말로, 의사소통에 대한 개념은 학자에 따라 다르게 정의되어 왔다. Lewis(1975)는 의사소통을 전달자와 수신자 간에 이해의 정도를 높이기 위한 메시지, 아이디어, 태도 등을 나누는 것이라고 정의하였으며, Plax 등(1993)은 의도한 것과 비슷하게 수신자들이 이해할 수 있게 정보를 전달할 수 있도록 상징, 기호 및 상황적 단서 등을 활용하여 의미를 표현하기 위해 메시지를 보내는 관계적 과정이라고 정의하였다(Hoy, Miskel, 2007). 김창걸(2003)은 개인 간·집단 간·조직 간에 언어, 기호, 동작, 기계 등 어떤 매체를 사용하여 정보나 메시지를 교환하여 상호 공통된 이해에 도달하며, 상호간의 행동에 영향을 주거나 변화를 가져오게 하는 계획적인 행동과정 및 기능이라고 정의하였다.

이러한 다양한 의사소통에 대한 정의는 공통적으로 '개체 간에 공동의 상징체계를 통해 의미를 주고받는 것'이라는 의미를 내포하고 있다. 인간은 의사소통을 통하여 새로운 지식을 얻기도 하고, 자신의 생각이나 행동을 다른 사람에게 전달하기도 한다. 따라서 학교에서 생활하는 시간이 많고, 학교 교육을 통해 많은 지식을 배우는 학생들에게 있어 의사소통은 가장 중요한 요소의 하나라 할 수 있다.

일반적으로 학교에서 이루어지는 학습은 교사와 아동, 아동과 아동 그리고 아동과 교재 교구와의 상호작용 즉, 의사소통 과정 속에서 이루어진다. 따라서 학습 상황에서 교사 – 아동 – 교재 교구와의 원활한 상호작용이 이루어지지 않는다면 수업을 통해 전달하고자 하는 수업목표를 효과적으로 달성하는데 어려움이 있다. 특히, 특수교육적 요구를 가진 아동들의 경우 인지적 및 신체적 제한을 가지고 있는 경우가 많기 때문에 이들이 효과적으로 수업목표를 달성하기 위해서는 그들의 제한점을 보완해 줄 수 있는 다양한 교재 교구가 필요하다.

의사소통에서 사용되는 중요한 개념이 몇 가지가 있는데, 여기에는 송신자, 메시지, 채널, 수신자, 피드백, 잡음 등이 있다.

송신자(sender)는 메시지를 만들어 수신자에게 보내는 사람을 의미하며, 교실에서는 주로, 교사, 아동 또는 교재 교구가 여기에 해당한다. 메시지(message)는 송신자에 의해 만들어진 정보로서, 교실에서는 학습 내용이나 수신자에게 전달되는 자극을 의미한다. 채널(channel)은 송신자가 기호화된 메시지를 수신자에 옮겨 주는 것으로, 주로 교실에서는 TV, 라디오, 책과 같은 시청각 매체 등이 이에 해당된다. 수신자(receiver)는 송신자가 보내온 메시지를 받는 사람이나 집단으로서 받은 메시지를 해독하고 거기에 의미를 부여하는 역할을 한다. 피드백(feedback)은 송신과 수신의 반복적인 과정을 통하여 문제가 되는 점을 알아내고 이를 수정 및 보완하여 의사소통이 지속적으로 정확하고도 원활하게 이루어지도록 하기 위한 요소이다. 소음(noise)은 본래 전달하고자 했던 의미를 방해하는 요소로 메시지의 전달을 방해하는 원천을 말한다. 소음에는 물리적 소음과 심리적 소음이 있는데, 물리적 소음은 주로 환경적인 것(좌석 배치, 교실의 소란함 정도 등)과 관련이 있으며, 심리적 소음은 아동의 지적 수준, 부적절한 교재 교구의 사용 등이 해당된다.

요약하면, 교실에서는 교수자(송신자)가 학습내용(메시지)을 그림이나 슬라이드, 사진 등과 같은 교과교재 등(채널)을 통하여 학습자(수신자)에게 전달하는데, 학습자는 전달받은 메시지를 해독한 후 웃음, 몸짓, 질문, 대답 등의 반응으로 나타내며, 이러한 과정이 되풀이되면서 의사소통이 이루어진다.

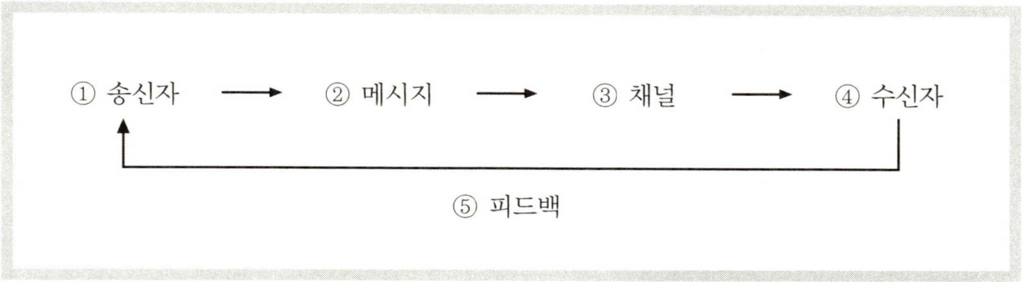

〈그림 3-2〉 의사소통 체제

제 4 장

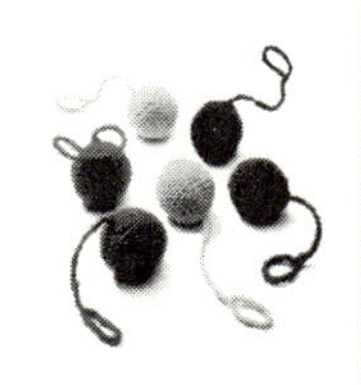

교재 교구의 활용

1 교재 교구의 분류

교재 교구는 그 기능이 복합적이고 종류도 많아서 이를 정확하게 분류하는데 어려움이 있다. 따라서 학자에 따라 여러 가지 분류 기준에 의해 분류하고 있는데, 이 장에서는 가장 널리 알려져 있는 경험의 구체성과 추상성에 따른 분류, 상징체계에 따른 분류, 기재의 종류에 따른 분류, 제작 주체에 따라 분류하여 교재 교구를 살펴보고자 한다.

1) 경험의 구체성과 추상성에 따른 분류

데일(Edgar Dale)은 진보주의 교육에 기초하여 현대적인 시청각 교육을 체계화한 시청각 교육학자이다. 데일은 여러 종류의 시각적 교재를 그것이 갖는 구체성과 추상성을 기준으로 분류한 호반(Haban)의 모형을 더욱 확장하여 '경험의 원추(cone of experience)' 모형을 제시하였다. 경험의 원추 모형은 시청각 교재가 제공하는 경험의 구체성과 추상성의 정도에 따라 다양한 교재와 교수방법을 분류한다. 따라서 경험의 원추는 상부로 올라갈수록 학습 경험의 추상성이 높아지고 하부로 내려갈수록 구체성이 높아진다.

특히, 경험의 원추는 학습자가 학습 사태에 직접 참여하게 되는지, 아니면 단순히 관찰만을 하게 되는지, 또 관찰만을 한다면 구체적인 사물이나 시청각 자료를 관찰하는 것인지, 아니면 말이나 글 등 상징체계를 통해 전달되는 메시지만을 관찰하는지에 따라 이들의 구체성과 추상성 수준을 구분하였다(Heinich et al., 1999). 그리고 학습자가 가지는 경험을 브르너가 밝힌 지식의 3가지 표상 단계인 행동적 표상 단계, 영상적 표상 단계, 상징적 표상 단계로 나눠서 설명하고 있는데 이는 교수방법의 형태가 학습경험의 추상성과 구체성의 정도에 따라 달라질 수 있음을 시사한다.

데일의 경험의 원추는 시청각 교육을 체계화하여, 학교현장에서 시청각 자료를 쉽게 활용할 수 있는 실질적인 가이드라인을 제시해 주었다는데 의의가 있다. 그러나 시청각 자료를 통한 경험의 한계가 명확하지 않음에도 불구하고 각각의 경험을 명확히 구분하여 제시하고 있다는 제한점을 가지고 있다. 또한 특정한 경험이 더 좋다고 규정하기 어려움에도 불구하고 마치 추상적 경험이 구체적 경험보다 더 중요한 것으로 인식되기 쉽다. 그리고 교육과정 속에 시청각 교재를 포함시킴으로써 교수방법의

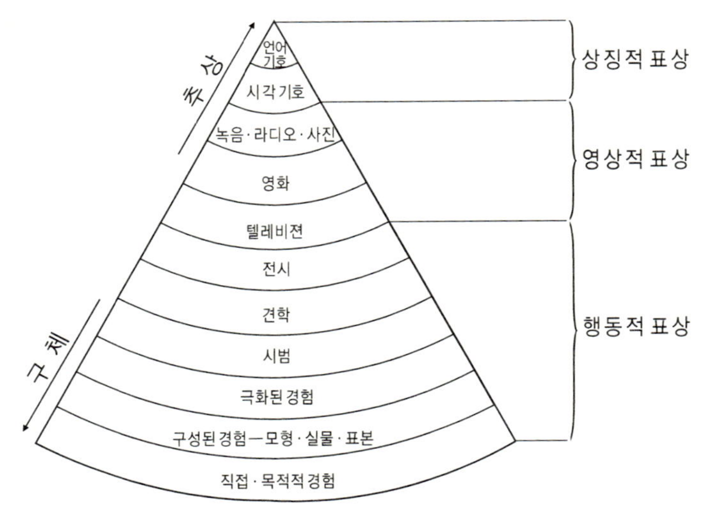

〈그림 4-1〉 데일의 경험의 원추

출처 : 정문자, 조정숙(1998). 교과교재연구 및 지도. 서울 : 한국방송대학교 출판부, p. 83.

개선을 시도하였으나 시청각 교수자료 자체의 효과만을 너무 강조한 나머지 교수·학습 과정을 간과한 아쉬움이 있다.

2) 상징체계에 따른 분류

상징체계에 따른 분류방식은 교재 교구가 정보를 제공하는 형태와 감각통로를 기준으로 분류한다. 이지헌 등(2006)은 이를 시각 교재 교구, 청각 교재 교구, 시청각 교재 교구, 상호작용 교재 교구로 구분하였다. 이 책에서는 이지헌 등(2006)이 제시한 분류방식을 토대로 특수교육기관에서 활용할 수 있는 교재 교구를 〈표 4-1〉과 같이 분류하여 제시하였다.

〈표 4-1〉 상징체계에 따른 교재 교구의 분류

시각 교재 교구	청각 교재 교구	시청각 교재 교구	상호작용 교재 교구
게시판, 융판, 그림, 실물, 모형, 표본, 디오라마, 사진, 도표, 그래프, 괘도, 포스터, 칠판, 만화 등	라디오, 녹음기, 오디오, 카세트테이프, CD, 음반 등	녹음된 슬라이드 세트, 인형극, 견학, TV, 발성영화, 그림 이야기 등	상호작용 비디오, 쌍방향 TV, 멀티미디어, 컴퓨터 보조수업, 인터넷 등

3) 기재의 종류에 따른 분류[3)]

교재 교구 사용 시 사용되는 다양한 기재들은 종류에 따라 간이 교재 교구, 영사 교재 교구, 전자 교재 교구 등으로 분류할 수 있다.

3) 강혜숙 등(2009). 교재·교구의 이론과 실제. 서울: 공동체, p. 45쪽의 내용을 수정한 것임

기재의 종류	교재 교구의 유형		특징
간이 교재 교구	평면자료	그림, 사진, 융판, 자석판, 게시판, 포스터, 그림책 등	• 비용이 저렴함 • 제작이 간편함
	입체자료	디오라마, 입체동화, 모형, 표본, 실물, 인형 등	
영사 교재 교구	슬라이드, OHP 필름, 실물환등기 등		• 조명장치, 암막시설 등의 교재 교구 활용을 위한 장비가 필요함
전자 교재 교구	VCR, TV, 컴퓨터, 라디오, 음반, 녹음테이프, CD 등		• 비용이 고가임 • 교재 교구 사용법 및 기능에 관한 확실한 지식과 기술이 요구됨

출처 : 강혜숙 등(2009). 교재 · 교구의 이론과 실제. 서울 : 공동체, p. 45 재구성

4) 제작 주체에 따른 분류

특수교육기관에서 아동과 교사가 활용하는 교재 교구는 상품화되어 있는 것과 교사가 제작한 것으로 분류할 수 있다.

일반적으로 교사가 직접 제작한 교재 교구는 상품화 된 교재 교구에 비해 견고성이 약한 경향이 있다. 그러나 교사가 수업내용, 아동의 수준, 흥미, 제시 시기 등을 고려하여 교재 교구를 직접 제작하기 때문에 오히려 상품화된 교재 교구보다 아동의 흥미를 유발하는데 효과적인 경우가 많다. 그리고 교사가 직접 교재 교구를 제작하였기 때문에 교재 교구에 대해서 잘 알고 활용할 수 있다는 장점이 있다.

보통 교사들은 한 가지의 교재 교구를 만들더라도 다양한 종류의 재료를 사용하여 만들거나 주변에서 쉽게 볼 수 있는 재활용품과 생활용품 등을 활용하여 교재 교구를 만든다. 그리고 완성된 교재 교구를 수업 시간에 아동들에게 적용해 본 후 아동들이 선호하거나 수업 목표를 달성하는데 더 효과적인 방법으로 교재 교구를 계속적으로 수정하거나 변형하여 사용한다. 그렇기 때문에 교사가 제작한 교재 교구는 상품화된 교재 교구보다 견고성이나 정교성에서는 부족하더라도 아동의 다양한 감각기

관을 자극하여 그들의 상상력과 창의력을 발달시키는 데 더 효과적인 경우도 많다.

몬테소리 교구, 오르다 교구, 인지촉진 교구 등 여러 종류의 교재 교구가 상품화되어 보급되고 있다. 특히 최근에는 많은 교재 교구 제작업체에서 특수교육 교육과정과 치료교육을 위한 교재 교구를 제작하고 있다. 이러한 상품화된 교재 교구들은 교사가 직접 제작한 교재 교구보다 견고할 뿐만 아니라 색채나 디자인도 뛰어나다. 그러나 상품화된 교재 교구들은 일반적으로 고가인 경우가 많기 때문에 아동의 학습활동에 있어서 꼭 필요하며, 재 사용의 가치가 높은 경우에만 구입하는 것이 바람직하다.

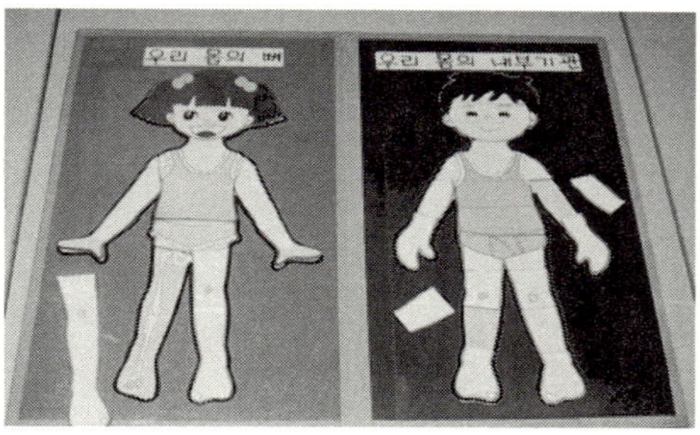

〈그림 4-2〉 교사가 제작한 교재 교구 예시

〈그림 4-3〉 오르다 교구 (거리 좁혀 맞추기)

2 교재 교구의 선정과 배치

1) 선정

특수교육 기관에서 아동과 교사가 활용하는 교재 교구는 매우 많다. 따라서 교재 교구를 선정 및 구입하는데 있어서 적절한 선택기준을 마련한 다음 그 기준에 따라

하나하나의 교재 교구를 검토한 후 적합한 교재 교구를 활용하는 것이 바람직하다.

특수교육 기관에서 교수활동을 위해서 교재 교구를 선정 및 구입할 때 고려해야 할 사항들은 다음과 같다.

(1) 기능적 및 교육적 요구

① **안정성**(safety) : 아동들이 사용하기에 유독성이 없고 깨끗한가? 끝부분이 모나지 않았는가?

② **내구성**(durability) : 부딪히거나 눌러도 손상되지 않도록 견고한가? 열에 잘 견디고, 보관이 용이한가?

③ **적절성**(appropriateness) : 학습목표 달성에 적합한 자료인가? 어휘수준 · 개념 난이도 · 전개방식 · 흥미유도가 적절하게 배려되어 있는가?

④ **경제성**(acountability) : 가격이 적당한가? 수리에 드는 비용은 어느 정도인가? 비용 효과적인 측면을 배려했을 때 가치가 있는가? 구입하는 것이 유료 대여하는 것보다 경제적인가?

⑤ **질적 양호성**(quality) : 화상의 질은 어떠한가? 음이 선명하고 명료하여 이해에 불편이 없는가? 초점은 잘 맞는가? 실제 크기와의 관련성은 어떠한가? 색채는 효과적으로 적절히 사용하고 있는가?

⑥ **신빙성**(authenticity) : 내용이 정확하고 최신성을 지니고 있는가? 자격을 갖춘 저자와 제작자에 의해 만들어진 것인가?

⑦ **이용 가능도**(availability) : 필요할 때 언제나 이용할 수 있는가?

⑧ **흥미**(interest) : 학습자의 경험과 관련성이 있는가? 지적인 도전이나 호기심을 충족시켜 주는가? 상상력과 창의성을 유발시키는가?

⑨ **조직과 균형**(organization and balance) : 논리적으로 내용이 전개되고 있는가? 내용전개에 편견은 없는가? 음악 · 삽화 · 캡션의 사용이 적절한가? 내용이 통합적으로 조직되어 있는가?

⑩ **동반자료**(company data) : 교수자와 학습자들을 위한 안내문이 첨부되어 있는가? 동반된 자료가 적절한 것인가?

⑪ **다목적성(multi purpose)**: 대집단, 중집단, 개별학습 등 다양한 용도로 사용할 수 있는가? 별도의 어댑터를 부착하면 다른 기능을 발휘할 수 있는가?

(2) 기타

① **관리의 용이성**: 깨끗하고 부식되지 않는가? 가볍고 옮기기 쉬운가? 공간을 적게 차지하는가?

② **매력성**: 색상이나 디자인이 잘 되어 있어 심리적 즐거움을 느낄 수 있는가? 질감이나 촉감이 좋아 가지고 놀고 싶은 욕구를 느끼게 하는가?

③ **교사의 기호**: 교사의 기호가 아닌 아동들의 선호도를 고려하였는가?

2) 배치

효과적으로 교재 교구를 사용하기 위해서는 활동 영역별로 배치하는 것이 좋다. 활동 영역별로 교재 교구를 배치하면, 공간을 융통성 있게 사용할 수 있다는 장점이 있다. 특히, 활동 영역별로 교재 교구를 배치하면 물리적·시간적으로 한계가 분명해지기 때문에 아동이 활동에 주의를 집중할 수 있고 심리적으로 안정감을 느낄 수 있다. 그리고 아동의 활동에 대한 선택의 기회를 풍부하게 제공할 수 있으며, 다양한 활동에 고루 참여할 수 있도록 교사가 배려할 수 있다. 이 밖에도 활동 영역별로 교재 교구를 배치하면 아동 스스로가 자신의 단계에 맞추어 활동을 진행하면서 자율성과 신체적 활동 능력이 발달할 수 있다.

이러한 강점으로 인해 특수학교나 특수학급에서는 활동 영역별로 교재 교구를 배치하는 경우가 많다. 예를 들면, 〈표 4-2〉와 같이 쌓기 놀이 영역, 역할 놀이 영역, 언어 영역, 수학 영역, 과학 영역, 음악 영역, 미술 영역, 컴퓨터 관련 교재 교구 영역, 목공 놀이 영역 등으로 나누어 배치하기도 한다. 이처럼 활동 영역별로 교재 교구를 배치했다 하더라도, 계절의 변화나 학습 내용(단원)과 아동의 흥미 등을 고려하여 주기적으로 영역별 교재 교구의 구성에 변화를 주는 것이 좋다. 특히, 〈표 4-3〉과 같은 몇 가지 유의점을 고려하여 교재 교구를 제시한다면 보다 효과적으로 교재 교구를 활용할 수 있다.

〈표 4-2〉 영역별 활용 가능한 교재 교구

영역	활용할 수 있는 교재 교구
쌓기 놀이 영역	기본 블록들(유닛 블록, 공간 블록, 종이 벽돌 블록 등), 운송 기관류(다양한 자동차류, 배, 비행기, 기차 등), 인형류(모형 동물이나 사람 등), 기타 소품류(교통 표지판, 신호등, 운전대, 가면 등)
조작 놀이 영역	조작적 활동을 위한 자료(그림 맞추기, 숫자 퍼즐, 도형 퍼즐), 구성하기를 위한 자료(레고 블록, 꽃 블록), 일상생활 활동을 위한 자료(지퍼 올리기, 단추 끼우기, 끈 꿰기, 벨트), 게임을 위한 자료(주사위, 말, 게임판)
역할 놀이 영역	소꿉놀이(주방용품, 일상용품, 의류, 기타소품 등), 운송 기관 놀이(핸들, 모자, 운전사 조종사 의상 등), 병원 놀이 세트 및 병원 놀이 용품, 가게 놀이(모형 과일, 야채, 생선, 헌 계산기 등)
언어 영역	말하기 자료(이야기 꾸미기 자료와 융판, 여러 가지 손 인형 등), 듣기 자료(카세트 테이프와 녹음기, 이어폰, 막대 인형 등), 읽기 자료(다양한 책과 책꽂이, 이야기책, 사전류), 쓰기 자료(여러 종류의 종이류, 사인펜, 매직 등의 쓸 수 있는 재료들)
조형 영역	점토류(찰흙, 밀가루 점토, 지점토 등), 붙이고 자르는 도구(가위, 풀, 끈 등), 크기, 색, 질감이 다양한 종이류, 그리거나 쓸 수 있는 도구(화판, 크레파스, 사인펜, 연필 등)
수 놀이 영역	수 개념 준비 단계(분류, 배열, 일대일 대응과 관련된 교구), 수 개념 활동 교구(수세기, 수의 상징 알기, 숫자 쓰기 등), 연산, 측정, 돈, 공간 조합과 관련된 교구
과학 영역	측정을 위한 도구(체중계, 저울, 신장기 자, 온도계 등), 실험을 위한 기구(거울, 확대경, 자석, 손전등 등), 표본류, 사육·재배를 위한 기구(화분, 투명 수조, 분무기 등), 동물 식물류
음악 영역	악기류(탬버린, 캐스터네츠, 트라이앵글 등), 악기 연주와 관련된 사진이나 그림책
물놀이 영역	물통, 크기, 모양, 용량이 다른 그릇들, 뜨거나 가라앉는 물건, 구멍이 여러 모양으로 뚫린 그릇들
모래 놀이 영역	기본 자료(모래 상자, 모래 책상, 상자와 통류), 측정, 탐색에 필요한 자료(저울, 주걱, 숟가락, 삽 등), 여러 가지 부엌용품들, 여러 가지 모양 틀, 모양 컵

영역	활용할 수 있는 교재 교구
컴퓨터 영역	키보드, 마우스, 모니터, 프린터, 스캐너 등
목공 놀이 영역	목공 작업대, 연장함, 나무, 제도 용품들, 각종 어린이용 연장들

〈표 4-3〉 교재 교구 배치 시 고려할 점

① 아동의 눈에 잘 띄도록 균형과 조화의 미를 갖추어 매력적으로 전시한다.
② 사용하기 편리하고 쉽게 이동할 수 있도록 상자나 바구니에 담아둔다.
③ 상호 연관된 자료를 함께 내주어서 학습의 효과를 높인다.
④ 자료 활용에 적절한 공간 확보가 되어야 한다.
예를 들어, 정적인 활동은 조용한 영역에, 시끄러운 활동은 시끄러운 활동끼리 즉 비슷한 활동끼리 인접하여 배치하는 것이 효과적이다.
⑤ 자료에 대한 아동의 호기심은 자료가 놓여 있는 위치가 어느 곳인가에 따라서 달라질 수 있으므로 잘 활용되지 않을 때는 아동들의 눈에 잘 띌 수 있는 위치로 바꾸어 놓는 것도 좋다.
⑥ 구입 및 제작한 교재 교구의 목록을 작성하여 활동 영역에 비치하는 것이 좋다.
⑦ 항상 교재 교구의 내용물이 모두 있는지 점검한 후 부서지거나 조각이 분실 된 것은 다시 보완·보충하여 전시한다.

그러나 특수학교나 특수학급에서는 특수교육적 요구를 가진 아동들의 인지적 및 신체적 제한 등으로 인하여 특수학교(급)에서 반드시 갖추어야 할 교구와 설비에 대한 기준을 특수학교 시설·설비 기준령(일부개정 2008.2.29 대통령령 제20740)으로 제시하고 있다. 따라서 활동 영역별로 교재 교구를 배치하더라도 〈표 4-4〉에 제시되어 있는 교구들이 누락되지 않도록 각별히 유의해야 한다. 그러나 특수학교 시설·설비에 대한 기준은 시·도마다 조금씩 다르게 제시하고 있으므로 이에 대한 정확한 내용은 각 도교육청 홈페이지의 특수학교(급) 교구·설비 기준을 참고하는 것이 바람직하다.

〈표 4-4〉 특수학급 교구 설비 기준 예시

영역		설비·교구종목	규격	소요기준	비고
보통교실		칠판, 교탁, 게시판, 다목적 칠판		학급당 1	
		학생용 책·걸상		학생당 1	
		교사용 책·걸상		학급당 1	
		카세트 녹음기	라디오겸용, CD겸용세트	학급당 1	
		컴퓨터	멀티미디어급, LCD	학급당 1	
		프로젝션 TV	43인치 이상	학급당 1	택일
		LCD프로젝터		학급당 1	
		디지털카메라, 디저털 캠코더		학급당 1	권장
		실물화상기		학급당 1	권장
		인터넷 접속 포트		학급당 2포트	
		개인 사물함		학생당 1	
		시계		학급당 1	
		거울	전신	학급당 1	
		공기청정기		학급당 1	권장
		기자재 보관함		학급당 1	
		진공청소기		학급당 1	
		세면대		학급당 1	권장
		싱크대		학급당 1	권장
		자료진열장 및 자료보관함		학급당 2	
		전화기		학급당 1	
		오르간(전자피아노, 키보드)		학급당 1	권장
		냉장고		학급당 1	권장
		전자레인지		학급당 1	권장
		신발장		학급당 1	권장
		청소보관함		학급당 1	
	장애영역별 추가설비	◉ 저시력아 소속학급			
		확대독서기(CCTV)		해당 학생당 1	
		부분조명기		해당 학생당 1	
		확대경		해당 학생당 1	
		점자프린터		학급당 1	

영 역		설비 · 교구종목	규 격	소요기준	비고
	장애영역별 추가설비	◉ 난청아 소속학급			
		청능훈련기		학급당 1	
		FM 보청기		해당 학생당 1	
		청능훈련용 전화기		학급당 1	
		◉ 지체부자유아 소속학급			
		휠체어		학급당 1	권장
		워커		학급당 1	권장
		목발		학급당 1	권장
		지체부자유아동용봉의자		해당 학생당 1	권장
		책상(높낮이, 각도 조절 가능)		해당 학생당 1	권장
		보행훈련기		해당 학생당 1	권장
		컴퓨터스위치		해당 학생당 1	권장
전교과공통		각종 검사도구	지능검사, 사회성검사, 기초학습능력검사, 성격검사	학교당 각 1	
		작품전시대		학급당 1	권장
		거울(전신거울)		학급당 1	
		시계		학급당 1	
		도서보관장		학급당 1	
		멀티학습관련자료		학급당 1	
		학습관련 도서류		학급당 1	
국어		기초한글지도자료		학급당 1	
		그림낱말카드		학급당 1	
		읽기쓰기학습자료		학급당 1	
		교양도서		학급당 1	권장
		카세트녹음기(디지털녹음기)	마이크, 헤드폰	학급당 1	
		언어습득기		학급당 1	권장
		국어사전		학급당 1	권장
		쓰기 연습판		학급당 1	권장
		언어지도 퍼즐		학급당 1	권장
		언어지도 카드		학급당 1	권장
		이야기 자료		학급당 1	권장

영 역		설비 · 교구종목	규 격	소요기준	비고
수학	수	수막대		학급당 1	
		셈막대 상자		학급당 1	
		수계열판		학급당 1	
		수카드		학급당 1	
		수모형		학급당 1	
		묶음수 지도자료		학급당 1	
		분수봉		학급당 1	권장
		분수판		학급당 1	권장
	연산	덧셈판		학급당 1	권장
		뺄셈판		학급당 1	권장
		곱셈판		학급당 1	권장
		나눗셈판		학급당 1	권장
		구슬틀		학급당 1	권장
		우표놀이셑		학급당 1	권장
		은행놀이셑		학급당 1	권장
		화폐놀이셑		학급당 1	권장
		비즈(구슬)		학급당 1	권장
		전자계산기		학급당 1	권장
	도형	입체도형		학급당 1	
		기하도형서랍		학급당 1	권장
		구성삼각형		학급당 1	권장
	측정	길이측정 도구		학급당 1	
		양측정 도구		학급당 1	
		무게측정자료		학급당 1	
		시간측정 도구		학급당 1	
		온도측정 도구		학급당 1	

출처 : 2008년 서울시 특수학교(급) 교구 설비 기준 부분 발췌

3 교재 교구의 제작

학습목표를 효과적으로 전달할 수 있는 상품화된 교재 교구가 없다면 교수자는 직접 교재 교구를 제작해야 한다. 교재 교구를 제작하는 과정은 교재 교구의 종류나 내용, 적용대상, 자료의 규모 등에 따라 각기 다르지만 어떤 교재 교구든 효과적으로 제작하기 위해서는 체계적인 제작과정이 필요하다. 여기에서는 Kemp와 Smellie(1989)가 제시한 '체계적인 제작과정 모형'을 중심으로 제작의 기본 과정을 살펴보고자 한다.

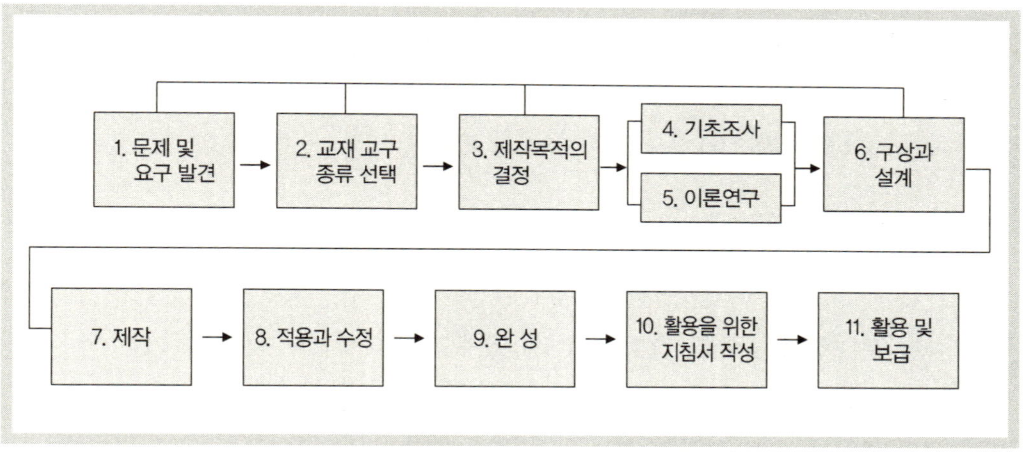

〈그림 4-4〉 교재 교구의 체계적인 제작과정

출처 : 고승덕 (1997). 교과교재연구 및 지도. 서울 : 학문사, p.148. 재구성

1) 문제 및 요구의 발견

'과연 이 교재 교구가 이 수업을 위한 최선의 자료인가?', '이 보다 더 좋은 자료는 없을까?'라는 문제의식이 우리로 하여금 새로운 교재 교구를 만들게 한다. 가령, 현재 사용하는 교재 교구가 학생에게 최적의 효과를 가져 올 수 있다면 우리는 새로운 자료나 교재 교구에 대한 필요성을 느끼지 않을 것이다. 그러나 어떤 자료든 모든 학생을 만족시키는 데는 어려움이 있기 때문에 교수자는 항상 학생들의 요구에

부합된 새로운 교재 교구를 갈망한다.

이처럼 교재 교구를 제작하기 위한 가장 첫 번째 단계는 새로운 교재 교구에 대한 필요성 즉 요구 발견에서부터 시작된다. 교재 교구에 관련된 문제가 무엇이고, 어떤 교재 교구가 필요한지 결정하기 위해서는 교재 교구와 관련된 아동의 특성을 분석하고, 학습목표 진술 및 활동 상황 분석 등을 하는 것이 좋다.

2) 교재 교구의 선택

교재 교구는 아동에게 시각, 청각, 시청각, 촉각 등의 다양한 자극 형태로 제시되거나 전달되어 학습 동기를 일으키고, 사고를 이끌며, 전이를 유도하는 등의 기능을 한다. 교재 교구를 사용하는 학생의 특성이나 집단 구성(대집단, 소집단, 개별학습), 학습 내용 등에 따라서 교재 교구의 종류를 결정해야 한다. 또한 제작자의 입장에서는 제작에 필요한 기술이나 시간, 예산 등에 대한 측면도 고려해야 한다.

3) 제작목적의 결정

어떤 종류의 교재 교구를 만들 것인지 결정한 다음에는 교재 교구 제작의 직접적인 목적이 무엇인지 명확히 밝혀야 한다. 교재 교구의 제작목적이 명확할수록 제작 절차도 분명해지고, 제작된 교재 교구에 대한 평가기준도 명확해진다. 제작목적을 결정하기 위해서는 아동의 학습활동, 교수자의 교수활동, 교재 교구의 기록·보관에 관련된 관리활동 등을 함께 고려해야 한다. 또한 교재 교구 제작 시 교과 내용과 어떻게 연결하여 교재 교구를 제작할 것인지, 제작의 필요성은 무엇이며, 제작할 교재 교구가 어떠한 특성 등을 갖고 있는지 분명히 밝혀야 한다.

4) 기초조사

교재 교구의 제작목적이 결정된 후에는 제작에 관련된 다양한 정보를 수집하여야 한다. 이를 기초조사라고 하는데 기초조사에는 다음과 같은 작업이 포함된다. 첫째, 이미 만들어진 기존매체가 있는지를 조사하여야 한다. 둘째, 교재 교구 제작에 관련된 참고문헌을 찾거나 필요한 재료 등을 탐색하여 소재와 내용을 검토해야 한다. 셋째, 교재 교구 제작에 필요한 자문을 얻을 수 있는 기관이나 사람을 미리 조사해 놓아야 한다.

5) 이론연구

이론연구는 논리적 사고의 전개를 통해 제작하고자 하는 교재 교구의 구성방향을 제시해준다. 또한 교재 교구에 어떤 내용을 수록해야 할 것인지를 알려주며, 교수·학습 과정에서 교재 교구를 어떻게 사용하고, 사용 후의 학습 성과를 미리 추정할 수 있게 해준다.

6) 구상과 설계

기초조사와 이론연구 결과를 토대로 새로 만들 교재 교구를 구상 및 설계하고 이와 동시에 교재 교구 제작을 위한 계획(〈표 4-5〉 참고)을 수립한다. 구상과 설계의 첫 번째 단계는 아이디어 발상부터 시작된다. 떠오른 교재 교구에 대한 아이디어를 구체화하여 학습활동과 연결지어본 후, 보다 세분화된 목표 진술과 함께 학생의 연령, 학습수준, 요구, 흥미 등을 고려하여 교재 교구를 설계하여야 한다.

7) 제작

교재 교구 제작의 설계와 계획서가 작성되면 이를 토대로 실제로 교재 교구를 제작한다. 교재 교구를 제작할 때에는 즉흥적으로 설계도를 변경하면서 만들기 보다는 최대한 설계와 계획서에 충실하도록 제작해야 한다. 또한 교재 교구를 제작할 때 배열, 균형, 색상, 공간 등의 디자인의 원리를 적용하고, 교재 교구 제작에 필요한 재료들의 용도(〈표 4-6〉 참고)를 잘 알고 제작한다면 더 매력적인 교재 교구를 만들 수 있다.

〈표 4-5〉 교재 교구 제작 계획서 예시

주 제		대상 연령	
교구명		수준	
관련 교과 (영역)			
교육과정 관련 단원			
기대되는 효과			
준비물			
제작방법			
활동방법			
작품사진			
참고사항			

8) 적용과 수정

제작된 교재 교구를 현장에서 직접 활용해보고, 토의나 공개수업을 통하여 동료교사 및 전문가의 의견을 들어봐야 한다. 토의나 공개수업에서 지적된 사항을 반영하여 교재 교구를 수정하여야 한다.

9) 지침서 작성

교재 교구가 완성되면 교재 교구 소개와 활용을 위한 지침서를 작성해야 한다. 지침서에는 교재 교구 제작일과 제작자 이름을 명시하고, 교재 교구의 특성과 활용방법, 사용할 때 주의점, 보관 시 유의점 등을 자세히 기록해야 한다. 지침서를 작성한 후에는 보급하여 활용하도록 한다.

〈표 4-6〉 교재 교구 제작에 필요한 재료 예시

재료	용도 및 유의점
 양면 색상지	• 환경 게시판, 교구 바탕 등 양면이 모두 보여야 하는 곳에 사용함 • 색상이 다양하고 질감이 좋아 어느 재료에든 잘 어울림
 하드보드지 (양면, 단면)	• 견고하여 기본판이나 주사위, 상자 제작에 사용함 • 색상과 두께가 다양하며 활용목적에 맞게 선택하여 활용할 수 있으나 자르기에 어려움이 있음
 단면 색상지	• 색이 선명하여 알림판이나 포인트를 주고 싶은 곳에 사용함 • 손에 색깔이 묻어날 수 있기 때문에 젖은 손으로 만지면 안 됨
 부직포	• 부드러운 느낌과 촉감, 입체감을 주고자 할 때 사용함 • 환경판, 교구판, 동화 제작 시 바탕이나 등장인물 제작 시 사용함 • 최근에는 접착식 시트지 형태로 제작되어 판매됨
 색골판지	• 다양한 골 자체가 무늬가 되므로 단조로움을 피하고자 할 때 사용함 • 액자틀 만들기, 인형이나 꽃 등을 말아서 표현하는데 사용함 • 최근 골의 모양이 다양하게 제작되어 판매되고 있음

재료	용도 및 유의점
 모루	• 철사에 부드러운 융이 싸여 있는 것으로, 색상이 다양하고 길이 조정이 가능하여 만들기에 많이 사용됨 • 무지개, 애벌레 만들기 등에 주로 사용됨
 한지	• 물의 흡수가 빠르고 색상이 한국적인 정취를 느끼게 하는 재료 • 물감 물들이기, 환경 게시판의 바탕색, 나무 만들기 등의 다양한 용도로 활용됨
 머메이드지	• 도화지보다 약간 입체감이 있고 두꺼움 • 교구 제작, 동화 제작, 카드의 겉표지 제작에 가장 많이 사용됨
 EVA컬러판	• 고무 질감이며, 얇아서 오리기 쉽고 질감이 부드러움 • 환경판 제목의 글자, 그림 모형, 모형 등의 만들기에 적합함
 우드락	• 입체감이 있으나 모양이 쉽게 변형된다는 단점이 있음 • 환경 게시판의 바탕, 글씨 등의 만들기에 사용
 콜크보드	• 우드락보다 튼튼한 편으로 장식품 고정에 편리함 • 벽면에 작은 메모를 붙일 때나 소형 게시판으로 사용됨
 색셀로판지	• 빛을 투과시키는 성질이 있어 빛을 이용한 교구 만들기에 주로 사용됨 • 색안경, 색 돋보기, 창문 꾸미기, 액자 만들기 등에 사용됨
 빨대	• 쉽게 구부러져 견고성이 적은 것이 단점임 • 목걸이 꿰기, 모빌 등의 만들기에 사용
 수수깡	• 바람개비의 손잡이, 사탕부케, 액자의 테두리를 둘러 주는 데 사용 • 작은 크기로 잘라 여러 모양을 만들 수 있고, 커터로 쉽게 자름
 스티로폼 공	• 단단하여 다양한 모양을 꾸며 모빌로 사용 가능함 • 은박지로 싸서 눈모양 만들기, 다양한 열매 만들기, 꽃 만들기 등에 사용함
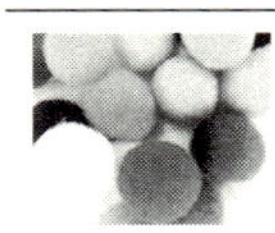 뽕뽕이 (솜방울)	• 촉감이 폭신하고 따뜻하여 모빌, 꽃 모양 만들기 등에 사용됨

재료		용도 및 유의점
	컬러링	• 자료를 서로 연결할 때 사용 • 색이 예쁘고 부드러운 장점이 있으나, 풀어지기 쉬운 단점이 있음
	낚싯줄	• 튼튼하며 투명하여 잘 보이지 않아 모빌의 줄로 주로 사용함
	종이끈 (지끈)	• 넓은 방울 꽃처럼 퍼지는 효과를 낼 수 있음 • 포도송이 넝쿨, 빨래줄 모양의 사진 걸이 등을 만들기에 적합
	침핀, 할핀, 압핀	• 환경구성 시 벽면에 고정시킬 때 사용 • 압핀 : 단단하게 붙일 때 사용, 침핀 : 게시판에 자료 붙일 때 사용
	스팡클	• 역할놀이 영역에 무대복, 행사 의복 만들기와 색 물고기 만들기 등에 사용함
	아이즈 (눈알)	• 눈이 필요한 다양한 인형, 동물, 모빌 만들기에 사용 • 크기가 다양하여, 자료의 크기에 따라 적절히 사용할 수 있음
	백업	• 부드러워 모양을 만들기 쉬우며 잘라서 사용하기 편리함 • 기찻길, 나무 넝쿨, 무지개 등을 만들기에 적합
	열선 (캇타기)	• 우드락을 자르는데 적합함 • 뜨겁고, 열선의 철사가 쉽게 부러지므로 사용 시 조심해야 함
	핑킹가위	• 물결모양이나 지그재그 모양으로 종이, 끈 등을 자를 때 사용
	모양펀치	• 다양한 모양의 스티커나 꾸미기 자료를 만들 때 사용함

내용 출처 : 강혜숙 등(2009). 교재 · 교구의 이론과 실제. 서울 : 공동체, p. 67-69 재구성
사진 출처 : http://www.igd365.co.kr

4 교재 교구의 활용

교재 교구를 제작한 다음에는 제작한 교재 교구를 어떻게 활용하는 것이 효과적인지 생각해야 한다. Heinich 등(1999)은 교수·학습 과정에서 교재 교구의 체계적인 활용을 위하여 6단계의 모형을 개발하였는데, 이들 각 단계의 첫 글자를 모아 ASSURE 모델이라고 한다(〈그림 4-5〉 참고).

〈그림 4-5〉 ASSURE 모델

1단계는 학습자의 특성분석 단계로서 학습자의 수준이나 흥미 및 배경을 파악하는 단계이다. 학습자의 출발점에서의 능력은 교재 교구의 선정이나 사용방법의 결정에 밀접한 관련이 있으므로 사전 검사지, 구두테스트, 관찰 등을 통해 반드시 확인해야 한다. 2단계는 목표 진술 단계이다. 교수자가 학습목표를 알아야 적합한 교재 교구를 선정할 수 있으므로, 목표달성으로 인정할 하한계와 달성 여부를 측정할 상황을 제시해야 한다. 3단계는 교재의 선정, 개조 및 제작 단계이다. 이미 만들어진 상품화된 교재 교구 중에서 적절한 것을 골라서 사용할 수도 있고, 기존의 자료가 마땅하지 않을 경우에는 그 자료를 수정하거나 새롭게 만들 수도 있다. 4단계는 교재의 활용단계로서 선정된 자료를 수업에 활용하기 전에 면밀한 검토를 통해 자료와 친숙해 질 필요가 있다. 또한 실제로 자료를 사용하기 전에 적어도 한 번 이상 연습을 한 후 자료를 사용하는 것이 바람직하다. 5단계는 학습자의 반응 단계이다. 학습자의 반응에 대한 강화는 즉각적일수록 좋으며, 교재 교구 활용 후에 과제물을 주어 학습행동을 유발시키는 것이 좋다. 마지막으로 6단계는 평가 단계로서 학습자의 목표 달성 여부는 물론 교재 교구와 교육방법, 교수·학습에 대한 과정들을 총체적으로 평가한다.

5 교재 교구의 종류

특수교육 기관에서 사용되고 있는 교재 교구는 매우 많아서 여기에 그 종류를 일일이 소개할 수 없다. 따라서 본 항에서는 특수교육 기관에서 주로 활용되고 있는 교재 교구 몇 가지만 〈표 4-7〉에 소개하였다.

〈표 4-7〉 교재 교구의 종류에 따른 장단점

구분	종류	장점	단점	유의점
실물	동물, 식물, 일상용품 등과 같은 실제 사물	① 지각의 대상이 되는 사물을 자연 상태로 관찰할 수 있다. ② 구체적이고 직접적이며 입체적인 관찰이 가능하다. ③ 형태, 색채, 냄새, 음색, 맛 등을 직접 조사할 수 있다. ④ 시간적 여유를 가지고 충분히 관찰과 실험 실습을 할 수 있다.	① 시간과 시기적인 제약이 있다. ② 이동상의 제한과 실물 크기에 한정이 있다.	① 실물을 선택하는데 주의하여야 한다. ② 학습자가 직접 다루고 관찰하며 교사는 보충설명을 해야 한다. ③ 다른 자료와 병행하여 사용한다. ④ 조사하고 관찰한 학습내용을 종합하여 검토한다.

구분	종류	장점	단점	유의점
모형	축소시킨 모형, 단순화된 모형, 단면모형, 실물대용 모형, 확대모형 등	① 크기를 조절할 수 있다. ② 시간과 공간을 초월할 수 있으며, 내부 구조를 보여줄 수 있다. ③ 구체적인 제시가 가능하며, 생략과 편집이 가능하다. ④ 자작이 가능하여 아동들의 참여를 높일 수 있다.	① 모형 대부분이 수입제품이기 때문에 값이 비싸다. ② 대상자가 많으면 효과가 없다. ③ 여러 사람이 사용하므로 파손이 쉽다. ④ 실제와의 격차가 있고 실제 기술이 쉬운 것으로 오인할 수 있다.	① 가능한 한 실물의 형태를 보존하도록 한다. ② 사용·보존하기에 편리한 것이어야 한다. ③ 수업내용에 적절한 표본과 모형을 선택한다. ④ 학습자들이 직접 경험하도록 한다. ⑤ 실물과 표본(모형)자료의 크기 차이에 대해 보충 설명을 한다.
표본	광물표본, 식물표본, 동물표본, 생산품표본 등	① 학습자의 주의와 흥미를 집중시킨다. ② 수업의 실현 불가능한 것을 합리적으로 경험하게 한다. ③ 시간 및 공간의 제약을 받지 않는다. ④ 구체적이고 직접적이어서 개념형성에 용이하다.	① 생물체의 표본은 생명이 없다. ② 퇴색하여 색채가 변질되는 것이 있어 원래의 상태를 파악하기 어렵다.	
그림·사진 자료	인물, 장소, 사건, 사물 사진 및 그림 등	① 복제 또는 복사가 용이하여 수집, 구입, 제작하기 쉽고 비용이 적게 든다. ② 실물환등기에 의하여 많은 사람이 동시에 학습할 수 있고 개인적인 학습에도 이용할 수 있다. ③ 가지고 다니기 쉽고 필요할 때에는 어디서나 간단히 사용할 수 있다. ④ 반복해서 여러 번 사	① 자료가 평면적이다. ② 움직임을 나타내지 못한다.	① 올바른 위치에서 사진이나 그림 자료를 제시하여야 한다. ② 비교나 대조를 할 경우를 제외하고는 한 장의 사진이나 그림을 단독으로 제시하도록 한다. ③ 사진이나 그림의 내용이 무엇을 설명하고 강조하는지를 구체적으로 지적해주어야 한다.

구분	종류	장점	단점	유의점
		용할 수 있으며 정리, 분류, 보관이 쉽다.		
칠판	이동칠판, 고정칠판, 회전칠판, 승강식칠판, 그래프칠판, 자석칠판, 지도칠판 등	① 거의 모든 교실에서 쉽게 이용할 수 있다. ② 다른 교구에 비해 쉽게 사용할 수 있다. ③ 학생과 교사에 의해 광범위하게 사용될 수 있다. ④ 설치비가 저렴하고 분필만이 소비품목이기 때문에 경제적이다. ⑤ 중요한 요점을 강의하고 요약하는 데 적당하다.	① 많은 양의 자료를 취급할 수 없다. ② 세부적이고 복잡한 그림을 그리기가 어렵다. ③ 영구적인 기록이 필요한 상황에는 부적당하며 학생들이 스스로 메모하지 않으면 똑같은 내용을 전달할 수 없다. ④ 분필가루가 건강을 해친다.	① 색분필을 사용하여 중요한 내용을 강조한다. ② 글자와 그림은 충분히 커야 한다. ③ 교사는 판서 중에도 때때로 뒤를 돌아보고 학생의 주의가 흩어지지 않도록 해야 한다. ④ 학생의 시야를 가리지 않도록 한다. ⑤ 자료를 효과적으로 배열하기 위해 미리 계획한다.
융판 자료	종이자료, 부직포자료 등	① 자료의 제작과 사용이 손쉽다. ② 비용이 적게 든다. ③ 시간을 절약할 수 있다. ④ 융통성이 있으며, 색 효과를 낼 수 있다. ⑤ 다양한 주제에 대해 사용할 수 있다.	① 섬세한 설명에 부적당하다. ② 준비가 필요하다. ③ 뒷면이 낡으면 잘 떨어질 수 있다. ④ 평면 자료이기 때문에 동적인 장면과 관련된 학습이나 입체 개념 학습에는 부적절하다.	① 너무 무겁지 않게 만든다. ② 요란한 색이나 희미한 색상의 사용은 피한다. ③ 크레용이나 파스텔과 같은 색상이 묻어나거나 번지는 자료를 피한다. ④ 교실 맨 뒤쪽에서도 알아볼 수 있을 정도로 충분히 커야 한다. ⑤ 완성된 자료는 주제별로 분류하여 봉투에 보관한다.
게시판	학습용 게시판, 공고용 게시판 등	① 자료가 하나밖에 없을 경우 게시판에 게시하면 전체 아동들이 다 볼 수 있다. ② 특정한 정보나 지식 내용에 대해 아동들	① 포스터나 그림은 잘 그려야 한다는 부담감이 있다. ② 학습자의 경험과 언어에 대한 이해와 배려가 없이	① 게시자료의 디자인을 단순화시키고 통일감이 있도록 해야 한다. ② 색상의 선택을 신중하게 해야 한다. ③ 글자를 깨끗이 써야 한다.

구분	종류	장점	단점	유의점
		의 흥미를 유발시킬 수 있다. ③ 수업시간에 학습한 내용 중에서 중요한 사항을 요약하여 제시할 수 있다. ④ 교실 게시판에 학급 문제를 게시함으로써 아동들의 학급활동에 대한 참여를 유도할 수 있다.	제작된 경우에 수업의 안전성면에서 문제점을 초래할 수 있다.	④ 바탕재료의 선정을 신중히 해야 한다. ⑤ 게시판의 위치와 자료 부착 시 주의해야 한다.

제2부

효과적인 수업설계

제 1 장

수 업 설 계

1 수업설계의 개념

수업을 실시하는 궁극적인 목적이 학습자의 성숙과 사회적 적응을 위한 것이라면 교수자는 수업을 통해서 학습자가 가치로운 교육적 삶을 영위할 수 있는 경험을 제공해야 한다. 따라서 교수자는 다음과 같은 사항들을 고려하여(Gagné & Briggs, 1992) 수업 시간에 학생들과 어떠한 활동을 할 것인지를 체계적으로 계획해야 한다.

첫째, 학습자의 개인차를 최대한 고려하여 개개인의 학습을 향상시킬 수 있도록 계획하고 설계해야 한다. 둘째, 복잡하고 다양한 수업사태를 체계화하고 설계해야 한다. 셋째, 학습자에게 나아갈 방향을 제시해주고, 우연이나 학습자의 자연적 성숙에 기대해서는 안 된다. 넷째, 교수이론을 토대로 개발되어야 하며 경제성이 있어야 한다.

최근의 급속히 증대되고 있는 교육공학적 접근과 교육효과 및 효율성에 대한 관심으로 수업방법과 수업설계에 대한 연구가 많이 이루어졌다. 다양한 연구들 속에서 수업설계는 여러 가지 의미로 사용되어져 왔는데, Gropper(1989)는 특수한 이론적 배경부터 실제적인 면을 서술하기 위해 수업설계란 용어를 사용하였다.

McAlpine(1982)는 수업을 설계하는 과정을 나타내는 말로서, Wright와 Conroy(1988)

는 수업설계를 안내하는 특수한 모형이나 이론을 의미하는 말로 사용하였다. Briggs (1977)는 학습의 필요와 요구 및 목적들을 분석하고 이 요구와 목적을 성취하기 위한 수업실행 체제를 개발하는 전 과정으로서 수업활동 내용 및 수업자료의 개발은 물론, 수업의 시행과 개정, 학습평가 활동을 모두 포함하여 수업설계라고 정의하였다. Gagné와 Briggs(1992)는 교수설계는 학습이 발생할 수 있는 내적·외적 조건을 밝히고, 교수목표에 따라 어떻게 구성하고 제시할 것인가에 대한 논리적 절차 및 단계를 말한다고 하였다.

수업설계의 복합적인 성격 때문에 학자들은 서로 다른 관점에서 수업설계에 관해 연구하면서 수업설계라는 용어를 약간씩 다르게 정의하여 사용하였다. Knirk와 Gustafson(1986)은 수업이 단일한 개념이 아니라 체제를 이루는 활동이라는 점에서 수업체제 접근이라는 용어를 사용하였고, Gagné와 Briggs(1988), Dick와 Carey(1984), Kemp(1985) 등은 수업체제 개발 또는 수업체제 설계라는 용어를 사용하였다. 이렇듯 수업설계라는 말이 다양한 용어로 사용되고 있는 이유는 그동안 여러 학자들이 개발한 많은 교수설계 모형들이 여러 가지 교육과정과 교육현장에서 적용되어 왔기 때문이다.

수업설계(Instructional Design)가 예정된 수업활동의 효율적인 운용을 위해서 필요한 일체의 계획과 준비를 의미할 때, 체계적인 수업 계획은 수업의 효율성과 경제성을 높이고 수업을 학생의 눈높이에 맞출 수 있다는 장점이 있다. 또한 사전에 수업에 대한 전반적인 내용을 살펴보고, 계획을 세움으로써 수업 시 나타날 수 있는 오류나 실패를 최소화 할 수 있다. 그러므로 좋은 수업이 이루어지기 위해서는 수업 전에 어떤 내용을 어떤 방법으로 가르쳐야 할 것인가에 대한 구체적인 계획이 필요하다(임천택, 2010).

요컨대, 수업설계란 요구와 문제를 밝혀내고, 이를 토대로 목표를 명확히 설정하여 수업내용·방법·평가 등에 이르기까지 수업체제의 전 과정을 체계적이고 합리적으로 구성 및 조정해 가는 일련의 전략적 과정이라고 할 수 있다.

한편, 모든 수업설계 이론들이 가지는 공통된 주요 특징이 몇 가지 있다(이화여자대학교 교육공학과, 2004).

첫째, 수업설계 이론은 서술지향적이 아니라 설계지향적이다. 즉, 주어진 사태의 결과에 초점을 두기보다는 학습이나 발달을 위한 목적달성의 수단에 초점을 둔다.

둘째, 수업설계 이론은 수업의 방법 즉, 학습을 지원하고 촉진하는 방법과 그 방법이 사용되고 사용되지 말아야 할 상황을 규명한다. 따라서 수업설계 이론에서의 방법은 보편적이기 보다는 상황적이라고 할 수 있다.

셋째, 모든 수업설계 이론에서 수업방법들은 더 단순한 요소들로 나눠질 수 있는데 이렇게 되면 교육자에게는 더 많은 안내를 제공할 수 있다.

넷째, 수업방법들은 결정적이기보다는 개연적이다. 따라서 수업방법들은 목적달성을 보장하기보다는 목적달성의 가능성이나 확률을 높여준다고 할 수 있다.

요약하면, 수업설계 이론은 설계지향적이기 때문에 수업방법과 그 방법이 사용되어야 하는 상황을 설명하고 수업방법은 더 단순한 요소방법들로 나누어질 수 있으며 개연적이다.

2 수업설계의 체제적 접근

'체제'라는 용어는 그리스어 시스테마(systema)에 어원을 두고 있는 말로 '통합', '합일', '전체'라는 뜻을 가지고 있다. 교육설계에서 자주 등장하는 '체제적 접근'이라는 용어는 역동적이고 비순차적이며 전체 체제의 유기적 총체나 복잡한 생태학적인 관계를 이해하기 위한 방법을 의미한다(박숙희, 염명숙, 2007). 또한 학습 과정에 영향을 미칠 수 있는 모든 상황적 맥락 변인을 동시에 고려함은 물론, 상황적인 특성을 고려하여 융통성 있게 설계할 수 있음을 말한다.

특수교육 기관에서 행해지는 수업은 다양한 요소와 절차가 복합적으로 얽혀 있다. 따라서 효율적인 수업을 하기 위해서는 수업과 관련된 여러 가지 요소와 절차를 통합적으로 처리해야 하지, 한 가지 혹은 몇 개의 요소만을 조작하거나 통제해서는 효과를 기대하기 어렵다.

이러한 수업의 특성 때문에 딕과 캐리(Dick & Carey), 베나시(Baanthy), 글레이저(Glaser) 등과 같은 많은 연구자들이 여러 가지 교수설계 방법들을 구안하였다.

이들이 구안한 교수설계의 체제적 접근은 〈표 1-1〉과 같은 몇 가지 이점이 있다(이화여자 대학교 교육공학과, 2004).

〈표 1-1〉 교수설계의 체제적 접근의 이점

이 점	내 용
효과성	더욱 많은 학생들이 학습목표를 성취할 수 있음
효율성	학습에 소요되는 시간이 단축되고 경제적으로도 적은 비용이 들며, 투입하는 노력의 양이 절감되면서 기대하는 목표를 성취할 수 있음
매력성	학습자의 흥미를 유발 및 유지시켜줌
관련성	학습자들이 획득하기를 원하거나 반드시 획득해야 되는 필수적인 지식이나 기능 등을 획득하도록 함
일관성	교수목적, 교수방법, 교수평가 등이 기대하는 목표수준을 성취하는데 최적의 교수·학습과정이 이루어지도록 일관성을 맺고 수업이 전개되도록 함

요약하면, 수업의 체제적 접근이란 수업의 주제(단원)에 따라 목표를 설정하고, 아동의 학습에 대한 요구를 분석하여 사정한 다음 이 같은 목표의 성취와 요구충족을 위해 필요한 수업내용 및 자료(교재), 진단평가, 수업전략 및 수업매체의 선정, 형성평가, 재 처방, 학습 및 교사지침, 기타로 구성되는 하나의 수업프로그램을 가리킨다.

3 수업설계의 모형

많은 연구자들이 다양한 학습 결과, 학습자, 환경, 교과 교재 등을 고려한 효율적이고 효과적인 수업을 하기 위한 수업설계 모형을 개발해 왔다.

글레이저(Glaser)는 교육공학적 접근의 기초를 제공하기 위해 처음으로 조직적이고 체계적인 수업이론과 모형을 개발하였고, 블룸(Bloom)은 캐롤(Carroll)의 학교학습모형을 발전시켜 완전학습모형을 개발하였으며, 한국행동과학연구소(KIRBS)는 새 완전학습모형을 개발하였고, 한국교육개발원(1973)은 우리나라의 실정에 맞게 개인차를 고려한 수업과정 모형을 개발하였다.

이밖에도 개념학습 모형, 귀납적 사고 모형, 발견학습 모형, 탐구학습 모형, 역할놀이 모형, 모의학습 모형, 논쟁 수업 모형, 의사결정 모형, 또래교수 모형, 프로그램 학습 모형 등의 다양한 수업 모형이 개발되었다.

여러 가지 수업모형들은 각기 다른 강점들을 가지고 있으므로, 어느 특정 수업모형을 선택하기에 앞서 다음과 같은 몇몇 준거를 고려하여 선택하는 것이 바람직하다(곽병선, 1985).

첫째, 이 수업모형은 내가 평소 생각하는 학습 원리를 반영하고 있는가?

둘째, 이 수업모형은 내가 가르치려고 하는 학습과제의 성격에 부합되는가?

셋째, 이 수업모형은 내가 용이하게 해 낼 수 있는 교사활동을 요구하고 있는가?

넷째, 이 수업모형은 아동들에게 알맞은 활동을 요구하는가?

다섯째, 이 수업모형에서 필요로 하는 학급조직이나 교재를 준비할 수 있는가?

여섯째, 이 수업모형의 사용 중에 생기는 문제는 내가 능히 처리할 수 있는가?

여기서는 다양한 수업모형들 가운데서 (1) 수업이론에 기초가 된 글레이저(Glaser)의 수업절차 모형, (2) 수업과정을 사전에 설계하고자 한 가네(Gagné)의 수업모형, (3) 한국교육개발원의 새 수업과정 모형, (4) 직접교수 모형, (5) 또래교수 모형의 5가지 수업모형에 대해 살펴보고자 한다.

1) Glaser의 수업절차 모형

글레이저(Glaser, 1962)는 수업과정을 하나의 체제로 파악하고 이를 체계적 접근 방법에 의하여 개발하였다. 그는 교수·학습 과정의 구성요소와 절차를 수업목표 설정, 출발점 행동의 진단, 수업절차(수업의 실제), 학습 결과의 평가로 나누어 설명하였으며, 이를 〈그림 1-1〉과 같이 나타내었다.

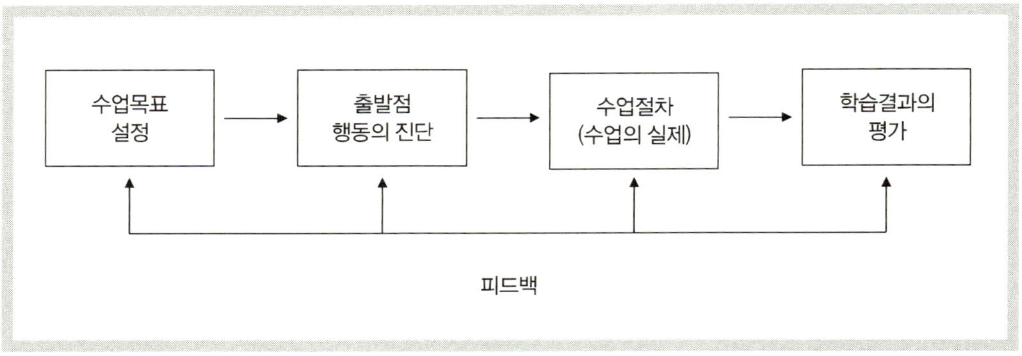

〈그림 1-1〉 Glaser의 수업모형

(1) 수업목표 설정

수업목표는 학생들이 성취해야 할 궁극적인 목표를 말한다. 따라서 모든 교수·학습의 과정은 수업목표를 설정하는 것에서부터 시작된다. 수업목표가 분명하게 진술될 때 목표달성에 가장 알맞은 수업활동, 수업매체, 수업자료를 선택할 수 있고, 수업 후 실시될 평가도 객관적으로 이루어질 수 있다(강갑원 등, 2010). 그렇기 때문에 글레이저는 수업목표를 도착점 행동(terminal behavior)이라는 용어로 바꿔 사용하기도 한다. 또한 이 단계에서 학습자들이 학습하기 원하는 것과 교과 내용의 체계적인 분석 등이 이루어져야 한다. 이를 바탕으로 교수자는 수업목표를 설정해야 하는데, 수업목표는 '알 수 있다', '이해할 수 있다' 등의 추상적인 표현보다 '계산한다.', '분류한다.' 등의 측정가능하고 명확한 행위동사로 진술하는 것이 바람직하다.

(2) 출발점 행동의 진단

출발점 행동(entry behavior)이란 말은 글레이저가 처음 사용한 말로서 새로운 수업이 시작되는 단계에서 학생들이 가지고 있는 선행학습 능력의 정도를 말한다. 따라서 출발점 행동이라는 개념은 준비성이라는 개념과 유사하다고 할 수 있다. 예를 들자면, 학생들에게 장애물 넘기에 대한 수업을 하고자 한다면 학생들은 수업 이전에 달리기를 할 수 있는 능력이 형성되어 있어야 함을 의미한다.

보통 출발점 행동에는 지적요소(이전에 학습한 것), 적성, 지적 능력과 발달, 정의적 요소로서의 동기 상태(흥미, 태도, 자아개념), 사회적 문화적 결정요인 등이 포함된다. 수업목표의 진술과 마찬가지로 출발점 행동의 진술도 외현적이며 관찰가능한 성취행동으로 진술하여야 한다.

(3) 수업절차

수업절차는 본 수업내용이 전개되는 실제 학습지도의 장면을 말한다. 따라서 이 단계에서는 학생의 행동을 수업목표에 접근시키기 위해 교수자는 여러 가지 의사결정을 해야 한다. 또한 교수자는 수업의 각 단계에 맞는 교과 내용이나 이에 적합한 수업자료의 구성 및 해결방식을 제시해 줌으로서 수업활동을 더욱 촉진시키는 안내자이자 촉진자의 역할을 한다. 이 단계에서는 학습지도와 형성평가(formative evaluation)에 의한 교정학습이 중요시된다(노승윤, 1997).

(4) 학습평가의 결과

이 단계에서는 최초에 설정된 수업목표가 어느 정도 달성되었는가를 점검하는 즉, 총괄평가(summative evaluation)가 이루어지는 단계이다. 형성평가가 단위 수업의 과정 중에 학습의 진전 상황을 알아보기 위해 실시하는 평가라면, 총괄평가는 일정 기간의 수업이 끝났을 때 처음에 설정한 도착점 행동(수업목표)의 성취를 알아보기 위해 중간고사나 학기말 고사의 형태를 통해 실시되는 평가를 말한다. 만약 평가 결과 학생들이 목표를 성취하지 못했다면, 그 정보는 수업목표 선정, 출발점행동 진단,

수업절차 단계로 계속적으로 피드백되어 마지막 단계인 학습평가의 결과 단계로 이어진다.

2) Gagné의 수업모형[4)]

가네(Gagné)는 어떤 학습과제를 성공적으로 학습하기 위해서는 여러 가지로 구성되어 있는 하위차원의 전 단계를 거쳐야 한다고 보고 있다. 즉, 인간의 학습이나 능력은 단순한 것에서 복잡한 것으로, 단편적인 것에서 일반적인 것으로, 저차원에서 고차원으로 발전하는 위계(hierarchy)를 이루고 있다는 말이다(노승윤, 1997). 이처럼 가네는 학습과정의 단계를 세분화하여 학습법칙과 원리를 분류·종합하는데 근거를 둔 학습위계론을 주장하였으며, 이는 수업목표 분석, 학습과제 분석, 수업이론의 정립에 기여하였다.

여기서는 학습의 범주와 학습위계, 교수사태에 대해서 살펴보고자 한다.

(1) 학습의 범주와 학습위계

가네는 블룸(Bloom)의 인지적, 정의적, 심체적 학습분류 체계를 발전시켜 인간학습을 다섯 가지 범주로 분류하였다(이화여자대학교 교육공학과, 2004). 여기에는 언어정보, 지적기능, 인지전략, 운동기능, 태도 등의 5가지 영역이 포함되며, 이들 각각은 서로 다른 능력과 수행을 나타내고 있으며, 서로 다른 방법으로 학습된다고 하였다.

가네는 이들 다섯 가지 영역의 학습된 능력은 각각 서로 다른 '학습결과'를 가져오며 이들 학습결과가 수업계획 시 수업목표로서 진술된다고 하였다. 그러면서 이들 다섯 가지 영역 중에서 특히 지적기능 영역을 강조하였다. 가네에 의하면 지적기능 학습은 〈그림 1-2〉와 같은 8가지 학습유형으로 나뉘어지며, 이들은 위계적 순서를 이루고 있다고 하였다. 이 위계에서 가장 복잡하고 최상위에 있는 것은 문제해결학습이며, 가장 단순하고 위계상 최하위에 있는 것은 신호학습이다. 이들은 서로 위계

4) 노승윤(1997). 실기교육방법론. 서울 : 양서원, pp. 100-103, 박인학(2002). 교사를 위한 교재연구 및 지도법의 이해. 서울 : 대왕사, pp. 67-72의 내용을 수정하여 재구성한 것임

〈표 1-2〉 학습의 다섯 가지 범주

Bloom	Gagné의 학습된 능력	수 행
인지적 영역	언어정보 (verbal information)	• 자신의 생각을 말할 수 있는 학습된 능력을 말함 • 정보를 진술함
	지적기능 (intellectual skills)	• 문제해결을 위하여 개념이나 규칙을 활용함 • 구체적인 사례를 회상하고 학습자극에 변별적으로 반응함
	인지전략 (cognitive strategies)	• 문제에 관한 새로운 방안을 모색 • 자신의 사고·학습 과정을 통제하기 위한 다양한 방법을 활용함
정의적 영역	태도 (attitudes)	• 특정한 사물이나 인물에 대한 개인의 반응에 영향을 미치는 학습된 내재적 상태 • 인지적, 정의적, 행동적 속성들로 구성됨
심체적 영역	운동기능 (motor skills)	• 어떤 일을 수행하기 위한 몸의 움직임을 말함

출처 : 이화여자대학교 교육공학과(2004). 21세기 교육방법 및 교육공학. 서울 : 교육과학사, p.118 재구성

적인 관계에 있기 때문에 하위학습이 이루어져야만 상위의 학습이 가능하다(노승윤, 1997).

모든 학습과제는 〈그림 1-2〉와 같은 8가지의 학습위계에 따라 보다 단순한 과제로 분석해 나갈 수 있다. 위계의 순서가 다른 학습과제를 학습하는 데에는 각각의 위계에 적합한 유형의 학습형태가 요구되기 때문에 주어진 학습과제를 효과적으로 학습시키려면 그 학습과제를 세밀히 분석해야 한다. 이러한 분석이 선행된 후에 학습에 필요한 학습유형을 밝히고 위계적 순서에 맞추어 정리해야 하는데, 이를 과제분석(task analysis)이라고 한다(박인학, 2002 ; 한국특수교육교과교육학회, 2010).

학습유형	내용
8. 문제해결학습	• 이미 학습한 여러 개의 법칙 중에서 주어진 문제해결에 가장 적합한 법칙을 선택하여 그 문제해결에 적용하는 것
7. 원리학습	• 두 개 이상의 개념간의 관계를 진술하는 것으로, 이미 학습한 개념이나 법칙을 이해하고 사용할 수 있게 되는 것을 말함
6. 개념학습	• 자극간의 공통된 속성을 이해하고 그것을 기준으로 하여 사물을 분류하는 것
5. 식별학습 (변별학습)	• 비슷한 여러 대상을 구별할 수 있는 능력의 학습을 의미하는 것으로 각 대상이 두 개 이상의 특징을 가지고 있어야 하며, 정확한 반응에 대하여 확인을 계속해 주어야 함
4. 언어연쇄학습	• 개별적 언어가 순서에 알맞게 연결됨을 의미하는 것으로 학습된 개별적 언어들은 기억 속에 남아있게 되고 기억의 창고로부터 적당한 시기에 적절하게 서로 연결되어 문장을 형성함
3. 운동연쇄학습	• 일련의 반응이 정해진 순서에 따라 연결되어 학습되는 것으로 운동기능의 연결을 의미함 • 예〉 어린이가 숫자를 쓰거나 동그라미를 그릴 수 있게 되는 것 등
2. 자극-반응학습	• 자극과 반응의 단순한 결합을 의미하는 것으로 이 때의 반응은 의지적이며 능동적임 • 예〉 학교 운동장을 청소하니 선생님이 칭찬해줌. 그 결과 청소하는 습관이 형성됨
1. 신호학습	• 고전적인 조건 형성을 통하여 무의식적으로 행동이 획득되는 것으로 무조건 반응을 기초로 함 • 예〉 학교 종소리를 듣고 수업의 시작과 끝을 아는 것 등 • 주어진 자극에 대한 자의적인 반응이 아니라 강요된 반응의 학습이라는 점에서 나머지 7가지 학습과 다름

〈그림 1-2〉 가네의 8가지 학습유형

(2) 교수사태

다양한 학습상황에서 어떤 목표를 달성하기 위해서는 학습의 외적 및 내적 조건이 충족되어야 한다. 가네가 제안한 학습위계는 수업의 절차를 밝히는 것이 아니라 특정한 내용의 학습에 필요한 선행능력을 보여줄 뿐이다. 따라서 효과적인 수업을 하기 위해서는 학습과제를 분석하고, 학습자가 그 과제를 학습하는 데 필요한 선행학습 능력을 얼마나 갖추고 있는지를 파악하여 이를 토대로 외적인 단서나 조건을 준비해서 제시하여야 한다(박인학, 2002).

이를 위해 가네는 학습자의 내적 인지과정을 도울 수 있는 환경적 조건으로 수업과정을 구성하는 9개의 수업사태(instructional events)를 제시하였다. 또한 가네와 브릭스(Briggs, 1979)는 학습자의 내적 인지단계에 맞추어 9개의 외적 수업사태들을 설정하고 그 흐름을 계열화해서 〈표 1-2〉와 같이 제시하였다.

〈표 1-2〉 Gagné의 학습과정과 수업사태 비교

구 분	학습과정(내적)	수업사태(외적)
학습준비	1. 주의집중 2. 기대 3. 기억으로부터의 재생(인출)	1. 주의집중 획득 2. 수업목표 제시 : 동기유발 3. 선수학습 재생 상기하기
획득과 수행	4. 선택적 지각 5. 정보의 저장(부호화) 6. 재생과 반응 7. 강화	4. 자극자료 제시하기 5. 적절한 학습지도 : 학습안내 6. 수행 유도 7. 피드백 제공
재생과 전이	8. 자극에 의한 재생 9. 일반화	8. 수행 평가 9. 파지와 전이 촉진하기

출처 : 김영봉 등(2007). 교육심리학. 서울 : 서현사, p. 141 재구성

수업의 첫 단계에서 교수자는 외적 자극을 이용하여 학생의 주의를 환기시킨다. 둘째 단계에서는 학생에게 기대되는 학습결과 즉, 수업목표를 알려주며, 수업이 끝난 후 학생들이 보여야 할 행동을 구체적으로 설명해준다. 셋째 단계에서는 교수자

는 선행학습으로서 필요한 지적기능과 정보를 회상시키고, 넷째 단계에서는 학습과제에 대한 관심을 갖고 학습할 자극단서를 제시해야 한다. 다섯째 단계에서는 학생이 학습과제를 잘 성취할 수 있도록 피드백을 제공하여 자신의 행동을 평가할 수 있도록 한다. 여섯째 단계에서는 성취한 행동의 정확성과 성취수준을 학생들이 확인할 수 있도록 피드백을 제공하여 자신의 행동을 평가할 수 있도록 한다. 일곱째 단계에서는 새롭게 습득한 학습능력을 일반화시킬 수 있는 실제적인 상황을 다루어야 하는데, 이 때 학습의 전이가 일어날 수 있는 학습기회를 제공해야 한다. 마지막 단계에서는 학생들이 학습한 능력을 쉽게 활용할 수 있도록 연습이나 사용의 기회를 제공해야 한다(김영봉 등, 2007 ; 정순례, 2003).

3) 한국교육개발원의 새 수업과정 모형

글레이저의 수업모형을 토대로 한국교육개발원(KEDI)에서는 우리나라의 실정에 맞는 수업체제를 개발하기 위해 1972년부터 약 10년간 연구 및 검증하여 새로운 수업체제를 개발하였다. 이 수업모형은 어느 학년 또는 어느 교과목에서나 많은 수의 학급에서 이루어지는 교수·학습 과정은 대개 이 모형에서 제시하는 요소와 절차에 따라서 이루어질 수 있다는 전제하에 그 일반적인 흐름을 제시하고 있다(이상현 등, 2007).

이 수업모형은 〈그림 1-3〉과 같이 5단계로 구성되어 있으며, 수업은 각 단계를 차례대로 밟으면서 진행하게 되어 있다. 그리고 실제의 수업에 적용할 때에 예상되는 각 단계의 수업시간 배분은 학생의 입장에서 볼 때 계획단계 0%(교사준비), 진단단계 10%(교과에 따라 불필요하여 배정시간이 없을 수도 있음), 지도단계 70~80%, 발전단계 10~20%, 평가단계 0%(정규 수업시간 외 총괄평가로 실시)의 수업시간이 배정되면 적절하다고 볼 수 있다(변영계, 1979 ; 정석기, 2010).

한국교육개발원이 개발한 5단계의 일반 수업모형의 각 수업단계를 구체적으로 살펴보면 다음과 같다.

계획단계는 교사가 한 단원 혹은 한 제재의 수업을 위해 그 준비로서 교재연구를 하거나 수업계획을 짜는 단계이다(정용부, 오성숙, 2007). 따라서 이 단계에는 학습과제를 분석하여(학습과제의 계열화, 조직화), 수업계획과 실천계획(학습자료 제작

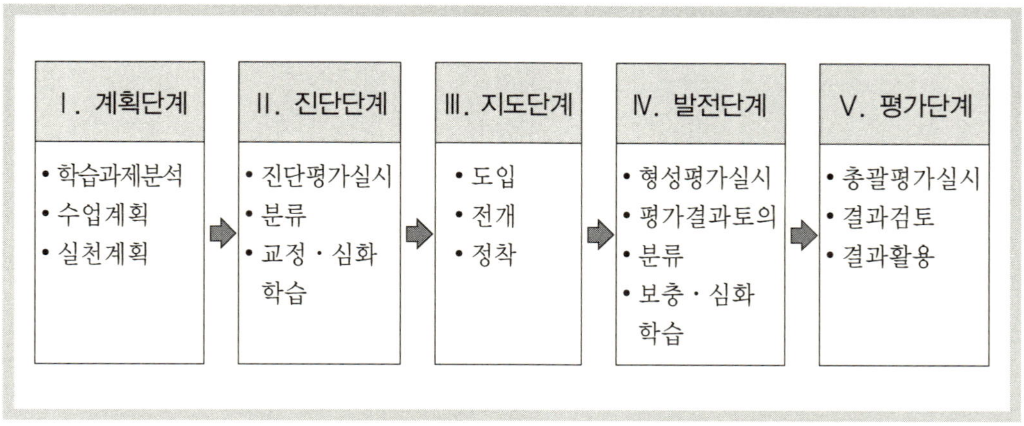

〈그림 1-3〉 한국교육개발원의 일반 수업모형

출처 : 정석기(2010). 좋은 수업설계와 실제. 서울 : 원미사, p. 39.

및 선택)을 세우고 교수·학습안을 작성하는 일 등이 포함된다.

진단단계는 흔히 출발점 행동을 진단하는 단계로서 학생들이 그 학습과제에 들어가는 데 필요한 준비가 되어있느냐를 진단하고 그에 따른 조정 조치를 취하는 단계이다. 모든 학습과제의 학습에서 이러한 진단과 교정활동이 반드시 필요한 것은 아니지만, 이 단계가 적절하게 실천되지 않으면 교수자가 아무리 잘 가르치더라도 학생들은 해당 단원의 학습내용이나 수업목표를 달성하기 어렵다. 따라서 교수자는 철저한 진단검사를 통해 학생들의 선수학습 능력을 진단하고 만일 학생들에게 결손이 있다면 이를 교정한 후에 본 수업을 실시하는 것이 바람직하다.

지도단계는 어떤 학습과제에 대한 실제 수업이 이루어지는 단계로서 그 학습과제에 배당된 시간의 약 70~80%를 차지하는 교수·학습 과정의 핵심적인 단계라고 할 수 있다. 이 단계를 다시 세분하면 도입, 전개, 정착이라는 세 단계로 구분할 수 있다(번영계, 1985). 도입단계에서는 학생들이 학습과제가 무엇인지 알 수 있도록 구체적으로 제시하고, 학생들의 학습동기를 유발하며, 현재 다루고 있는 학습과제와 이전에 학습한 학습과제가 관계가 있으면 이를 통해 학생들의 이해를 돕는다. 전개에서는 해당 학습과제의 내용을 학생들에게 제시하고 학생들은 이에 반응하여 학습 내용을 이해해 나가는 단계이다. 이 단계에서는 학습과제의 성격에 따라 교수 주도수업(강의, 탐구학습, 문제 해결학습 등)을 할 것인지, 학생주도 수업(프로그램 학습, 관찰, 견학, 조사, 발표, 모의 수업 등)을 할 것인지 선택하여 수업을 진행할 것인지를 결정한다. 정착단계는 학습한 내용을 정리하고 연습을 통해 강화를 촉진하며, 새로이 학습한 내용을 학생들의 경험의 일부로 종합하고 내면화하여 새로운 사태에 적용하고 일반화할 수 있도록 지도한다(정석기, 2010). 그러나 도입, 전개, 정착으로 구성된 지도단계의 활동은 교과나 학습과제의 성격이나 학습형태에 따라 다르게 적용될 수 있음을 유의해야 한다.

발전단계는 지도단계에서 이미 학습한 내용에 대한 학생들의 학업성취도를 평가(형성평가)하고, 그 결과에 따라 심화 또는 보충 학습의 기회를 제공하는 단계이다. 따라서 교사입장에서 보면, 발전단계는 독립된 평가단계가 아니라 학생들의 학습을 촉진 내지 심화시키기 위한 수업의 일환으로 볼 수 있다.

평가단계는 수업을 마친 후에 수업의 전 과정을 종합적으로 평가하여 결과를 활용하는 단계이다. 그러므로 이 단계에서 이루어지는 평가는 형성평가(확인평가)가 아닌 총괄평가의 성격을 가지고 있다. 총괄평가의 목적은 주요한 지적, 정의적 그리고 기능적 수업목표가 얼마나 잘 달성되었는지를 알아보고 교육과정 속에 명시되어 있지 않더라도 수업의 결과로 나타난 비의도적인 행동특성까지도 평가하는 것이다. 총괄평가는 원칙적으로 매 학습과제가 끝날 때마다 실시해야 하나 너무 많은 수업시간을 평가활동에 사용하는 것을 피하기 위해 한 학기 동안 보통 2~3회의 총괄평가를 실시하도록 하였다.

4) 직접교수 모형

직접교수는 크게 첫째, 효과적 교수방법을 의미하는 직접교수(di : direct instruction)와 둘째, 1964년 일리노이 대학의 엥겔만(Engelmann) 등에 의하여 상업적 목적으로 출판된 'DISTAR'라는 교수 프로그램 두 가지를 의미한다. 하지만 수업과 관련하여 '직접교수'라고 할 때는 주로 행동주의 심리학을 기본으로 하여 개발된 교수방법으로서의 직접교수를 말한다. 그러나 엄밀히 보면, 직접교수는 이론을 기반으로 만들어진 교수방법이라기 보다는 교수자들이 교육 경험을 통해 귀납적으로 만들어낸 것으로 볼 수 있다.

여기에서는 교수방법으로서의 직접교수에 대하여 살펴보고자 한다.

(1) 직접교수의 의의

직접교수(di)는 학생들에게 새로운 기술, 기능이나 특정개념을 가르칠 때 사용하는 교수방법이다. 즉 직접교수는 교수자가 학생들에게 수업목표를 명확하게 제시하고, 학습계열에 따라 과제를 제시하며, 목표에 도달하도록 충분한 시간을 배려하고, 학생의 수행을 계속적으로 점검하는 수업형태(윤광보, 2010)를 말한다. 따라서 직접교수에서 교수·학습의 중심은 교수자라고 할 수 있으며, 교수자는 학생들에게 학습내용을 직접 가르친다. 또한 직접교수는 교수자가 가르칠 내용과 기술을 학생들이 쉽게 이해할 수 있도록 최대한 상세화하고 구체화한 다음 목표 중심으로 수업을 전개한다.

한편 카스(Kass)와 메덕스(Meddux)는 직접교수가 행동교정이나 정밀 수업과 같이 고도의 구조화한 수업, 적절한 반응의 강화, 수행의 계속적인 반응을 중시한다고 언급하고 있다(노연주, 2009). 그러면서 로젠샤인(Rosenshine)이 강조한 것과 같이 교수자가 첫째, 일반적인 일의 문제해결 전략을 분명히 가르쳐야 한다. 둘째, 소집단으로 수업해야 한다. 셋째, 체계적으로 실수를 교정하고 적합한 반응을 강화하여야 한다. 넷째, 이전에 배운 내용을 누적하여 검토하도록 한다. 다섯째, 학습과정의 각 단계마다 숙달수준을 고수하여야 함을 지적했다(김윤옥, 2005).

직접교수는 다음과 같은 몇 가지 특징을 가지고 있다(서지연, 2007).

첫째, 교수 전략으로서는 철저하게 학습 향상을 위한 피드백을 주고, 잘못된 반응을 보일 때는 정확하고 신속하게 이를 교정해준다.

둘째, 학습자들이 지루해하지 않게 학습 진도를 빠르게 이끌어 나가면서 숙달정도를 높인다. 그러면서도 학습자들의 적극적인 참여를 유도한다.

셋째, 교사가 이러한 교수 활동을 능숙하게 해나갈 수 있도록 바람직한 교수 활동의 시범과 숙달될 때까지 체계적인 보조를 제공한다.

넷째, 일단 교수 활동이 종료되면 지속적으로 학습자들의 학업성취도를 평가하되 평가 내용은 교수 활동에서 다루어졌던 것과 밀접하게 관련이 있어야 한다.

중요한 것은 실제 학습자들이 학습에 투여한 시간을 최대한 증가시킴으로써 효율적이고 밀도 있는 학습이 이루어지도록 하는 것이다.

(2) 직접교수 모형의 수업단계

로젠샤인(Rosenshine, 1983)은 직접교수 모형을 활용한 수업의 단계를 〈그림 1-4〉와 같이 6단계로 제시하였다.

단계	내용
1단계 : 전시 과제 복습	• 이전에 학습한 내용을 간단하게 복습하는 단계
2단계 : 새로운 과제 제시	• 배우게 될 새로운 내용이나 수업목표를 간단한 설명이나 시범, 모델, 구체적인 예를 통해 제시하는 단계
3단계 : 초기 과제연습	• 수업목표가 되는 기술이나 내용을 능숙하게 수행하기 위해 연습하는 단계 • 학생의 수행률을 높이기 위해 모니터링, 교정피드백 등 실시 (연습과제는 학생이 80%의 수행률을 보일 때까지 계속)
4단계 : 피드백 및 교정	• 학생들이 학습내용이나 과제를 연습하는 동안에 강화와 교정피드백을 자주 제공하는 단계
5단계 : 독자적인 연습	• 학생이 기본적인 연습과제에 능숙해지면, 가르친 기술이나 내용을 학생이 독립적으로 더 연습하도록 하는 단계 • 과제 성공률이 95% 이상이 될 때까지 연습기회 제공
6단계 : 정기적인 연습	• 정기적인 복습을 통해 이전에 학습한 내용이나 과제를 반복적으로 연습하는 단계

〈그림 1-4〉 직접교수 모형을 활용한 수업단계

〈표 1-3〉은 초등학교 미술과 4학년 2단원의 내용을 재구성하여 직접교수 모형을 적용한 교수·학습안을 작성한 것이다.

〈표 1-3〉 직접교수 모형을 적용한 미술과 교수·학습안

<table>
<tr><td>교과명</td><td colspan="2">미술</td><td>학년</td><td>4학년</td><td>대단원</td><td colspan="3">2. 움직임 나타내기</td></tr>
<tr><td>학습주제</td><td colspan="4">인체의 동세 표현하기</td><td>대상</td><td colspan="3">4학년 1반 학생
(남 : 15명, 여 : 16명 계 : 31명)</td></tr>
<tr><td>차시</td><td colspan="2">4/6</td><td>수업모형</td><td colspan="2">직접교수모형,
인터넷 활용 전략</td><td>장소</td><td colspan="2">○○초등학교
4-1반 교실</td></tr>
<tr><td>학습목표</td><td colspan="8">• 운동하는 사진을 보고 인체의 움직임이 잘 드러나도록 따라 그릴 수 있다.</td></tr>
</table>

<table>
<tr><td rowspan="2">단계</td><td rowspan="2" colspan="2">학습내용</td><td colspan="2">교수·학습 활동</td><td rowspan="2">시량</td><td rowspan="2">자료(●) 및
유의점(◆)</td></tr>
<tr><td>교사활동</td><td>학생활동</td></tr>
<tr><td rowspan="2">도입</td><td rowspan="2">문제인식</td><td>동기유발</td><td>• 준비한 영상 감상하기
T : "어떤 내용인가요?"
T : "공통점은 무엇인가요?"
• 학습문제 제시
T : "이번 시간에는 우리가 무엇을 해 보면 좋을까요?"</td><td>• 영상감상하기
S : "씨름하는 모습입니다."
"운동하는 모습입니다."
"움직임이 잘 드러나 있습니다."
• 학습문제 제시
S : "운동하는 사진을 보고 그림을 그려봐요."
"움직임이 잘 드러나도록 그림을 그려봐요."</td><td rowspan="2">5분</td><td rowspan="2">● 동영상 자료 (반 학생들이 운동하는 장면을 촬영하여 동영상으로 편집)
◆ 모든 학생들이 질문에 답할 수 있도록 고른 기회를 제공한다.
● PPT 자료</td></tr>
<tr><td>학습문제파악</td><td colspan="2">♠ 운동하는 사진을 보고 인체의 움직임이 잘 드러나게 표현하여 봅시다.</td></tr>
<tr><td>전개</td><td>설명 및 시범</td><td>표현활동 순서 설명 및 시범 보여주기</td><td>• 표현활동 순서 알기
T : "오늘은 움직임이 잘 드러나게 표현하기 위해 어떻게 해야 하는지 알아봅시다."
"선생님이 시범을 보이면 한 단계씩 따라 해 봅시다."
"선생님과 같은 사진을 준비합니다."
"사진 위에 OHP를 덮고 유성펜으로 윤곽선을 그려봅시다."</td><td>• 표현활동 순서 알기
▫ 선생님과 같은 사진 준비하기
▫ OHP 위에 유성펜으로 그림 그리기</td><td></td><td>◆ 교사가 실물화상기 앞에서 시범을 보이면서 학생들이 동작을 한 단계씩 따라 하게 한다.
◆ 학생들이 동작을 따라 할 수 있도록 천천히 반복해서 시범을 보여준다.</td></tr>
</table>

단계	학습내용		교수 · 학습 활동		시량	자료(●) 및 유의점(◆)
			교사활동	학생활동		
전개	설명 및 시범	교사의 시범 보이기 및 구조화된 표현 연습하기	• 표현방법 시범 보이기 T : "먼저 OHP위에 그림을 그린 것처럼 이번에 도화지 위에 그려봅시다." "다음으로 움직임이 잘 드러나게 팔, 다리의 관절 부분을 자세히 표현해 봅시다." "손, 발의 세부묘사, 옷의 주름이 잘 드러나도록 표현해 봅시다."	• 교사의 시범을 보고 구조화된 표현 연습하기 ▫ 도화지에 인체의 머리, 몸통, 팔, 다리의 대략적인 위치 잡기 ▫ 움직임이 잘 드러나게 팔, 다리의 관절 부분을 자세히 표현하기 ▫ 손, 발 세부묘사, 옷 주름 표현하기	30분	● 운동하는 사진, OHP필름, 유성펜, 도화지 ◆ 활동을 잘 수행하지 못하는 학생들에게 개인적인 설명 및 시범을 보여준다.
	질문 및 응답	질문하기	• 활동에 관한 질문하기 T : "방금 표현 활동 순서를 알아보았는데 궁금한 점이나 어떻게 해야 할이지 잘 모르는 사항에 대해서 질문해 보세요."	• 작품 제작 순서에 대해 이해가 되지 않는 사항 질문하기 S : "무엇을 표현합니까?" "어떤 것에 중점을 두어 표현해야 합니까?"		◆ 학생들이 질문에 대답할 수 있는 충분한 시간을 준다.
	독자적인 연습	움직임이 나타나도록 표현하기	• 독자적인 연습을 위한 표현방법 설명 및 활동 유도하기 T : "앞서 우리가 연습한 방법대로 여러분이 선택한 사진으로 움직임이 잘 드러나게 표현해 봅시다."	• PPT화면을 보며, 교사의 설명 주의깊게 듣기 • 연습한 방법대로 움직임이 잘 드러나게 그리기		● PPT자료 ● OHP필름, 유성펜, 도화지, 연필, 지우개, 운동하는 모습이 담긴 다양한 사진자료 ◆ 궤간을 순시하며, 학생들의 활동을 점검한다.
정리	정리 및 발전	완성하기	• 완성된 작품 전지에 붙이기 • 친구 작품 감상하며 이야기 나누기 T : "오늘 친구들의 작품을 보고 움직임이 잘 나타난 그림 5장을 선택하여 스티커를 붙여봅시다." "제일 스티커를 많이 받은 친구의 그림이 왜 좋은지 이야기 해 봅시다." "활동 후의 느낌을 말해 봅시다." • 차시예고 및 인사 T : "다음시간에는 철사를 이용하여 입체로 움직임을 표현해 보겠습니다." "수고 많았습니다."	• 완성된 작품을 칠판에 부착된 전지에 붙이기 ▫ 완성된 작품을 자기번호에 전시한 후 앉아서 다른 친구들 작품 감상하기 ▫ 친구 작품을 감상하고 움직임이 잘 나타난 그림에 스티커 1개씩 5명에게 붙이기 • 자신의 생각 및 느낌 발표하기 S : "움직임이 잘 나타나 있어서 좋았습니다." "네. 따라 그리기가 많은 도움이 되었습니다." • 주의 깊게 설명듣기 및 인사하기	5분	● 전지, 스티커 ◆ 먼저 완성된 학생이 자기 번호에 해당하는 전지에 작품을 붙일 수 있도록 한다. ◆ 자리마다 지정자리를 부여하고, 학생당 5개의 스티커를 배분한다.

출처 : 전종탁(2008). 직접교수법을 통한 인체 동세 표현지도에 관한 연구. 한국초등미술교육학회 8(2), 262~264의 내용 재구성

(3) 직접교수 모형의 장단점

직접교수는 학생들이 도달해야 할 목표와 목표 달성 과정에 대한 명확한 지식을 객관적으로 입증된 지식과 모범적인 예를 통해 제공하기 때문에 학습시간을 적게 들이고도 목표를 달성할 수 있다는 장점을 가지고 있다(박정애, 2006). 또한 직접교수는 개별 학생을 지도하는 경우나 학생 수가 많은 학급에서도 교육적 효과를 얻을 수 있는 교육방법이다(천경록 등, 1997). 그러나 직접교수는 학생들에게 유용하다고 생각되는 지식이나 기술을 교수자가 직접 가르치기 때문에 효과성이나 효율성은 높은 반면, 학생들의 수동적인 학습태도를 조장할 수 있고, 학생들에게 학습에 관심을 갖게 하거나 학습동기를 유발하는데 어려움이 있다(Silliman et al., 2000).

5) 또래교수

(1) 또래교수의 개념

또래(peer)란 나이나 수준이 서로 비슷한 무리를 의미한다. 따라서 또래교수(peer tutoring)라고 하면 동일 연령대의 어린이가 교사의 역할을 맡아 개별화된 지도를 요구하는 다른 또래 어린이에게 교수를 제공하는 것을 말한다. 또래교수는 제한된 수업시간에 효과적이고 실용적인 교수전략으로 사용될 수 있으며, 다양한 어린이들의 욕구를 충족시키기 위한 개별화된 교수로도 사용될 수 있다(Cook, Scruggs, Mastropieri, & Cast, 1985). 또한 특수교육적 요구를 가진 아동들뿐만 아니라 일반아동에게도 광범위하게 적용할 수 있으며, 또래학습자뿐만 아니라 또래교사에게도 이익을 줄 수 있는 교수방법이다.

이 밖에도 또래교수는 학습능력이 지체되는 학생들이 학습내용을 보다 쉽게 이해하는데 도움을 주며, 학습이해 속도가 느린 학생들은 그들의 필요에 따라 개별적인 관심을 받기 때문에 심리적인 안정을 얻을 수 있다는 이점이 있다(신진희, 2003).

(2) 또래교수의 효과

또래교수가 또래교사와 또래학습자에게 학업적 및 사회적으로 많은 이익을 주고 있음이 많은 연구들을 통해 밝혀졌다. 또래교수가 또래교사와 또래학습자에게 주는 이점은 〈표 1-4〉와 같다.

〈표 1-4〉 또래교수가 또래교사와 또래학습자에게 주는 이점

구분	또래교사	또래학습자
이점	• 학업성취도 증가 (Eiserman & Osguthorpe, 1986) • 교사와 학교에 대한 이해와 관심 증가 (신진희, 2003) • 책임감 증가(오양교, 1992) • 자아존중감 향상(최봉환, 1993) • 사회성 발달(이운하, 1996)	• 학업 성취 증가(kamp et al., 1994) • 또래와의 사회적 상호작용 증가 (Pierce et al., 1983) • 자아존중감과 긍정적 태도 향상 (이운하, 1996 ; 오양교, 1992)

(3) 또래교수의 유형

또래교수는 실제로 적용하는 방법에 따라 유형이 다양하며, 연구자들에 따라 또래교수의 유형을 분류하는 것에도 차이가 있다(Eiserman, 1988 ; Warger, 1991). 따라서 또래교수를 적용할 때에는 여러 가지 또래교수의 유형들이 또래교수자와 또래학습자에게 미치는 영향을 고려한 후 상황에 맞는 유형을 적용하는 것이 중요하다.

또래교수의 유형은 다양하나 여기에서는 크게 두 가지 즉, 또래교수자와 또래학습자의 연령, 또래교수가 이루어지는 방법에 의한 분류 방법에 대해 살펴보고자 한다(〈그림 1-5〉 참고).

① 연령에 의한 분류

연령에 의한 분류는 동급학생 또래교수(same-age peer tutoring)와 상급학생 또래교수(cross-age peer tutoring)로 구분할 수 있으며, 그에 대한 구체적인 내용은 〈표 1-5〉와 같다.

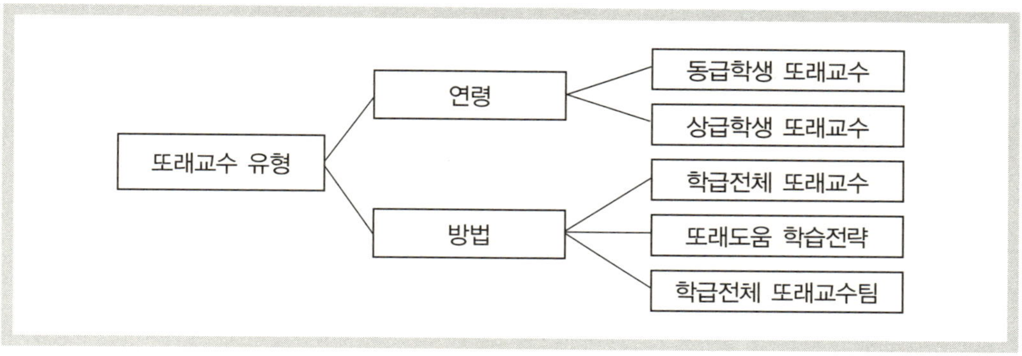

〈그림 1-5〉 또래교수의 유형

〈표 1-5〉 연령에 의한 분류

구분	동급학생 또래교수	상급학생 또래교수
의의	• 동일학급 내에서 쉽게 사용할 수 있는 또래교수 형태로 또래교수자와 또래학습자의 연령이 같은 또래교수 방법임	• 상급학생의 또래교수는 또래교수자의 연령이 또래학습자보다 약 2년 혹은 그 이상 더 많거나 더 적은 학생으로 일대일 혹은 일대집단으로 팀을 구성하여 또래교수를 실시하는 방법임
특징	• 교사가 구조화된 교수 환경 안에서 추가된 연습활동을 제공할 수 있고, 학생들을 직접 가르치지 않고도 그들의 활동을 감독할 수 있다는 장점이 있음 • 학급당 학생수가 많아 교사의 개별지도가 어려운 경우, 다양한 시간(아침자습 시간, 점심시간, 방과후 시간 등)을 적절히 활용할 수 있음 • 동급학생 또래교수는 능력이 뛰어난 학생을 교수자로 하여 학습이 지체되는 학생을 교수하도록 할 수 있지만 서로의 역할을 바꿔서도 실시할 수 있음 • 동급학생 또래교수를 실시하기 이전에 또래교수자와 또래학습자의 역할 훈련이 선행되어야 하며, 또래선정과 잘 설계된 또래교수 절차를 사용해야 하고, 역할이 고정되지 않도록 구조화된 학습 과제를 제공해야 효과가 있음	• 상급학생 또래교수의 이점 (Vtley, Mortweet, & Geenwood, 1997) ▫ 또래학습자는 연령차와 경험의 차이로 풍부한 경험을 얻을 수 있음 ▫ 문제행동이 줄어들고, 학생의 동기유발을 도움 ▫ 개별화된 교수를 실시하며, 학생과 교사 사이의 차이를 극복해 줌 ▫ 나이 많은 또래 교수자는 공부하는 좋은 습관을 갖도록 격려하며, 어린 학생이 갖는 두려움을 극복하고 자신감을 갖도록 도와줌 • 상급학생 또래교수의 제한점 ▫ 또래학습자와 또래교수자의 연령과 학년이 다르기 때문에 학습시간을 맞추기 어려움 ▫ 상급학생 교수 프로그램은 잘 구조화되고 교수시간을 효율적으로 운영하려는 노력이 필요함

② 또래교수 방법에 의한 분류

또래교수 방법에 의한 분류는 학급전체 또래교수(CWPT : class wide peer tutoring), 또래도움 학습전략(PALS : peer-assisted learning strategies), 학급전체 또래교수팀(CSTT : classwide student tutoring teams)으로 구분할 수 있으며, 그에 대한 구체적인 내용은 〈표 1-6〉과 같다.

〈표 1-6〉 또래교수 방법에 의한 분류

구분	의의	특징
학급전체 또래교수	• 1980년대 Juniper Garden's projcet에서 개발된 또래교수로서 학급 구성원 모두가 또래교수에 참여하는 것으로, 원래 학업성취가 낮은 소수민족, 수학장애학생의 교수를 개선하기 위해서 고안된 방법임(Delquadrl et al., 1986)	• 학급 내 모든 학생들이 2인 1조가 되어 또래교수자와 또래학습자의 역할을 수행함
또래도움 학습전략	• 1990년 초에 개발된 또래도움 학습전략은 일반교사가 수학장애 학생 및 장애학생이 포함된 일반 학급에서 효과적이고 편리하게 사용되는 방법임(Utley, Mortweet, & Green wood, 1997)	• CWPT와 같은 방법과 절차로 또래교수가 실시됨 • 또래도움 학습전략은 수학, 읽기 등의 학업성취 신장에 효과적임
학급전체 또래교수팀	• 1980년대 후반에 John Hopkins 대학의 Slavin과 그의 동료들이 개발한 것으로 학급전체 또래교수(CWPT)에 토너먼트식 학습(TGT)을 접목시킨 것임 • 4~5명의 학습능력이 다른 학생이 한 팀으로 되어 소그룹을 형성하고, 학업만족을 가져오기 위해 게임 형태로 이루어지며 팀 별로 일주일씩 경쟁을 하는 학습방법임	• **학급전체 또래교수팀 실행의 제한점** ▫ 학습교재를 단계별로 나누는 것이 어렵고 주별로 연습 문제와 퀴즈를 작성하는데 많은 시간과 노력이 필요함 ▫ 학생들이 점수를 정확히 계산하지 않고, 팀구성원을 싫어하는 불만을 가질 수 있음 ▫ 성공적인 CSTT가 이루어지기 위해서는 보다 확실한 사전 조사를 통해 흥미있는 퀴즈와 게임이 이루어져야 함

(4) 또래교수를 적용한 교수 · 학습안 예

〈표 1-7〉은 수학우수아와의 또래교수를 통해 초등학교 3학년 수학학습부진아들에게 세 자릿수의 덧셈을 가르치기 위해 작성한 교수 · 학습안이다.

〈표 1-7〉 또래교수 모형을 적용한 수학과 교수 · 학습안

<table>
<tr><td>교과명</td><td>수학</td><td>학년</td><td>3학년</td><td>대단원</td><td colspan="3">2. 덧셈과 뺄셈</td></tr>
<tr><td>본시주제</td><td colspan="3">세 자릿수의 덧셈</td><td>대상</td><td colspan="3">3학년 학생(수학우수아 : 8명, 수학학습부진아 : 8명, 계 16명)</td></tr>
<tr><td>차시</td><td>3/5</td><td colspan="2">수업모형</td><td colspan="2">또래교수 모형</td><td>장소</td><td>○○초등학교 3-2반 교실</td></tr>
<tr><td>학습목표</td><td colspan="7">• 받아 올림이 있는 세 자릿수의 덧셈의 원리를 이해하고, 덧셈 문제를 계산할 수 있다.</td></tr>
</table>

단계	학습내용	교수 · 학습 활동	시량	자료(●) 및 유의점(◆)
도입	☞ 학습문제 인식 ☞ 학습목표 확인	• 본시 학습활동 내용을 제시하고 직접교수를 실시한다. ▫ 교사가 문제를 제시하고 설명한다. "472+369" • 자릿수를 맞추어 받아 올림의 원리를 이해시키며, 계산하는 모습을 보여준다. • 또래교수 훈련내용을 상기시킨다. ♠ 받아 올림이 있는 세 자릿수의 덧셈의 원리를 이해하고, 덧셈 문제를 풀어봅시다.	7분	● 칠판 ◆ 학습목표를 무리하게 정하지 말고 낮게 정하여 학생들이 성공적으로 덧셈 문제를 풀 수 있도록 한다.
전개	☞ 학습목표와 보상 선택 ☞ 또래교수 실시	• 학습목표와 팀보상을 짝끼리 결정해서 활동기록표에 기록한다. ♣ 또래교사가 '연습1' 문제 카드를 제시한다. ◉ 정답이면 칭찬하고 '연습1'의 다른 문제를 제시한다. ◈ 오답이면 '연습1'의 문제를 또래교사와 학습자가 같이 큰 소리로 읽고 또래교수를 실시한다. 그런 다음 또래학습자가 문제를 풀어본다. 다 풀고 나면 '연습1'의 다른 문제를 제시한다. ◈ 오답이면 또래교수를 실시한다. ▣ '연습1'문제를 모두 해결하면 '연습2'문제를 해결한다.	23분	● 자료, 활동기록표, 연습1, 연습2, 연습3, 일일평가 문제 ◆ 학생들이 문제를 편안하게 풀 수 있도록 시간을 넉넉하게 제공한다.

단계	학습내용	교수 · 학습 활동	시량	자료(●) 및 유의점(◆)
전개		▣ '연습2'문제를 모두 해결하면 '연습3'문제를 해결한다. (1단계 문제) ① 39+7 ② 42+9 ③ 8+88 ④ 57+6 ⑤ 59+9 ⑥ 46+5 ⑦ 26+8 ⑧ 87+5 ⑨ 34+7 ⑩ 67+7 (2단계 문제) ① 200+100 ② 300+200 ③ 100+600 ④ 300+100 ⑤ 400+500 ⑥ 320+150 ⑦ 620+120 ⑧ 410+630 ⑨ 480+110 ⑩ 750+330 (3단계 문제) ① 472+369 ② 154+437 ③ 459+373 ④ 583+217 ⑤ 974+468 ⑥ 468+573 ⑦ 287+746 ⑧ 396+845 ⑨ 456+297 ⑩ 어느 조선소에서 작년에는 배를 145척 만들었고, 올해는 279척 만들었다. 이 조선소에서 2년동안 만든 배는 모두 몇 척일까요?		◆ 교사는 궤간을 순시하면서 학생들의 문제풀이 상황을 점검한다. ● 2학년 1학기 문제, 2학년 2학기 문제, 3학년 1학기 문제(가로, 세로로 문제를 다양하게 낸다)
정리	☞ 평가	• 교사는 일일평가 문제를 제시한다. (일일평가 문제) ① 48+4 ② 7+57 ③ 76+8 ④ 9+87 ⑤ 200+700 ⑥ 500+300 ⑦ 860+120 ⑧ 654+397 ⑨ 159+789 ⑩ 현수네 학교에서는 빈 병을 이틀 동안 모았다. 첫째 날에는 427개, 둘째 날에는 394개 모았다. 현수네 학교에서 모은 빈 병은 모두 몇 개인가요?	10분	● 일일평가문제지, 활동기록표, 강화제 ◆ 일일평가 문제는 '문제1, 2, 3'의 문제를 종합하여 문제를 낸다.
	☞ 학습목표 도달확인	• 일일평가 문제를 채점하고, 학습자들의 학습목표 도달 여부를 확인한다.		
	☞ 팀보상 실시	• 행동계약서에 약속한 문제 수만큼 문제를 맞춘 팀에게 팀보상을 실시한다.		◆ 활동기록표는 담임에게 전달하고 확인하여 다시 가져오게 한다.
	☞ 다음차시 예고 및 인사하기	• 다음차시 내용을 예고하고, 인사한다. "세 자릿수의 뺄셈 문제를 계산해봅시다."		

출처 : 신진희(2003). 또래교수가 수학학습부진아의 수학성취도와 사회성 발달에 미치는 효과. 석사학위논문. 인천교육대학교 교육대학원, pp. 57-58 재구성

제 2 장

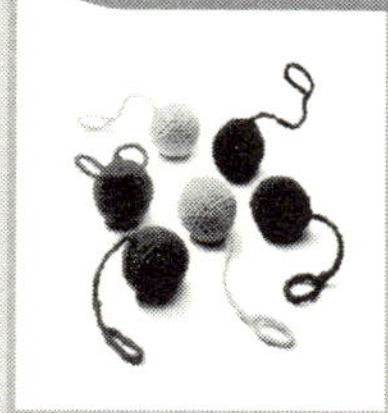

바람직한 수업목표 진술

1 수업목표의 개념

수업목표란 일정한 시간동안의 수업을 통해 학생이 성취해야 할 행동 또는 내용을 말한다(박인학, 2002). 여기서 행동을 한 단위수업이 성공적으로 끝났을 경우에 학생들에게 나타나야 할 외적 및 내적 행동의 변화를 의미한다면, 수업목표는 학생들의 생각이나 느낌 그리고 행동이 어떻게 변화해야 하는지를 나타낸 진술문이라고 할 수 있다. 즉, 수업목표는 단원의 수업, 한 교과의 코오스의 부분, 또는 전 과정에 참여한 결과로 얻어지는 학생들의 지적 흥미, 태도 등의 행동 특성을 조작적으로 표현한 문장(김호권, 1998)이라고 할 수 있다.

이처럼 수업목표가 수업을 통해 학생들이 최종적으로 달성하기를 의도하는 학습의 성과 즉 도착점 행동을 의미한다면, 수업목표는 학생들의 성취 수준을 객관적으로 평가할 수 있도록 구체적이고 명세적인 행위동사로 진술되어야 한다.

수업목표가 명세적으로 진술되면 다음과 같은 효과를 기대할 수 있다(박인학, 2002 ; 권순황, 2008).

첫째, 분명한 수업목표 진술은 교사가 수업시간에 무엇을 가르쳐야 하는 지를 확실하게 제시해준다. 따라서 불필요한 시간낭비를 감소시킬 수 있으며 수업의 충실도를 높일 수 있다.

둘째, 학생들의 학습을 촉진시킨다. 분명한 수업목표 진술은 학습자 스스로 자신만의 학습목표를 세우게 할 뿐만 아니라 학습주의력과 학습 충실도를 높일 수 있다.

셋째, 수업의 방향을 제시해준다. 수업의 방향이란 마치 배가 항해하는 것처럼 표류하지 않고 특정한 목적지로 향하는 것을 말한다. 따라서 잘 수립된 수업목표는 수업내용의 선정과 조직에 구체적인 시사점을 제공하는 한편 수업결과를 평가하는 기준을 제시할 수 있다.

넷째, 학습평가의 타당도와 신뢰도를 높일 수 있다. 따라서 평가의 결과가 수업의 질을 높일 수 있도록 재투입 된다는 면에서 효과를 얻을 수 있다.

다섯째, 수업시간에 어떠한 수업자료 및 수업매체를 선정하여 사용할 것인지에 대한 기준을 제시한다.

2 행동적 수업목표

수업목표는 구체적으로 진술하여야 된다고 타일러(Tyler, 1950, 1964)나 메이거(Mager) 등에 의해 제안된 이래로 최근에는 더욱 세부적이고 행동적인 목표 진술의 중요성이 제기되고 있다. 일반적으로 행동적 수업목표란 학습자가 행해야 할 행동을 학습자의 외형적 행동을 중심으로 해서 세부적으로 진술하는 것이라고 정의할 수 있다(Yarger, 1971). 따라서 행동적 수업목표 진술은 행동적 용어(행위동사)를 사용하여 교사가 아닌 학습자의 행위에 초점을 맞춰 진술하여야 하고, 학습자가 실제로 보여주는 외형적 행동에 초점을 맞추며, 수업과정에서 일어나는 행동이 아닌 수업의 최종 성과인 도착점 행동으로 진술되어야 한다.

행동적 수업목표 진술에 사용되는 행위동사에는 '생각한다', '감상한다', '즐긴다', '안다' 등의 단어는 포함되지 않으며, '쓰다', '조립하다', '진술한다' 등과 같은 단어를 사용한다. 행위동사를 사용하여 진술한 수업목표는 구체적인 평가문항을 도출하여 작성하는데 중요한 기초자료가 될 수 있다.

행동적 수업목표를 진술하기 위해서는 다음과 같은 몇 가지 기본적인 원리를 고려해야 한다(손미, 1988).

첫째, 행동적 수업목표는 행동과 내용을 모두 포함해야 한다.

둘째, 행동적 수업목표는 정확해야 한다. 이는 행동적 수업목표가 포괄하는 범위와 관련된 것으로 단일 목표 속에 포함되는 학습량이 행동변화를 인지할 수 있을 정도로 세분화되어서 인지할 수 있을 정도로 분명히 나타나야 한다는 것이다.

셋째, 행동적 수업목표는 중요한 내용의 것이어야 한다. 학교에서 다뤄야 할 목표는 매우 많지만 모든 목표를 달성한다는 것은 시간적으로 어려움이 있다. 따라서 수업내용의 상대적 중요성을 고려해서 수업목표를 선정해야 한다.

넷째, 행동적 수업목표의 행동수준은 학습자에게 적합한 수준이어야 한다. 아무리 중요한 행동적 수업목표를 설정했다고 하더라고 그것이 학습자의 발달수준, 흥미, 학습능력에 비추어 성취 불가능한 것이라면 수업목표로서의 가치가 없다.

이와 같은 원리에 기초하여 교수가 행동적 수업목표를 진술하였을 때 기대할 수 있는 효과에는 다음과 같은 것들이 있다.

첫째, 교사나 수업설계자가 수업목표를 분명히 알게 되면 무엇을 가르쳐야 할 것인지를 명확히 알 수 있어서 수업에 임하는 교사의 수업태도를 고무할 수 있고 교사 자신의 교수효과성 평가에 대한 만족도를 높일 수 있다(Jenkins & Deno, 1973).

둘째, 수업목표가 행동적으로 분명할 때 교사가 수업전개를 구체적으로 진행할 수 있으므로 효율적인 수업설계를 위한 기초를 제공한다(박성익, 1985).

셋째, 행동적으로 진술된 수업목표는 교사, 학생 등 교육 관련자 간에 정확한 의사소통의 매개체로 기능하며, 따라서 이들 간에 교수설계, 개발 및 교수의도에 대해 공통의 수업목표를 정확하게 이해할 수 있게 한다(Drumheller, 1977).

그러나 행동적 수업목표 진술이 갖는 이러한 장점에도 불구하고, 모든 목표를 행동적 용어로 진술하는 데 상당한 어려움이 있다. 이러한 행동적 수업목표 진술이 갖는 제한점을 박성익(1985)은 다음과 같이 제시하고 있다.

첫째, 목표를 명세화할수록 목표추출의 근원을 파악하는 데 교사들 간의 의견의 일치를 보기가 힘들다.

둘째, 목표추출 방법에 필요한 기법이 영역에 따라 달라져야 하므로 인지적 · 정의적 · 심체적 영역에 대한 수업목표에 대한 수업목표를 행동적 용어로 진술하는데 한계가 있다. 예를 들면, 고차적인 지식이나 정의적인 영역에 속하는 흥미나 태도 등은 직접 관찰할 수 있는 용어로 진술하는 것이 어렵다. 따라서 이러한 영역에 포함되는 목표들은 소홀해질 우려가 있다.

셋째, 수업목표를 미리 세목화하면 수업 운영과정의 융통성이 제한된다.

넷째, 진술된 목표에 따라 학급에서의 수업처방을 어떻게 하여야 할지 특히 기대하지 않은 학습자의 반응양식에 대한 처방방안을 제시하지 못하고 있다.

다섯째, 비록 진술된 목표가 있다고 하더라도 해당목표를 학습하는 길은 다양하므로 목표를 선험적으로 진술하거나 분석하는 일은 수업의 효율성을 감소시킨다.

여섯째, 수업목표 진술에서 최적의 명세화 수준을 설정하기가 어렵다.

일곱째, 목표의 세분화에 초점을 두다보면 사소한 학습행위의 조작적 기술에 몰두하게 되어서 결국 중요한 교육목표의 진술에 소홀하게 된다.

이처럼 행위동사를 사용하여 수업목표를 진술하는 것에는 여러 가지 긍정적 및 부정적 측면이 있다. 따라서 수업활동의 실제에서 행동적 수업목표를 활용하고자 할 때에는 이러한 장 · 단점을 충분히 고려하여 수업목표를 작성해야 한다.

1) 수업목표 진술방법의 실제

수업목표 진술방법을 주장한 대표적인 학자들에는 타일러(Tyler), 메이거(Mager), 가네(Gagné), 그론룬드(Gronlund), 블룸(Bloom) 등이 있다. 여기에서는 이 학자들이 주장하는 수업목표 진술방법에 대해서 살펴보고자 한다.

(1) 행동적 수업목표 진술의 실제

① 타일러의 수업목표 진술

타일러(Tyler, 1969)는 수업목표 진술 시에 내용과 행동 두 가지 요소가 포함되어야 한다고 주장하였다. 그러면서 타일러는 행동적 수업목표를 진술할 때 유의해야 할 점 3가지를 다음과 같이 제시하였다(문애선, 2003).

첫째, 수업목표 진술은 학생의 행동으로 진술해야 한다. 교육에서 관심을 갖는 것은 학생의 행동 변화이므로, 교육목표 진술은 교사의 행동으로 진술될 것이 아니라 학생의 행동 차원에서 진술되어야 한다.

둘째, 학생의 행동과 함께 그 행동이 나타내어지는 내용을 함께 진술하여야 한다. 만약 내용만으로 수업목표를 진술하게 되면 학생들이 무엇을 해야 하는지를 나타내지 못하게 되며, 행동만으로 수업목표를 진술하면 그러한 행동이 어떤 내용이나 생활면에 통용되는 것인가를 나타내지 못하기 때문에 만족스러운 목표 진술이 되지 못한다. 따라서 수업목표에는 학생이 해야 할 행동과 내용이 무엇인지 명확하게 포함되어 있어야 한다.

셋째, 학생에게 기대되는 행동을 충분히 세분화하여 진술해야 한다. 수업목표 진술 시 학생에게 기대되는 행동을 충분히 세분화하여 진술하지 않으면 실제 수업이 막연하게 진행되기 쉽고, 평가할 때에도 구체적으로 무엇을 평가해야 할지 모호해지기 쉽다.

타일러의 수업목표 진술의 예는 〈표 2-1〉과 같다.

〈표 2-1〉 타일러의 수업목표 진술방법의 예

- ■ 글을 읽고 새롭게 알게된 내용을 (학습 내용) / 말할 수 있다. (도착점 행동)
- ■ 삼각형의 조건을 찾아 (학습 내용) / 열거할 수 있다. (도착점 행동)

출처 : 권순황(2008). 특수교육 교과교재 연구 및 지도법. 서울 : 일문사. p. 195.

② 메이거의 수업목표 진술

메이거는 모든 목표를 관찰 가능한 외연적 행동을 나타내는 용어로 진술할 것을 제한하고 있다. 그러면서 그는 수업목표에는 수업의 결과로서 기대되는 행동(성취행동), 그 행동이 일어나는 상황으로서의 조건, 그리고 행동수행을 수락할 수 있는 기준(성취기준, 수락기준) 등의 3가지 요소가 반드시 포함되어 있어야 한다고 주장하였다. 메이거가 수업목표 진술에 반드시 포함되어야 한다고 언급한 3가지 요소에 대해 구체적으로 살펴보면 다음과 같다(문애선, 2003).

첫째, 성취행동이 포함되어 있어야 한다. 수업을 통해서 가져오려고 하는 도착점 행동을 나타내는 동사가 있어야 한다. 즉 수업이 끝났을 때에 수업목표에 성공적으로 도달한 학습자가 관찰할 수 있도록 나타내 보이는 증거가 제시되어 있어야 한다. 그러므로 흔히 사용되는 '안다', '이해한다', '깨닫는다' 등의 명시적인 용어가 아닌 그 행동이 규정하는 범위와 의미가 분명한 행위동사를 사용하여 명세적으로 수업목표를 진술하여야 한다(〈표 2-3〉 참고).

둘째, 조건이 포함되어 있어야 한다. 기대되는 도착점 행동이 나타나는 중요 조건이나 장면이 기술되어 있어야 한다. 즉 학습 교재나 도구 그리고 제한 사항이 무엇인지 구체적으로 밝혀진 상황에서 어떤 행동이 나타나기를 기대하는가를 진술해야 한다.

셋째, 수락기준(성취기준)이 포함되어 있어야 한다. 수업목표에는 도착점 행동이 어느 정도 숙련되어야 하는지를 밝혀 놓은 준거나 수락기준이 포함되어 있어야 한다.

메이거가 언급한 성취행동, 조건, 수락기준이 포함된 수업목표 진술방법의 예는 〈표 2-2〉와 같다.

③ 가네의 수업목표 진술

가네는 단순한 행위동사와 학습된 능력을 명확히 구분할 것을 주장하면서 행동적 수업목표의 진술에 포함되어야 할 요소로 행위(행동), 행위의 대상, 학습자가 직면하게

〈표 2-2〉 메이거의 수업목표 진술방법 예

■ 세계 지도를 주었을 때 (조건, 상황)	15분 이내로 (기준, 수락 기준)	지도상에 6대 해류를 화살표로 정확하게 표시할 수 있다. (성취, 도착점 행위)
■ 곱셈 계산문제 10문제를 제시했을 때 (조건, 상황)	10분 이내에 모든 문제를 (기준, 수락 기준)	정확하게 풀 수 있다. (성취, 도착점 행위)
■ 역사적 사건의 원인에 대한 목록을 주었을 때 (조건, 상황)	적어도 5개 이상 (기준, 수락 기준)	경제에 영향을 미친 요인을 지적할 수 있다. (성취, 도착점 행위)

출처 : 권낙원(1996). 교육과정 총론. 한국교원대학교 대학원, p. 384.

〈표 2-3〉 메이거의 교육목표 진술의 동사

구분	동 사
1. 지적영역 지식	정의하다, 묘사하다, 확인하다, 명칭을 붙이다, 목록을 만들다, 이름을 대다, 진술하다 등
이해	계산하다, 비교하다, 토의하다, 설명하다, 해석하다, 풀다, 식별하다, 그리다 등
응용	추론하다, 결정하다, 예측하다, 연관시키다, 보여주다, 사용하다 등
분석	감정하다, 분석하다 등
종합	분류하다, 창작하다 등
평가	비평하다, 설계하다, 계획하다 등
2. 정의적 영역	선택하다, 조직하다, 참가하다, 반응하다, 감정하다 등
3. 심리운동적 영역	조립하다, 짓다, 측정하다, 묶다, 깨끗이 하다, 연결하다, 갈다, 타이프를 치다, 수영하다, 던지다, 고정시키다, 설계하다 등

출처 : 노승윤(1997). 실기교육 방법론. 서울 : 양서원, p. 136. 재구성

되는 상황(조건), 수반되는 도구나 제한점, 학습자가 보여주길 기대하는 수행으로서 학습될 능력(학습능력) 등의 5가지 요소를 강조하고 있다.

가네에 의하면 행동적 수업목표에서 중요한 것은 동사 자체가 아니라 학습된 능력이며 동사는 단지 그 학습된 능력을 묘사하는 역할로서만 가치가 있다고 하였다. 또한 그는 학습된 능력을 지적기능, 인지전략, 언어기능, 운동기능, 태도와 같은 5가지 영역으로 유목화하고 있으며, 이중에서도 지적기능 영역을 특히 강조하고 있다.

가네의 수업목표 진술방법의 예는 〈표 2-4〉와 같다.

〈표 2-4〉 가네의 수업목표 진술방법의 예

■ 긴 문장을 제시했을 때	타자기를 이용하여	글을 써서	그 유목에 속하는 세 가지의 이름을	열거할 수 있다.
(상황)	(도구·제약)	(행위)	(대상)	(학습능력)
■ 약물이 주입된 살균 주사기, 탈지면, 약물 카드가 주어지면	살균기법을 활용하여	모의환자의 대퇴부에 약물을 주사함으로써	근육내 주사약의 투여를	확인할 수 있다.
(상황)	(도구·제약)	(행위)	(대상)	(학습능력)

출처 : 문애선(2003). '우리들은 1학년'의 수업목표 분석. 한국교육대학교 대학원 석사학위논문, p. 42.

④ 그론룬드의 수업목표 진술

그론룬드(1978)는 절충적 입장에서 일반적 수업목표와 행동적 수업목표를 함께 진술하여 제시할 것을 주장하였다. 즉, 매우 세부적인 정보와 기능을 가르칠 때는 메이거식 진술형태가 적절하지만, 그 이외의 지적능력에 적용하기 위해서는 먼저 일반적 수업목표를 제시하고 그 목표의 성취를 추론할 수 있는 수행의 예를 행위동사로 나타내어 보다 명료하게 분류하고 있다.

그론룬드의 수업목표 진술방법의 예시는 〈표 2-5〉와 같다.

〈표 2-5〉 그론룬드의 수업목표 진술방법의 예

- 단원에 속해 있는 용어들의 의미를 안다.(일반적 목표)
  - 1-1. 용어의 정의를 쓴다.(구체적 수업목표 Ⅰ)
  - 1-2. 뜻이 비슷한 용어를 구별한다.(구체적 수업목표 Ⅱ)
  - 1-3. 용어의 동의어를 한 개 찾아낸다.(구체적 수업목표 Ⅲ)
  - 1-4. 용어의 반의어를 한 개 찾아낸다.(구체적 수업목표 Ⅳ)
  - 1-5. 개념의 묘사에 용어를 맞춘다.(구체적 수업목표 Ⅴ)

출처 : 이희도 등(1997). 수업의 이론과 실제. 서울 : 중앙적성출판사, p. 78.

⑤ 행동적 수업목표 진술방법의 문제점

지금까지 타일러, 메이거, 가네, 그론룬드가 제시한 수업목표 진술방법들에 대해서 살펴보았다. 이들이 제시한 수업목표 진술방법들이 수업의 방향성을 제시해주고,

〈표 2-6〉 수업목표 진술의 문제점

수업목표 진술방법	수업목표 진술의 문제점
Tyler	• 내용 분석의 위계 관계에서 논리적 일관성이나 행동목표 사이의 상하 위계관계가 확연하지 않음 • 행동목표 분류의 심리적 의미의 조작적 정의가 극대화되어 있지 못함 • 형식교과(듣기, 말하기, 읽기, 쓰기)는 경험영역에 의해 분류되고 있기 때문에 부적절함
Mager	• 목표 진술을 지나치게 조작하여 중요한 교육목표를 과소평가하고 간과할 가능성이 높음 • 수락할 수 있는 준거라는 것이 어느 정도가 되어야 타당하느냐 하는 문제로서, 질적 평가라기보다는 양적 평가 중심임 • 수업목표를 사전에 지나치게 세분화함으로써 학급에서 예기치 않게 발생하는 교수기회를 전혀 이용하지 못함
Gagné	• 상당한 수준의 학습이론과 법칙에 관한 지식이 교사에게 필요하기 때문에, 교육평가에의 활용에 많은 어려움이 존재함 • 고차적인 사고력과 정의적 목표의 진술이 매우 어려움 • 수업과정의 역동성으로 인한 융통적인 수업목표 진술이 배제됨
Gronlund	• 구체적 수업목표가 행동적 수업목표로 제시되기 때문에 교수자가 학습자에게 요구하는 바람직한 모든 학습내용들을 명세화 시킬 수 없음

출처 : 신재한(2005). 교과지식 영역에 따른 대안적 수업목표 분류 방안 탐색. 한국교육논단, 4(2), pp. 102-103. 재구성

평가 기준을 보다 명확하게 제시해 준다는 이점에도 불구하고 다음과 같은 문제점들이 있음이 밝혀졌다. 따라서 이러한 문제점을 해결하기 위해서 교과지식 영역에 따른 대안적 수업목표 분류 방안이 필요하다.

(2) 수업목표 진술의 문장 형식

수업목표 진술의 문장 형식은 서울대학교 사범대학 국어교육연구소(1996)가 제시한 분류 기준을 준거로 문애선(2003, 42-44)이 정리한 내용을 중심으로 살펴보고자 한다(〈표 2-7〉 참고).

〈표 2-7〉 수업목표 진술의 문장 형식

구분	내용
홑문장	• 홑문장이란 서술어가 한 번만 나타나서 주어와 서술어의 관계가 한 번만 맺어져 있는 문장의 짜임새를 말한다. 예〉 국어에 대한 초보적 이해를 가지게 된다.
겹문장	• 겹문장이란 서술어가 둘 이상 나타나서 주어와 서술어의 관계가 두 번 이상 맺어져 있는 문장 ① 이어진 문장 전통적으로 중문이라고 불림. 둘 이상의 홀 문장이 대등관계로 이어져서 겹문장이 되는 문장의 짜임새를 말함 예〉 국어에 관한 초보적인 지식을 읽히고, 국어를 올바르게 사용하게 한다. ② 안은 문장 한 홀 문장이 절 형식으로 바뀌어 다른 문장 속의 한 성분이 된 겹문장. 한 주절과 하나 이상의 종 절로 된 문장의 짜임새를 말함. 예전에는 복문이라고 불림 예〉 수리적인 사고를 필요로 하는 여러 가지 사실을 합리적으로 처리할 수 있는 기능을 기른다.

(3) 블룸의 수업목표 진술 방식

수업목표를 설정하여 진술한다 하더라도 그것이 학습경험 선정과 조직 및 지도에 구체적인 시사를 줄 수 있는 것이 되기 위해서는 어느 정도까지의 세분화가 필요하며, 목표가 내포하는 행동특성을 몇 가지 변별 가능한 유형으로 분류하여 정리할 필요가 있다(신재한, 2005).

여기에서는 블룸이 지적 영역, 정의적 영역, 심리운동적 영역으로 나눠 제시한 수업목표의 분류 방식에 대해 살펴보고자 한다.

① 지적 영역

블룸은 지적 영역을 지식, 이해, 적용, 분석, 종합, 평가의 6가지 유목으로 분류하였다. 지적영역의 행동 분류는 단순한 행동에서부터 복잡한 행동으로의 위계관계에 의해서 이루어진다(〈그림 2-1〉 참고). 즉, 지식, 이해, 적용, 분석, 종합, 평가의 순서로 점차적으로 복잡해지며, 고차원적인 정신 기능이라고 보고 있으며, 유목간의 독립성과 계열성을 기본 전제로 하고 있다(백홍란, 2009).

〈표 2-8〉은 블룸과 그의 동료들이 제안한 지적 영역의 하위체계를 설명해 놓은 것이다.

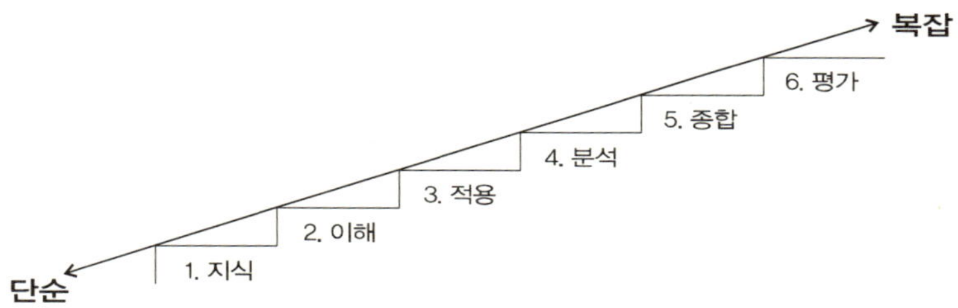

〈그림 2-1〉 블룸의 지적 영역

출처 : 신재한(2005). 교과지식 영역에 따른 대안적 수업목표 분류 방안 탐색. 한국교육논단 4(2), p. 104.

〈표 2-8〉 블룸의 지적 영역 하위체계

지적 단계	의미	목표분류	동사
지식 (knowledge)	기억이나 재생에 의해 아이디어나 자료 또는 현상을 기억해 내는 행동	1.10 특수사상에 관한 지식 1.11 용어에 관한 지식 1.12 특수사실에 관한 지식 1.20 특수사상을 다루는 방법과 수단에 관한 지식	· 정의한다. 구별한다. 확인한다. 기억한다. 인지한다. · 상기한다. 인지한다. 확인한다.

지적 단계	의미	목표분류	동사
		1.21 학문 분야의 규칙에 관한 지식 1.22 경향과 계열에 관한 지식 1.23 분류와 유목에 관한 지식 1.24 준거에 관한 지식 1.25 방법론에 관한 지식 1.30 보편적 및 추상적 사상에 관한 지식 1.31 원리와 일반 법칙에 관한 지식 1.32 이론과 구조에 관한 지식	· 상기한다. 확인한다. 인지한다. 〃 〃 〃 〃 · 상기한다. 확인한다. · 인지한다.
이해(comprehension)	자료나 기호, 언어의 의미를 파악하는 능력으로 번역, 해석, 추론 등을 포함함	2.10 번역 2.20 해석 2.30 추론	· 번역한다. 변환한다. 자기말로 나타낸다. 예시한다. 읽는다. 변화시킨다. 다른 말로 표현한다. 재진술 한다. · 해석한다. 재배열한다. 구별한다. 그린다. 설명한다. 시범을 보인다. · 추정한다. 추리한다. 결론 내린다. 예언한다. 변별한다. 확대시킨다.
적용(application)	과거에 학습한 자료나 내용을 새로운 구체적 상황에 사용할 수 있는 능력	3.00 적용	· 응용한다. 일반화한다. 관련시킨다. 선택한다. 발전시킨다. 조직한다. 이용한다. 변화시킨다.
분석(analysis)	주어진 자료를 구성 요소나 부분으로 분해하고, 부분간의 관계와 그것이 조직되어 있는 방법을 발견하는 능력	4.10 요소의 분석 4.20 관계의 분석 4.30 구조 원리의 분석	· 구별한다. 확인한다. 탐색한다. 분류한다. 인지한다. 유목화 한다. 환원시킨다. 비교한다. 식별한다. 탐색한다. 관계시킨다. 대비한다.
종합(synthesis)	여러 가지 요소나 부분을 전체로서 하나가 되도록 묶는 능력	5.10 독특한 의사소통의 창안 5.20 조작의 계획 및 절차의 안 5.30 추상관계의 추출	· 쓴다. 말한다. 관계시킨다. 생산한다. 구성한다. 창안한다. 수정한다. 제안한다. 계획한다. 생산한다. 설계한다. 구체화 한다. 조직한다. 분류한다. 형성한다.
평가(evaluation)	특정의 목적을 갖고 아이디어, 작품, 해결책, 방법, 자료의 가치를 판단하는 능력	6.10 내적 준거에 의한 판단 6.20 외적 준거에 의한 판단	· 판단한다. 토론한다. 토론화한다. 총평한다. 평가한다. 결정한다. 판단한다. 고려한다. 비교한다. 대비한다. 표준화한다.

출처 : 문애선(2003). '우리들은 1학년'의 수업목표 분석. 한국교육대학교 대학원 석사학위논문, pp. 48-53. 재구성

② 정의적 영역

정의적 영역의 행동 분류는 행동의 내면화 정도에 따르고, 수용, 반응, 가치화, 조직화, 인격화의 5가지 항목으로 분류되며, 이들은 위계적 관계에 있다. 정의적 영역의 관계를 도식화하면 〈그림 2-2〉와 같고, 이에 대한 설명은 〈표 2-9〉에 제시되어 있다.

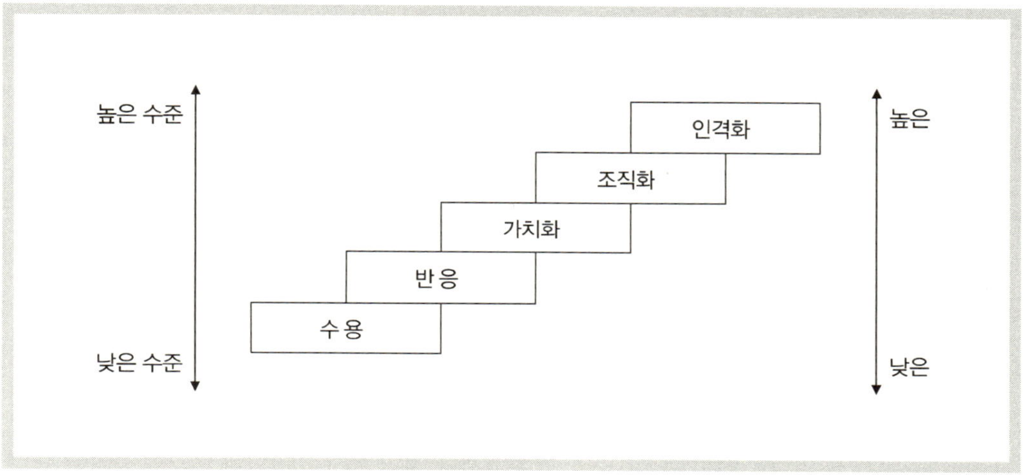

〈그림 2-2〉 블룸의 정의적 영역

출처 : 신재한(2005). 교과지식 영역에 따른 대안적 수업목표 분류 방안 탐색. 한국교육논단, 4(2), p. 106

〈표 2-9〉 블룸의 정의적 영역 하위체계

정의적 단계	의미	목표분류	동사
수용 (receiving)	어떤 현상이나 자극에 대하여 즐거이 주의를 기울이는 행동	1.1 감지 1.2 자진 감수 1.3 주의집중	· 분별한다. 분리한다. 나눈다. 모으다. 선택하다. 종합한다. 받아들인다. 선택한다. 경청한다. 심적 태세를 갖고 주목한다. 대조한다.

정의적 단계	의미	목표분류	동사
반응 (responding)	어떤 자극이나 특수한 현상에 대해서는 단순히 감지하거나 수용하는 것으로 끝나지 않고 적극적으로 반응하는 것	2.1 묵종반응 2.2 자진반응 2.3 만족반응	· 복종한다. 따른다. 수락한다. 자진해서 한다. 논의한다. 연습한다. 연주한다. 칭찬한다. 성원한다. 여가를 보낸다. 토론한다. 환호한다.
가치화 (valuing)	수용의 수준을 넘어 그 의의와 가치를 부여하는 내면화하는 행동수준을 말함	3.1 가치수용 3.2 가치선택 3.3 가치확신	· 능률을 높인다. 수량을 높인다. 더 구체화한다. 포기한다. 도운다. 보조한다. 지원한다. 거부한다. 반항한다. 투쟁한다. 논쟁한다.
조직화 (organizing)	여러 가지 다른 종류의 가치를 통합하고 자기 나름대로 일관성 있는 가치체계를 확립해 나가는 단계	4.1 가치의 개념화 4.2 가치체계의 조직	· 논의한다. 이론화한다. 추상적 수준으로 수렴한다. 비교한다. 조화시킨다. 조직한다. 구성한다. 정의한다.
인격화 (charac-terizing)	하나의 특정한 가치관이 한 개인의 생활을 지배하고 생활하게 됨으로써 그 개인의 독특한 생활양식을 형성하게 되는 단계	5.1 일반화된 행동태세 5.2 인격화	· 개선한다. 변화시킨다. 완성시킨다. 요구한다. 높은 평가를 받는다. 해결한다. 저항한다. 잘 다룬다.

출처 : 문애선(2003). '우리들은 1학년'의 수업목표 분석. 한국교육대학교 대학원 석사학위논문, p. 58. 재구성

③ 심리운동적 영역

심리운동적 영역은 반사 운동, 기본 운동, 운동 지각 능력, 신체적 능력, 숙달된 활동, 가시적인 의사소통과 같은 6가지 하위체계로 분류되며, 각 하위체계는 지적 영역, 정의적 영역과 마찬가지로 위계적 관계에 있다. 그러나 심리운동적 영역은 지적 영역이나 정의적 영역에 비해 체계적으로 분류되지 못하고 있는 한계가 있다. 심리운동적 영역에 관한 구체적인 내용은 〈표 2-10〉에 제시되어 있다.

〈표 2-10〉 블룸의 심리운동적 영역 하위체계

심리운동적 단계	의미	목표분류
반사 운동	무릎 반사와 같이 개인의 의지와는 관계없이 나타나는 단순한 반사 운동을 말함	1.10 소분절 1.20 중분절 1.30 초분절
기본 운동	초보적인 기초 동작은 잡기, 서기, 걷기와 같은 여러 가지 또는 몇 개의 반사적 운동이 함께 발달되고 이루어지는 동작을 뜻함	2.10 이동 2.20 비이동 2.30 조작
운동 지각 능력	감각기관(시각적 · 청각적 · 촉각적)을 통하여 자극을 해석하고 그것을 토대로 환경에 대처하고 적응하는 기능을 말함	3.10 근육감각을 통한 변별 3.20 시각을 통한 변별 3.30 청각을 통한 변별 3.40 촉각을 통한 변별 3.50 조정능력
신체적 능력	숙달된 운동기능의 발달에 반드시 필요한 부분이며 민첩하고도 유연하게 일련의 숙달된 운동을 연속시키는데 필요한 기초 기능을 말함	3.10 지구력 3.20 근력 3.30 유연성 3.40 민첩성
숙달된 활동	기계체조와 같이 비교적 복잡하고 숙련된 기능을 요구하는 운동을 할 때 동작의 능률성, 숙달도, 통합 등이 요구됨. 즉, 능률성과 숙달도를 필요로 하는 운동 기능을 뜻함	5.10 단순적용 기능 5.20 복합적용 기능 5.30 복잡한 적응 기능
가시적인 의사소통	간단한 안면 표정을 비롯해서 무용과 같이 신체적 운동 및 동작을 통하여 감정, 흥미, 의사, 욕구 등을 표현하고, 그 표현 자체를 창작하는 운동 기능을 의미함	6.10 표현동작 6.20 해석동작

출처 : 문애선(2003). '우리들은 1학년'의 수업목표 분석. 한국교육대학교 대학원 석사학위논문. pp. 59-60. 재구성

④ 블룸의 수업목표 분류의 장·단점

신재한(2005)은 블룸의 수업목표 분류의 장·단점을 〈표 2-11〉과 같이 설명하고 있다.

〈표 2-11〉 블룸의 수업목표 분류의 장·단점

구분	특 징
장점	· 학교교육 프로그램의 양호성을 평가하는 근거를 마련함 · 교육과정의 계획과 개선 · 지적, 정의적, 심리운동적 학습 프로그램에 고루 사용 · 학습의 과정을 사전에 인지할 수 있음 · 객관적인 교육연구에 도움이 되며, 교수전략과 활동 사용의 지침을 제공함 · 학습계획을 세우고, 교수와 학습의 초점을 확인하는데 도움을 줌
단점	· 수업은 아주 복잡하고 역동적인 과정을 거치면서 진행되므로 이 수업이 끝난 후 학생들에게 나타날 수 있는 '모든' 것을 수업을 시작하기 전에 미리 행동목표의 형태로 구체화하여 진술하는 것은 불가능함 · 수학, 국어, 과학 등의 과목은 학생들이 수업 후에 나타내 보여야 할 행동이나 조작을 아주 상세하게 구체화할 수 있을지 모르지만, 예술(음악, 미술, 체육) 영역에서는 이러한 구체화가 가능하지도 않고 바람직하지도 않음 · 학교에서 무엇을 배울 때 행동목표를 정해 놓고 질서정연하게 순서에 따라 배우는 것만은 아니며, 분명한 목적을 항상 가지고 있는 것도 아님 · 행동목표를 너무 과도하게 적용하다 보면 포괄적이고 추상적인 개념, 원리, 행동의 의미를 부여하는 이해력을 소홀히 할 여지가 있음 · 전체의 일부분, 미세한 부분, 사소한 점에 관심의 초점을 두어 학습내용 전체의 통합과 조정을 어렵게 만들 수 있음 · 행동의 결과를 강조하다 보면 저변에 숨어 있는 의식과 정신활동이 경시되고 신장되어야 할 사고과정이 무시되어 학습의 질보다는 양에 치중할 가능성이 있음

출처 : 신재한(2005). 교과지식 영역에 따른 대안적 수업목표 분류 방안 탐색. 한국교육논단, 4(2), p. 108 재구성

제 3 장

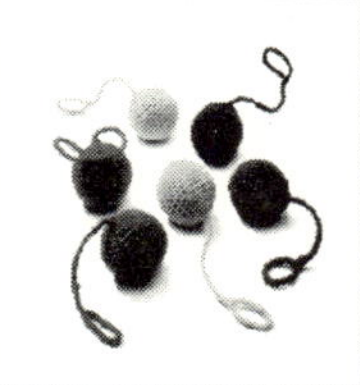

교수 · 학습 방법

학교교육 현장에서 사용될 수 있는 무수히 많은 교수·학습 방법들이 있다. 교수·학습 방법마다 각기 다른 특성을 가지고 있으므로 교수자는 수업주제, 학습자, 교과의 성격 등을 고려하여 적절한 교수·학습 방법을 선택한 후 수업에 응용하여야 한다.

본 장에서는 강의법, 토의법, 문제해결법, 발견학습, 협동학습, 문답법, 프로젝트 학습 등에 대해서 살펴보고자 한다.

1 강의법

강의법(lecture method)은 역사적으로 가장 오래 전부터 실시되어 왔고, 오늘날에도 널리 사용되고 있는 교수방법이다. 일반적으로 강의는 글이나 말의 뜻을 해설하여 가르치는 과정 또는 그에 관한 설명으로 이루어지는 수업을 말한다. 따라서 강의법은 교사중심의 교수·학습 방법이자 설명식 수업, 명시적 수업 또는 직접 수업

(Colburn, 2003) 방법이라고 할 수 있다.

이러한 강의법은 짧은 시간에 많은 양의 정보를 많은 학생들에게 전달하는데 아주 유효하다. 또한 단원을 소개하거나, 명확하게 이해시키려 할 때, 과학적 용어를 정의하고자 할 때 등에 사용하면 아주 효과적인 교수법이다(김경태, 2010). 이 외에도 강의법을 적용하면 좋은 상황을 치아페타(Chiappetta)와 코발라(Koballa, 2006)는 〈표 3-1〉과 같이 설명하고 있다. 그러나 강의법은 교사의 일방적인 강의나 설명에 의해 지식을 체계적으로 전달하기 때문에 일방적인 의사소통 방법이 되기 쉽고, 학생들은 수동적인 위치에 놓이기 쉽다는 단점이 있다.

〈표 3-1〉 강의법을 적용하기 적절한 상황

- 정보의 전달에 주된 목적이 있을 때
- 학생들이 직접 자료를 구할 수 없을 때
- 특정 집단을 대상으로 자료를 조직하여 제시할 때
- 학생들의 흥미를 돋구어주어야 할 필요가 있을 때
- 정보를 단기간 동안만 파지할 필요가 있을 때
- 다른 전략으로 교수할 학습과제의 역할과 방향을 소개할 때

출처 : 김경태(2010). 협동학습과 강의식 수업을 복합적으로 적용한 수업이 중학교 과학 학업성취도에 미치는 영향. 아주대학교 교육대학원 석사학위 논문, p. 8.

물론, 어떤 교수방법이든 제각기 장점과 단점을 가지고 있으므로 강의법의 단점을 보완해 줄 수 있는 다양한 방법들을 적절히 적용한다면 다른 어떤 교수방법보다도 특수교육적 요구를 가진 학생들에게 높은 교육적 성과를 가져올 수 있을 것이다.

1) 강의법의 수업절차

고대 그리스 시대의 철학자들이 서로의 지식을 나누기 위해서 사용된 이래로, 오늘날까지 널리 사용되고 있는 강의법은 19세기에 와서 비로소 헤르바르트(Herbart)에 의해 과학적으로 체계화되었다. 헤르바르트는 강의법의 수업절차를 도입단계를 준비와 제시, 전개 단계를 비교 및 추상과 일반화, 정리단계를 적용과 같이 5단계로

나누어 제시하였다. 이러한 강의법의 수업절차는 오늘날의 강의법의 수업 지도안의 모체라 할 수 있다(권순황, 2008).

강의법의 일반적인 수업절차에 관한 설명은 〈표 3-2〉에 제시되어 있다.

〈표 3-2〉 강의법의 수업절차

수업절차(시량)		특징	교수 · 학습 내용
도입 (5~10%)	준비	지난 시간에 배운 것, 학습자가 이미 경험한 내용을 이끌어 내어 새로운 관념과 연합할 준비를 갖추는 단계임	· 지난 시간에 무엇을 배웠는지 확인 · 강의에 사용할 매체를 선정하고 강의에 대한 동기를 유발 · 학생과 우호적인 관계형성
	제시	새로운 관념을 제시하는 단계	· 무엇을 배우게 될지 설명 (학습목표 제시) · 어떻게 강의를 진행할지 설명
전개 (80~90%)	비교와 추상	학생들의 의식 속에서 신구 관념의 연합이 이루어지는 단계	· 수업할 내용을 연역적, 귀납적 방법으로 제시 · 강의할 내용을 논리적으로 조직하여 요약 및 정리 · 중요한 내용을 반복해서 설명해 주고, 학생의 주의를 끝까지 지속시킴
	일반화	지금까지 배운 것을 하나의 체계로 일반화하는 단계	· 실제 상황에서 적용할 수 있는 문제를 풀어봄 · 다음 시간에 배울 것과 준비해야 할 것을 알려줌
정리 (5~10%)	적용	일반화된 원리를 이용하여 각자가 새로운 문제나 실제에 적용하여 문제를 해결하며 원리를 익히는 단계	· 중요한 학습내용을 재확인시켜 주면서 예를 들어줌 · 학생들의 질문에 응하며, 전체적인 내용을 개괄 · 정리하여 다음 강의와 관련지움 · 과제와 평가에 대한 소개

2) 강의법의 장 · 단점

강의법은 학생들에게 분명한 사실, 아이디어, 개념, 지식 등에 관한 정보를 제공하는 데 효과적인 교수방법이다. 이러한 강의법이 갖고 있는 특징을 크릭샹(Cruick-shank)은 다음과 같이 세 가지로 요약하여 제시하고 있다(이상현 등, 2007).

〈표 3-3〉 강의법의 장 · 단점

장점	단점
· 새로운 단원 도입 시나 전체적인 전망을 설명할 때 효과적 · 교과서의 제한된 기록의 결함을 재조직하여 수정 · 보충 · 설명하는데 유리 · 교과서 이외의 중요한 지식이나 정보 등을 교수자의 경험과 지혜를 통해 산지식으로 전환시킬 수 있음 · 다수에게 한꺼번에 많은 지식과 정보를 전달 · 일반적인 지식이나 기술에 대한 설명이 필요한 과목 그리고 현 학문의 동향 및 미래 연구방향을 제시할 때 유리 · 학습 진도를 내야 할 때 유리 · 비용이 적게 듦 · 이해하기 힘든 사항과 개념을 설명할 때, 교과서 이외의 중요한 지식이나 가치를 전달할 때 유리 · 학습량 등을 교사가 자유롭게 조절할 수 있고 학습 경제성면에서 매우 유리 · 심리적으로 경직되어 있거나 융통성이 없는 학생들에게 심리적으로 안정감을 느끼게 하는데 효과적 · 학생들이 학습하여야 할 교재에 관한 충분한 예비적 지식이 없거나 그 교육내용에 대해 충분한 토의를 할 수 없을 경우에 효과적	· 수업진행시 지나치게 듣기와 받아쓰기 시간이 될 수 있음 · 학생의 능동적인 활동의 기회가 적어지고, 수동적인 학습형태로써 발표력을 저하시킬 수 있음 · 문제해결능력을 연마하거나 사고능력을 발전시키는데 비효과적 · 학생의 학습 진전 상황과 성취도를 파악하기 어려움 · 교사의 능력에 전적으로 의존하게 되므로 사전에 충분한 수업 계획이 없거나 설명력이 부족한 경우에는 그 영향이 직접적으로 학습자에게 미침 · 학습자의 의욕, 능력에 따라 흡수도 및 이해도가 차이 남 · 교사의 화술의 우열에 따라 강의 효과가 좌우 · 학생의 집중이 어렵고 내용을 잊기 쉬움 · 학생의 개성과 능력이 무시되기 쉬움 · 학생들의 개별화나 사회화를 기대하기 어려움 · 교과서의 설명에 그치게 될 가능성이 있음

첫째, 강의법은 주로 해설이나 설명에 의해 수업이 이루어진다. 즉, 강의법은 교사의 언어를 통해 학생과 교사의 상호작용이 이루어지는 교수방법이다. 따라서 성공적인 강의법이 되기 위해서는 교사의 일방적인 언어전달 형태를 벗어나 교사와 학생의 쌍방적인 의사소통이 이루어질 수 있도록 노력해야 한다.

둘째, 강의법은 학습자에게 유의미한 학습과 아울러 기계적인 학습이 일어날 수 있음을 인정한다. 즉, 강의법은 교사중심의 수업방법이기 때문에 교사가 수업내용을 철저히 분석하여 학생들이 쉽게 이해할 수 있도록 제시한다고 해도, 다른 수업방법에 비해 학생들의 참여나 토의가 제한될 수 있기 때문에 학생들의 능동적인 참여가 없으면 이해되지 못한 학습의 형태가 생겨날 수 있음을 의미한다. 따라서 교사는 수업 시 학생들의 유의미한 학습이 일어날 수 있도록 학생들의 동기를 계속적으로 유발시키는 것이 중요하다.

셋째, 강의법은 교사가 학생에게 교사가 지닌 지식이나 정보 등을 전달할 수 있는 교수방법이다. 이때 교사는 언어적 상호작용을 통해 자신이 가진 지식이나 정보를 학생들에게 전달하기 때문에 학생의 인식능력에 맞는 적절한 어휘, 속도, 제스처 등을 사용하여 학생들에게 강의하는 것이 바람직하다.

강의법이 갖는 이러한 특성 때문에 강의법은 현재까지도 교육 현장에서 가장 쉽고 널리 이용되고 있는 교수방법이다. 따라서 교사는 강의법을 사용하기 전에 강의법이 갖고 있는 장점과 단점을 명확히 파악한 후, 강의법의 장점을 발전시키고 단점을 개선시키기 위해 노력할 필요가 있다.

3) 강의법의 평가 및 유의점

일반적으로 강의법은 학생의 수가 15명에서 35명 사이일 때 효과적인 것으로 나타났으며, 학생수가 35명 이상일 경우 학생들의 질문이나 토론 등의 상호작용 활동이 어려워져 형식적인 강의가 될 가능성이 높다. 또한 강의법을 사용하는 교사의 능력에 따라 그 효과가 엄청나게 달리 나타난다. 따라서 학생들에게 지루하고 잠이 오는 수업이 아닌 그 수업 내용이 머리에 잘 남을 수 있도록 강의를 잘하기 위해서는 〈표 3-4〉와 같은 사항에 유의해야 한다(권성호, 2006 ; 박인학, 2002 ; 이상현 등, 2007).

〈표 3-4〉 강의법 사용 시 유의점

- 철저히 준비하여야 하고, 한 학기 강의계획과 시안계획을 철저히 준비해야 한다.
- 지나치게 추상적인 개념이나 복잡한 관계의 설명 시 시청각학습을 장려해야 한다.
- 학생이 수동적인 자세로 있지 않도록 문제점을 제시하고, 생각해야 할 소재를 제시하면서 강의를 이끈다.
- 진실되고 확신이 선 내용으로 강의하되, 자기 말로 정돈된 회화체를 사용한다.
- 학생들의 참여를 유도할 수 있는 발문을 적절히 사용하고, 질문할 수 있는 기회를 주며, 요점은 추려 주면서 학생의 이해 정도를 살펴야 한다.
- 강의는 교사와 학생의 수업분위기가 한 마음으로 조성되었을 때 효과적이므로 학생의 마음을 사로잡을 수 있어야 한다.
- 학생의 성장 발달을 고려하여 수업내용과 용어를 선택하고, 강의 시 직관적이면서 정확하고 명랑한 언어를 사용한다.
- 학생에게 문제를 제시하는 형식으로 강의하고, 학생의 반응을 수시로 포착하면서 자연스럽게 강의에 변화를 주어야 한다.
- 강의의 속도에 주의하고 생각할 여유를 가지게 하며, 수시로 토의를 삽입하고 유머감을 표출한다.
- 교사 자신의 음성, 음색, 음감을 조절하여 학생들로 하여금 권태를 느끼지 않도록 해야 하며, 강의 도중 학생의 이해정도와 흥미, 분위기 등의 반응을 체크하면서 수업을 진행한다.
- 일상적인 언어나 행동 습관에 유의하고, 주의를 유발할 수 있도록 적절한 몸짓과 움직임을 사용한다.
- 강의의 끝맺음을 정확히 하는 뜻에서 반드시 요약 설명을 해준다.

교사는 항상 자신의 강의를 보다 효율적으로 만들기 위해서 노력해야 한다. 이러한 방안의 일안으로 자신의 강의를 평가해보는 것은 다음의 강의를 보다 효율적이고 효과적으로 전개하는데 도움이 된다. 교사의 강의를 평가하는데 도움이 되는 평가내용과 평가방법은 〈표 3-5〉에 제시되어 있다(이상현 등, 2007).

〈표 3-5〉 강의법의 평가내용 및 평가방법

평가내용	평가방법
· 전반적 강의 스타일 점검 · 목표의 명확성 · 내용의 조직 정도 · 설명의 명료성 · 강의의 흥미도 등	· 간단한 설문지 이용 · 소수 인터뷰 · 비디오 테이프 · 동료교사의 조언 · 자아평가

4) 강의법의 전략[5]

교사가 강의를 보다 효과적이고 능숙하게 진행하기 위해서는 목소리, 몸동작, 강의 진행, 강의 구성, 청중에 대한 태도 등에 유의해야 한다. 갈원모 등(2005)은 교사가 강의 시 유의해야 할 사항을 학습자의 입장을 고려하여 다음과 같이 설명하였다.

(1) 목소리

목소리는 교사가 강의 기술을 개선하고자 할 때 가장 먼저 관찰해야 할 사항으로, 다음과 같은 부분에 특히 신경을 써야 한다.

첫째, 목소리의 크기가 적절한가?

둘째, 말의 속도가 적절한가?

셋째, 발음이 똑똑하고 명확한가?

넷째, 목소리에 변화가 있는가?(고정된 목소리와 톤 지양)

다섯째, 자연스러운 대화체를 사용하고 있는가?

(2) 몸동작

교사가 자신의 강의 기술을 개선하고자 할 때에는 수업 중 자신의 몸동작이 어떠한가에 대해 살펴볼 필요가 있다. 특히, 강의의 내용과 상황에 맞춰 적절한 몸동작을 취하는 것이 좋으며(〈그림 3-1〉 참고), 다음과 같은 사항을 고려해야 한다.

5) 갈원모 등(2005). 안전교육론. 서울 : 동화기술교역, pp. 248-258의 내용을 재구성한 것임

〈발 자세〉			

답답한 자세	무난하다는 자세	얼빠진 자세	알맞은 자세

〈연단 위 손 자세〉		

경직된 자세	우악스러운 자세	무난한 자세

〈상황에 따른 적절한 제스처〉			

요구·요청·제안	주장·강조	부탁·호소	배척·거절

분리·나눔·이별	단결·협동	지시·경고	존경·숭고함

〈그림 3-1〉 강의 시 적절한 몸동작의 예

그림출처 : 갈원모 등(2005). 안전교육론. 서울 : 동화기술교육역, pp. 250-253

첫째, 몸동작이 교육내용에 부합하는 효과를 내고 있는가?

둘째, 강의 시 자리를 자연스럽게 이동하면서 강의를 진행하고 있는가?

셋째, 강의 시 학생들과 눈을 맞추면서 강의하고 있는가?

넷째, 모든 학생들을 살펴보면서 강의를 하고 있는가?

다섯째, 몸동작의 효과를 극대화 시키면서 강의를 하고 있는가?

(3) 판서

강의 시 설명 방식으로 전달되는 학습내용을 좀 더 분명하게 제시하기 위해서 가장 많이 활용되는 것이 판서이다. 청각을 자극하는 교사의 언어적 설명과 함께 제시된 시각적인 자극의 하나인 판서는 학습자의 이해를 돕는데 효과적이다. 판서를 보다 효과적으로 활용하기 위해서는 다음과 같은 사항들을 참고하면 좋다.

첫째, 사전에 철저한 판서 계획을 세웠는가?

둘째, 판서 내용은 강의 설명을 잘 이해할 수 있도록 조직하고 간략하게 제시되었는가?

셋째, 글자는 학생이 알아보기 쉬울 만큼 크고 바르게 적고 색분필을 이용하여 강조하였는가?

넷째, 학생이 기록할 수 있는 시간을 충분히 제공하였는가?

다섯째, 교사는 판서를 하는 동안에 학생의 주의가 산만해지지 않도록 유의하였는가?

(4) 도구(자료) 사용하기

강의 중에 말로는 충분히 설명이 되지 않거나 설명을 좀 더 효과적으로 전달하기 위해서 다양한 교수 매체를 활용하기도 한다. 그러나 교수 매체를 사용하는 것은 그 편리성 이면에 여러 가지 문제점도 함께 갖고 있으므로 교사는 다음과 같은 사항에 유의하여 학습 자료나 도구를 사용하는 것이 바람직하다.

첫째, 학습도구(자료)는 교육내용을 보완하기 위한 것인가?

둘째, 적절한 도구를 선택하고 도구의 상태나 질을 고려하였는가?

셋째, 강의 진도(속도)를 적절히 조절하면서 도구를 이용하여 교육을 진행하고 있는가?

넷째, 교육시간에 사용할 도구나 자료의 분량이 적절한가?

2 토의법

과거 수업방법이 형식적인 문답에 머물며, 지나치게 주입식이라는 문제점이 제기되면서 이를 개선하기 위한 수업방법으로 토의법이 등장하였다. 토의법은 파커(Parker, 1919)가 회화법(conversation method)을 수업에 활용한데서 시작되었으며 그 기원은 소크라테스의 문답법에 있다.

토의법이란 공동학습의 한 형태로서 학급을 일정한 조직으로 고정시키지 않고 비형식적인 토의집단으로 구성해서 정치, 사회, 문화 등 다양한 주제를 가지고 학생들의 능동적인 토론을 전개함으로서 학습과제를 풀어나가는 수업형태(이상현 등, 2007)를 말한다. 따라서 토의는 대화나 회화와는 달리 비교적 다수인 집단이 어떠한 문제를 해결하는데 서로 의견을 교환해 가면서 원만하고 바람직하게 문제를 해결해 나갈 수 있는 교수방법이다. 또한 학생들은 이러한 토의 과정을 통해서 자신의 의견을 자유롭게 발표하고 타인의 의견을 수용하며 문제를 해결해 나가면서 집단 간의 소속감과 연대 의식 등을 경험할 수 있다.

1) 토의법의 수업절차

토의법은 다른 어떤 수업방법들 보다 상호작용적이며 학습자 중심의 수업방법이다(권성호, 2006). 따라서 학생들의 비판적 사고력과 문제해결 능력을 보다 촉진하기 위해서는 〈표 3-6〉과 같은 수업절차를 참고할 필요가 있다.

〈표 3-6〉 토의법의 수업절차

단계	수업절차	교수·학습 내용
1 단계	사전준비	· 토의를 하는 뚜렷한 목표 정하기 · 토의 방식 선택, 시간 계획, 토의에 필요한 모든 자료 준비, 집단의 크기 정하기
2 단계	토의 장소 환경 정비	· 토의를 위한 물리적 환경을 만들기 (토의 유형에 따라 토의 장소, 좌석의 배치, 시설물 등에 대한 세심한 배려가 필요함)
3 단계	토의 진행	· 브레인스토밍 등을 통해서 토의 주제 정하기 · 토의의 방향을 잡고, 주제와 관련된 아이디어를 이끌어 내기 ※ **교사의 역할 :** 토의 시작 시 토의의 목적과 주제를 명확하게 제시해주고, 토의의 규칙이나 방법을 미리 알려주며, 사회자와 기록자를 결정하고 자유로운 분위기 속에서 전체가 참여하는 토의가 되도록 유의함
4 단계	토의 결과 종합	· 토의 내용을 종합하고 요약·정리하기 · 토의 결론 부분에서 참신한 생각이나 문제점 오류 등을 기록해두기 ※ **기록자의 역할 :** 정리된 토의 결과를 발표하고 처음 제시한 토의 목적도 검토하며, 토의 진행 과정에 대해 평가를 함

2) 토의법의 특성 및 장·단점

앞서 언급했듯이, 토의법은 단순한 암송이나 질의응답과는 달리 비형식적이고 훨씬 더 대화 지향적인 교수방법이다. 이러한 토의법이 갖고 있는 특성을 갈원모 등(2005)은 다음과 같이 설명하고 있다.

첫째, 토의법은 학습자 집단에 따라 영향을 받는다. 토의는 집단을 대상으로 하며, 집단은 일반적으로 대집단과 소집단으로 구분할 수 있다. 통상 교육현장에서는 5~6명 정도의 소집단으로 토의가 이루어지는 경우가 많은데, 이때 집단 구성원들은 서로 관련을 맺으며, 서로에게 영향을 준다. 따라서 집단 구성원들이 각자 맡은 역할을 다 할 때만이 효과적인 토의가 이루어질 수 있다.

둘째, 토의법은 상호 작용적 의사소통이 일어난다. 토의 집단의 의사소통 형태는 공간의 좌석 배치나 집단 구성원의 지위 등에 따라 영향을 받는다. 또한 학생들에게 단지 말할 기회만 준다고 해서 효과적인 토의가 가능한 것은 아니므로, 집단 구성원 모두가 자유롭게 의사소통을 할 수 있는 기회를 주고, 교사나 특정 학생이 발언권을 독점하지 않도록 유의해야 한다.

한편, 토의법을 보다 효과적으로 진행하기 위해서는 다음과 같은 몇 가지 조건이 충족되어야 한다(권순황, 2008).

첫째, 의견 발표자에게 집단 구성원의 건전한 반응을 요구하여야 한다.

둘째, 토의형식에서 탈피하여 자유스런 의사 활동을 요구하여야 한다.

셋째, 토의 참여자는 적극적으로 참여하고 학습 진행을 명확하게 하여야 한다.

넷째, 토의 전 사전 교육과 준비가 선행되어야 한다.

다섯째, 집단 구성원 상호간에 이해와 협력이 있어야 한다.

이러한 조건을 충족시킨 후 토의법을 실제 수업에 적용하면, 학생들의 사고력이나 의사전달력 등이 향상될 수 있다. 그러나 다른 교수방법들과 마찬가지로 토의법도 장점뿐만 아니라 단점도 지니고 있음을 잊지 말아야 한다(〈표 3-7〉 참고).

〈표 3-7〉 토의법의 장점과 단점

장점	단점
· 자기의견을 적절히 표현하는 능력을 향상시킴과 동시에, 자발성과 창의적 사고능력을 기를 수 있음 · 타인에 대한 이해와 존중의 태도를 배울 수 있으며, 집단적 사고를 가능하게 해주는 협력과 사회적 기능 및 태도를 함양할 수 있음 · 타인의 의견을 이해하고 비판적으로 받아들이는 태도를 길러줌 · 학생들에게 집단구성원으로서의 역할과 소속감, 연대의식 등을 심어줌 · 민주시민의 기초능력 배양, 표현력, 문제해결능력, 고등정신기능 함양, 복잡한 교육목표의 달성에 효과적임 · 자기생각에 대한 타당성을 재검증하여 확신을 가질 기회가 되며, 이로 인해 자아확립과 자아발전에 도움이 됨	· 토의를 위한 준비 및 계획뿐만 아니라 토론 진행과정에 많은 시간이 소요됨 · 소수에 의해 토론이 주도될 경우가 많으며 그럴 경우 나머지 학습자들은 소외되거나 무관심해 질 수 있음 · 나이가 어린 저학년에게는 형식적인 토의가 되기 쉬움 · 알려지지 않거나 어느 정도 완전하게 이해하지 못한 사실과 개념에 대해서 효과적으로 토의하기가 어려움 · 수학, 자연, 과학, 공학 등에는 부적절함 · 발표내용보다는 발표자에 중점을 두기 쉽고 감정에 치우치기 쉬움 · 소수의 의견이 경시되거나 무시될 우려가 있음

3) 토의법의 유의점

효과적으로 토의를 진행하기 위해서는 다음과 같은 몇 가지 사항에 유의해야 한다(고승덕, 1997 ; 노승윤, 1997 ; 박인학, 2002).

첫째, 토의의 주제가 집단 구성원에게 의의 있는 문제이며 또 사고방식이나 의견의 차이를 가져올 수 있는 문제인가를 면밀히 검토해야 한다.

둘째, 토의의 과정에서 필요한 자료나 예상되는 장벽을 처리할 수 있도록 사전에 준비해야 한다.

셋째, 토의 전에 토의의 필요성과 토의예법에 관한 지도가 이루어져야 한다.

넷째, 토의 전에 사회자나 발표자를 위한 지도가 필요하며, 교사의 역할을 분명히 알아야 한다.

다섯째, 토의의 성과를 평가하는 기본적인 관점은 토의과정에서 문제해결을 위한 바람직한 사고과정이 있었는지에 중점을 두어야 한다.

여섯째, 집단성원이 그 특성을 발휘하면서 토의에 참가할 수 있는 운영방법을 생각하고 참가자에 대하여 자기평가를 할 수 있는 기회를 주도록 노력해야 한다.

일곱째, 토의가 끝난 후 교사는 토의 전반에 대한 논평을 해야 한다. 특히, 잘된 점을 장려하고, 개선점을 설명해 줘야 한다.

여덟째, 토의에서 얻은 성과의 처리방법, 즉 토의법에 이어서 계속될 수 있는 바람직한 지도방법을 미리 생각하고 학습 진행의 전체 속에서 토의가 차지하는 위치를 명확하게 해두어야 한다.

4) 토의법의 종류

토의법은 학생의 사회성을 증진시키는 교수방법으로 그 종류에는 대담토의, 공개토의, 배심토의, 심포지움, 세미나, 원탁토의, 버즈법 등이 있다. 이에 대한 자세한 내용은 〈표 3-8〉에 제시되어 있다(노승윤, 1997 ; 이상현 등, 2007 ; 유길준, 2004).

〈표 3-8〉 토의법의 종류

유 형	특 징	구성 및 배치 예시도[6]
대담토의	· 주제에 대하여 그 분야에 대한 전문가를 초청하거나 현장에 직접 가서 그 주제에 대한 의견을 질의 응답하는 형식 · 토의에 참가하는 인원은 보통 7~8명 정도가 적당하며 반은 전문가로 반은 청중으로 구성됨	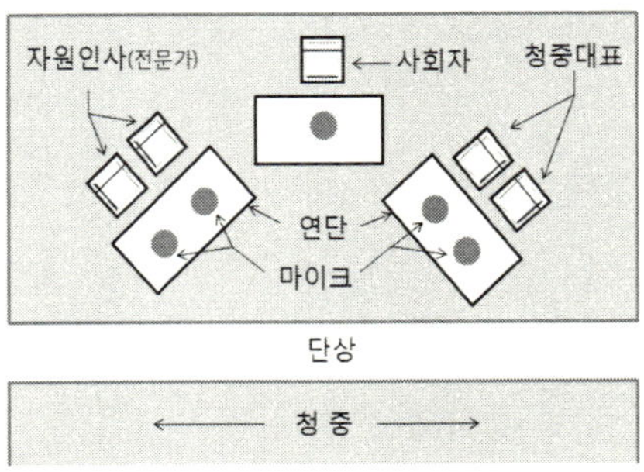

6) 그림 출처 : 번영계, 김영환, 손미 (2010). 교육방법 및 교육공학. 서울 : 학지사, pp. 112-117 정명화 등(2010). 실기교육방법론. 서울 : 학지사, pp. 223-225.

유 형	특 징	구성 및 배치 예시도[6]
원탁토의	· 10명 정도의 인원이 고정적인 규칙에 구속되지 않으면서 자유로이 의견이나 태도를 표현하고 지식 · 정보를 상호 제공하고 교환함으로써 참가자 상호간의 의견이나 견해의 차이를 조정하여 집단으로서의 의견을 요약해 나가는 방법	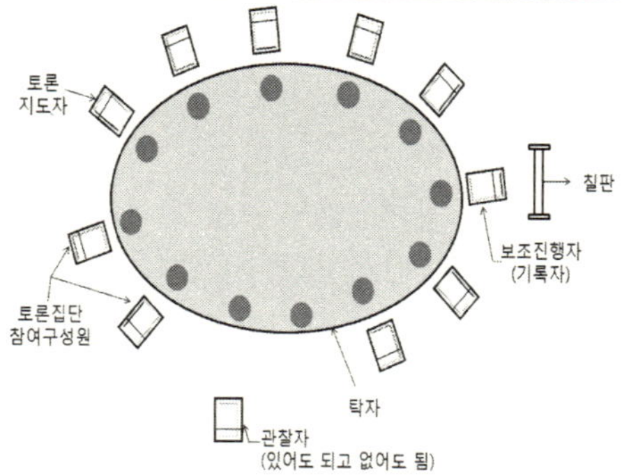
배심토의	· 토의 문제에 관해 지식과 경험이 풍부한 대립된 견해를 가진 전문가 4~6명(panel member)이 사회자의 사회 아래 청중 앞에서 자유 토의하는 방법 · 배심토의의 발표자들은 서로 이야기를 나누기에 편리하고 청중들이 쉽게 보고 들을 수 있도록 장소의 한 가운데 자리함 · 이 때 청중의 발언이나 질문도 적절히 받아들이도록 해야 하며, 배심원은 그 문제에 대해 정통해 있어야 함(저학년 아동들에게는 부적당한 방법임)	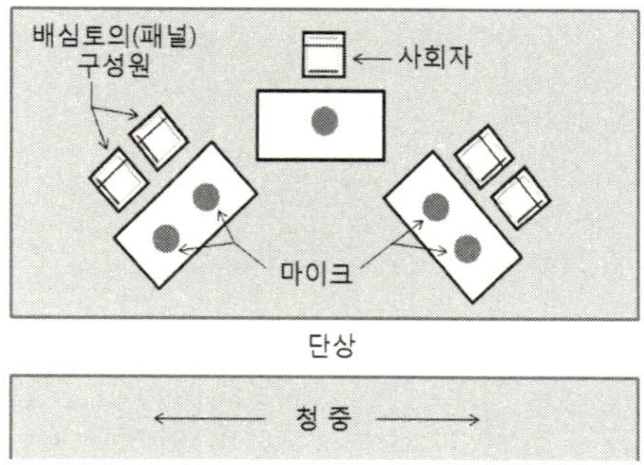
심포지움 (단상 토의)	· 서로 다른 의견이나 견해를 가진 전문가 4~5명이 각기 다른 입장에서 10~15분 정도 강연을 하고 그 후에 일반 참가자가 질문을 하거나 의견을 진술하여 종합적으로 의견을 집약하는 방법 · 사회자는 강연, 질문, 해답이 적당히 진행되도록 해야 하며, 사전에 강연의 개요나 필요한 통계 등을 인쇄하여 청중에게 배부하기도 함 · 발표자, 일반 참가자 모두 그 주제에 대해 다양한 지식이나 경험 등을 가지고 있어야 함	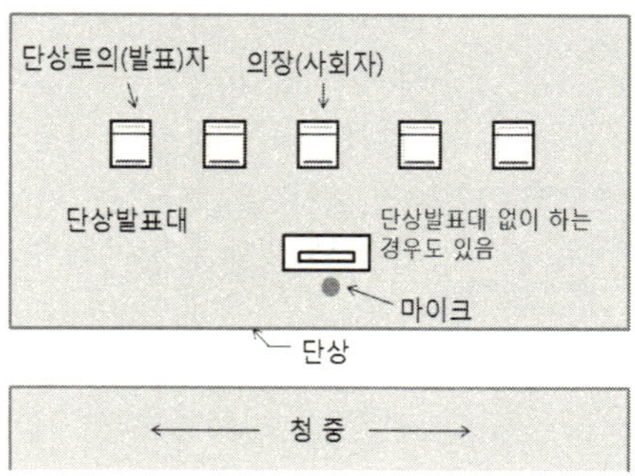

<table>
<tr><th>유 형</th><th>특 징</th><th>구성 및 배치 예시도[6]</th></tr>
<tr><td>세미나</td><td>· 참가자 모두가 주제에 대하여 권위 있는 전문가나 연구자들로 구성됨
· 주제에 대한 공식적인 보고와 함께 참여자들의 의견을 전개하거나 질의 응답을 통한 공개토론의 형태
· 목적은 참가자들에게 특정 주제에 대한 전문적인 연수나 훈련의 기회를 제공</td><td>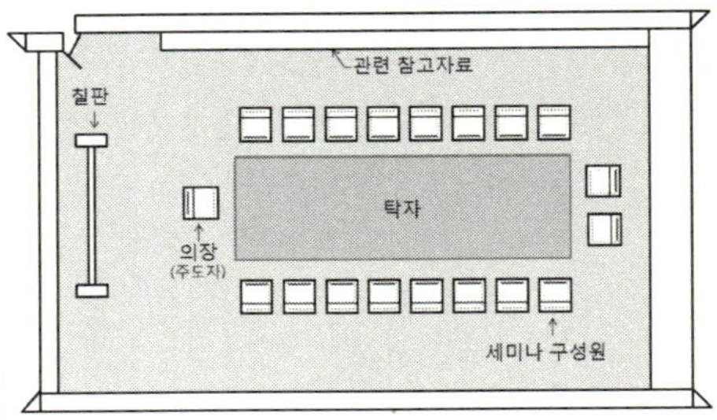
</td></tr>
<tr><td>공개토의
(포럼)</td><td>· 1~3명 정도의 전문가나 자원인사가 10~20분간 공개적인 연설을 한 후, 이를 중심으로 하여 연설자와 청중사이에 질의 응답하는 방식으로 토의를 진행함
· 사회자는 연설자의 시간 조절을 담당하고, 청중의 발언도 적당히 통제하는 역할을 함
· 이 방법은 연설 내용이 일반 청중과 관계가 깊을수록 토의가 활발히 진행되며, 학교행사나 학급회의 때 많이 사용됨</td><td>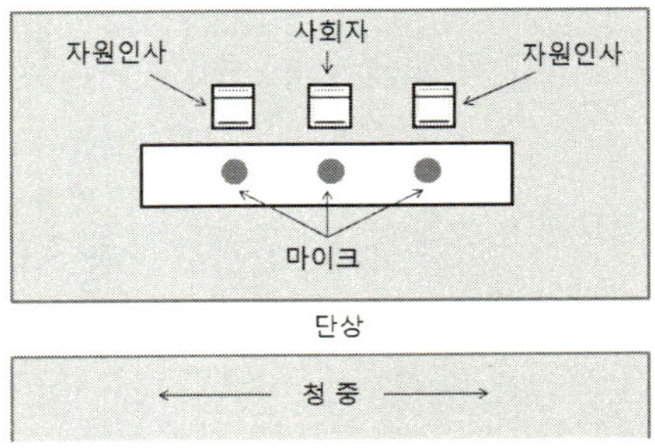
</td></tr>
<tr><td>버즈토의</td><td>· 토의법의 하나로서 시간적 제약이나 다수 안에서 오는 압박감으로 인해 일부 인원을 발언할 수 없을 때, 여러 사람을 토의에 참가시키기 위하여 참가자들을 소집단으로 편성하여 특정한 주제나 문제점에 대하여 토론하는 교수법</td><td>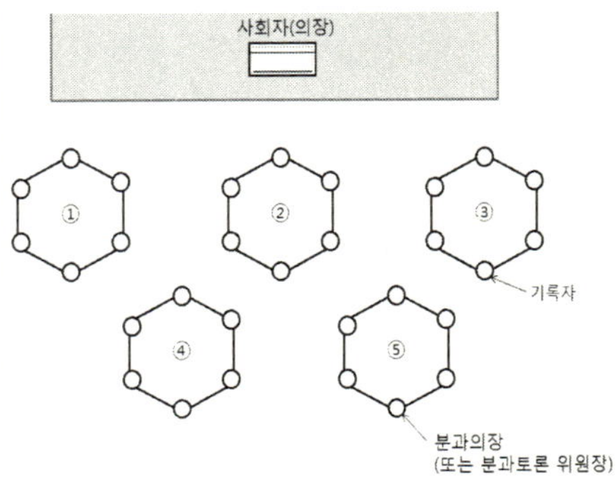
</td></tr>
</table>

3 문제해결법

오늘날과 같이 지식 정보화 사회에서는 교수자가 모든 지식을 직접 가르칠 수 없기 때문에 학습자 스스로가 자신에게 직면한 문제를 현명하게 해결할 수 있는 능력을 가지고 있어야 한다. 문제해결법은 학습자의 자발적인 문제 해결 능력을 길러줄 수 있는 학습방법이다.

이상현 등(2007)은 문제해결법을 '문제를 매개로 하여 문제를 바르게 해결할 수 있는 능력을 기르기 위한 학습형태'라고 정의하였다. 즉 문제해결법은 어떠한 특정 지식이나 개념을 단순히 기억하는 기계적인 학습과는 달리 학습자의 사고 과정을 중시하면서 학습자 스스로가 문제를 발견하고 해결할 수 있는 방법을 찾을 수 있는 능력을 길러주는데 도움이 되는 학습방법이다. 이러한 문제해결법은 듀이(Dewey)의 진보주의 교육 철학의 수업방법으로 제시된 이후에, 학습자의 사고 기능을 길러 그들이 일상생활에서 부딪치는 다양한 문제를 스스로 해결하는 능력을 함양하는데 많은 도움을 준 교수방법이다.

1) 문제해결법의 절차

문제해결법은 문제가 무엇이고, 문제의 성질이 어떠하냐에 따라 그것을 해결하는 순서가 다르다. 그러나 문제해결법에서 일반적으로 사용해 온 가장 오래된 방법은 귀납법적 사고방식과 연역법적 사고방식이므로, 본 항에서는 듀이(Dewey)의 반성적 사고과정과 연역법적 문제해결 과정과 귀납법적 문제해결 과정에 대해 살펴보고자 한다(〈표 3-9〉 참고).

〈표 3-9〉에서 볼 수 있듯이, 문제해결을 위한 과정은 거의 비슷한 과정을 거친다는 것을 알 수 있다.

이외에도 이상현 등(2007)이 발표한 문제해결법의 절차는 다음과 같다.

제1단계, 문제의 선정이다. 이 단계에서 학습자들은 자신이 직면한 문제가 무엇인지 충분히 의식하고 있어야 한다. 보통 이 단계에서 학습자들이 문제를 발견하기도

〈표 3-9〉 다양한 문제해결법의 과정

Dewey의 반성적 사고 과정	연역법적 문제해결 과정[7]	귀납법적 문제해결 과정[8]
1. 곤란의 감지 2. 곤란의 위치지움과 확인 분석 3. 가능한 해결의 제언 4. 추리에 의한 전개 5. 행위에 의한 가설의 검증	1. 문제의 인식 2. 그 사실에 대한 적절한 자료수집 3. 사태에 적절한 원리 재검토 4. 결론내지 추리도출 5. 원리를 사태해결에 적용하여 추론・실증함	1. 문제의 인식 2. 사태를 검토하여 관계 자료 수집 3. 수집한 자료의 조직화 4. 가설의 설정 5. 가능한 해결을 발견하기까지 결점 있는 가정을 제거 6. 그 해결법을 사태에 적용하고 또 결과를 조사 검증함

출처 : 김광자 (1993). 교수・학습방법론. 서울 : 학문사, p. 152 재구성.

하지만, 교사가 다양한 자료와 설명을 통해 문제를 제시해주기도 한다.

제2단계, 해결방법의 계획이다. 결정된 문제를 해결하기 위해서 문제의 성질을 고려하여 문제 해결방법과 과정 그리고 역할 등을 모색(계획)한다.

제3단계, 자료 수집이다. 문제를 해결하기 위한 계획이 세워지면 이에 따라 문제에 관련된 자료(문헌)를 조사하거나 실험 및 실측 등을 통해 필요한 자료를 수집한다.

제4단계, 활동의 전개이다. 이 단계는 실제로 활동을 전개하는 단계로서 수집한 자료를 가지고 관측, 실험, 조사연구 등을 하여 의문을 해결한다. 이 때 교사는 학습자의 활동을 뒤에서 보조해주는 역할을 하며, 실질적인 활동은 학습자가 중심이 되어 이끌어가게 한다.

제5단계, 결과의 검토이다. 이 단계는 활동한 결과를 정리하여 검증하는 단계이다. 정리한 결과들을 다시 천천히 재검토하면서 응용도 해보고 나아가 문제를 재인

---

7) 연역적 문제해결법(Deductive Method)은 형식적 추리 또는 형식논리학이라고도 부른다. 연역적 문제해결법은 이미 알고 있는 어떤 진리에 근거하여 그 원리를 여러 사태에 적용하고 추론하여 실증하는 방법을 말한다.

8) 귀납적 문제해결법(Inductive Method)은 실질적 추리라고도 부른다. 귀납적 문제해결법은 많은 특수한 사실로부터 일반적인 원리를 발견하는 방법이다. 즉 여러 상황과 사례를 분석 및 관찰하여 거기에서 일반적인 공통성을 찾아내어 문제를 해결하는 방법을 말한다.

식한다. 또한 확인된 결과가 성공적인 경우에는 여러 학습자 앞에서 결과를 발표를 하고 이를 통해 결과를 더욱 고차적으로 발전할 수 있는 기회를 가진다.

2) 문제해결법의 장 · 단점

문제해결법은 〈표 3-10〉과 같은 장점과 단점을 지니고 있다(권순황, 2008 ; 김광자, 1993 ; 김규선, 2000 ; 김영봉 등, 2008).

〈표 3-10〉 문제해결법의 장점과 단점

장점	단점
· 학습자의 자발적인 활동을 통해 학습자의 자율성과 능동적 태도를 기를 수 있음 · 실생활 문제를 학습의 소재로 하기 때문에 수업이 실생활과 유리되지 않음 · 교재의 논리적 체계에 얽매이지 않고 학습자의 심리적 계통에 따라 학습되기 때문에 흥미에 맞고 이해하기 쉽고 실생활에 적응할 수 있음 · 협동적인 학습활동에 의한 민주적인 생활태도가 배양됨 · 논리적인 사고력, 창의력 등 정신기능이 길러짐	· 체계적이고 계통적인 기초 학력 신장이 어려움 · 수업상황이 어수선하여 일관성있게 진행되기 어려움 · 학습의 노력에 비해 성취하는데 능률이 낮아, 지적성장의 학습에 비능률적임 · 교과의 체계적인 학습이 불가능하며 발전하는 학문의 성과를 신속히 학습할 수 없음

3) 문제해결법의 유의점

실제 교육 현장에서 문제해결법을 효과적으로 적용하기 위해서는 다음과 같은 몇 가지 사항에 유의해야 한다(이상현 등, 2007).

첫째, 학습자의 능력, 흥미, 경험 등을 고려하여 문제를 선택해야 한다.

둘째, 문제는 학습의 일관된 목적으로서 명확히 파악되지 않으면 안 된다.

셋째, 문제가 자주적으로 해결되기 위해서 자유로운 분위기를 갖도록 하지 않으면 안 된다.

넷째, 학습자 자신이 사고하는 시간과 기회를 풍부하게 취급하지 않으면 안 된다.
다섯째, 가능한 한 성질이 다른 문제를 풍부하게 취급하지 않으면 안 된다.
여섯째, 학습자들이 문제를 완전히 해결할 때까지 관철하고자 하는 습관을 육성시켜야 한다.

이 외에도 교사는 어디까지나 학습자들이 문제를 성공적으로 해결하기 위한 조력자임을 잊지 말아야 한다. 따라서 학습자들이 스스로 문제를 선택하고 결정하며, 문제를 해결하기 위한 다양한 자료를 수집하고 이를 토대로 결론에 도달할 있도록 기회를 주어야 한다.

4 발견학습

발견학습은 학습자가 학습목표인 개념이나 원리 등을 발견해 가도록 하는 학습방법이다. 즉 학습활동에서 학습자의 능동적인 참여가 강조되고 교수자는 학습보조자의 역할을 수행하게 되는 학습자 중심의 학습방법을 말한다(승윤희, 2009). 따라서 발견학습은 교과의 내용이나 학습자에게 가르쳐야 할 내용을 최종적인 형태로 제시하지 않고, 원리나 법칙을 찾아내는 활동이나 정보들 간의 관계를 학습자 스스로 발견하고 조직하도록 도와준다.

이러한 발견학습의 특성에 의해, 발견학습은 음악과 미술과 같은 예술교과에는 적용하기 어려운 반면, 수학과 과학 교과와 같이 자연의 법칙이 명백하고 논리적인 자연과학 계열의 교과에 많이 활용된다. 브르너는 발견학습을 통해 학습자들의 지적인 가능성을 증가시킬 수 있으며, 내적인 보상, 문제해결의 시도를 할 수 있다고 하였다. 또한 비록 학습하는 시간은 많이 걸리지만 지식의 파지와 전이력을 높이는데 유용하다고 하였다(김다영, 2003).

1) 발견학습의 절차[9)]

발견학습에서의 문제해결의 과정은 일반적으로 다음과 같은 4단계를 거친다(〈표 3-11〉 참고).

〈표 3-11〉 발견학습에서의 문제해결 과정

단계	내용
문제의 파악	■ 문제의식을 가지고 구체적인 사물을 관찰함으로써 문제의 내용을 파악하는 단계임
↓	
과제 해결의 가설	■ 문제의 해결 계획을 세우고, 이렇게 하면 문제가 풀릴 것이라는 작은 가설을 설정하는 단계로서 직관적 사고가 크게 발동하는 단계임
↓	
가설의 검증	■ 작업가설에서 세운 실행계획을 실제 장면에 옮겨 답을 구하고 과연 그 답은 주어진 조건에 알맞은 답인가를 확인하는 단계로서 논리적 사고가 적용되는 단계임
↓	
결론과 적용	■ 학습내용을 정리하고 이를 실제문제에 적용해 보는 단계임

발견학습은 위와 같은 4단계의 발견적 과정을 취함으로써 학습자들이 스스로 생각하고 발견한 결과를 습득하게 된다. 더불어 탐구방법이나 발견의 방법도 자연스럽게 습득하게 된다.

2) 발견학습의 장 · 단점

브르너는 발견학습은 어떤 내용의 교재라 할지라도 교수자는 표상양식을 달리하여

9) 김다영 (2003). 발견학습 이론을 적용한 수학과 학습지도 연구. 석사학위논문. 숙명여자대학교 교육대학원, pp. 20-22의 내용을 재구성.

모든 학습자에게 가르칠 수 있으며, 학습자에게 개념 형성 증진을 위한 직접적인 경험의 기회를 강조하는 특성을 가지고 있다고 하였다.

이러한 발견학습이 갖고 있는 장점과 단점은 〈표 3-12〉와 같다(노승윤, 2008 ; 변영계, 김영환, 손미, 2010).

〈표 3-12〉 발견학습의 장점과 단점

장점	단점
· 학습자 각자가 구체적인 자료를 통한 활동에 참여할 경우에 지적인 잠재력을 키울 수 있음 · 학습자들의 사고력을 신장시키고 생활 속에서 실제로 적용할 수 있는 힘을 몸에 붙이게 됨 · 자발적인 흥미를 자극하면서 학습을 계속하게 됨 · 학습의 결과에 대한 기쁨을 맛보게 되며, 발견학습 과정을 통해 발견하는 방법도 알게 됨 · 학습자 스스로 문제를 해결해 나가는 과정이므로 이를 통해 학습한 내용에 대해 장기적인 기억을 갖음	· 한정된 수업시간에 있어서의 지도이기 때문에 발견학습에서 다루게 될 내용을 정선하지 않으면 시간 내에 충분한 효과적인 지도를 할 수 없고 도중에 끝마칠 우려가 있음 · 능력차에 대한 배려 없이는 특정의 학습자들만의 발견학습이 되기 쉬움 · 교수자에게 많은 부담을 줌(자료준비, 학습지도, 평가 등) · 단순한 개념을 많이 전달하는데 비효율적임

3) 발견학습의 유의점

발견학습을 보다 효과적으로 적용하기 위해서 교사는 수업에 활용할 다양한 자료를 미리 준비하여야 하며, 학습자가 직면한 문제를 함께 탐구하는 동료자로서의 역할과 새로운 방법을 안내하는 안내자로서의 역할을 해야 한다. 또한 학생들의 참가와 동기유발을 위해 적절한 내적인 보상을 제공해야만 최적의 효과를 거둘 수 있다.

한편, 권순황(2008)은 발견학습을 실제 수업에 적용할 때 유의해야 할 사항을 다음과 같이 설명하였다.

첫째, 발견학습은 학습자의 능동적 과정을 중시하기 때문에 방만한 수업으로 흐를 수 있으므로 적절한 통제가 요구된다.

둘째, 발견학습은 시청각 매체의 이점을 최대한 활용할 수 있는 수업전략이 필요하다. 따라서 사전에 충분한 준비가 필요하다.

셋째, 발견학습은 수용 학습이나 설명식 수업에 비해 더 많은 시간이 소요되므로 비효율적일 수 있으며 집단 사고나 개인 사고의 다양한 조화에 의해서 진행되기 때문에 계통 학습이나 프로그램 학습이 갖는 위계적 절차가 요구될 수 있다.

5 협동학습

최근에 전통적인 소집단 학습의 단점을 해결하고 학습자 간에 협력적인 상호작용을 촉진하며 집단보상과 협동기술을 강조하는 교수 · 학습 방법이 강조되고 있다. 협동학습(cooperative learning)은 경쟁학습과는 달리 소집단이 공동 목표를 성취하기 위해 동료들과 함께 학습하는 구조화된 체계적인 수업기법을 말한다. 따라서 협동학습에서 학습자 개인의 목표 달성은 그가 속한 집단의 목표가 성취되었을 때 가능하며 집단의 목표는 집단 구성원 각자의 성취 수준에 의존하도록 목표 구조를 설정해 놓음으로써 집단 구성원 각자가 열심히 공부하는 한편 집단의 다른 구성원을 도와주게 한다(권순황, 2008).

협동학습의 기본원리는 다음과 같다(임용렬, 2010 ; 케이건, 1999).

첫째, 긍정적인 상호의존이다. 긍정적인 상호 의존이란 '다른 사람의 성과가 나에게 도움이 되고 나의 성과가 다른 사람에게도 도움이 되게 하여 각자가 서로 의지하는 관계로 만드는 것'을 말한다. 협동학습은 공동의 학습목표를 이루기 위해 학습자들이 함께 학습하도록 하는데, 만약 학습자들이 서로 협동하지 않으면 학습목표나 과제 자체를 이룰 수 없도록 의도적으로 구조화시킨다.

둘째, 개인적인 책임이다. 기존 조별 학습은 학습 활동이 주로 모둠(집단) 단위로 이루어지다 보니 모둠(집단) 속에 개인이 숨는 경우가 발생하였다. 이러한 단점을 극복하기 위해서 협동학습에서는 구성원간의 협동을 중시하면서도 동시에 구성원 개인에 대한 책임을 분명히 한다.

셋째, 동등한 참여이다. 동등한 참여란 학습자 모두가 적극적으로 참여할 수 있도록 유도하면서 일부에 의해 독점되거나 반대로 참여하지 못하는 일이 없도록 하자는 것이다. 자신이 참여할 수 있는 기회를 동등하게 부여함으로써 공동체 속에서 자신이 차지하고 있는 부분을 실질적으로 누릴 수 있도록 해야 한다.

넷째, 동시다발적인 상호작용이다. 모든 학습자들이 수업에 적극적으로 참여할 수 있도록 하는 것은 교육적인 이상일 것이다. 현실적으로 제한된 수업 시간 안에 학습자들이 적극적으로 참여하여 학습목표를 이룰 수 있도록 한다는 것은 거의 불가능하다. 따라서 동시다발적인 상호작용이 잘 이루어지기 위해서는 '동시동작'과 '동시멈춤'이 잘 이루어져야 한다.

1) 협동학습의 절차

협동학습에는 과제분담모형(Jigsaws Ⅰ, Ⅱ), 자율적 협동학습(Co-OP Co-OP), 집단조사(Group Investigation), 함께 학습하기(Learning Together), 성취-과제분담(Student-teams-achievement division), 팀 경쟁하기(teams-games-tournamant), 팀보조 개별학습(Team assisted individualization)등의 다양한 유형이 있다. 여러 가지 유형의 협동학습은 각기 다른 절차로 이루어져 있으나 가장 보편적인 절차는 다음의 5단계로 이루어진다(정용부, 오성숙, 2007).

제1단계, 수업목표 제시 및 학습태세이다. 이 단계에서 교수자는 수업목표를 검토하고 학습태세를 확립한다.

제2단계, 학습내용 제시이다. 이 단계에서 교수자는 언어로 또는 말과 그림 등의 형태로 학습과제를 해결하는데 필요한 내용을 예를 들어 제시한다.

제3단계, 팀조직이다. 이 단계에서 교수자는 학습자들에게 팀을 어떻게 조직할 것인가를 설명하고 조직이 원활하도록 돕는다. 협동학습의 소집단 크기는 학습과제에 따라 다양할 수 있지만 보통 2~6명이 가장 적당하다. 한 집단의 구성원이 너무 많으면 특정 구성원이 학습을 주도하고 나머지 학습자들은 소외될 우려가 있으므로 주의해야 한다.

제4단계, 학습활동 전개이다. 이 단계에서 교수자는 학습자들이 학습활동을 잘 하도록 팀 활동을 돕는다. 교수자는 진행 과정을 확인하고 조절하며, 집단 내의 협동과 집단 간의 경쟁이 바람직한 방향에서 유지되도록 돕는다(박숙희, 염명숙, 2010).

제5단계, 결과의 평가이다. 이 단계에서 학습자들은 그들의 활동결과를 발표하고 그에 대한 평가를 한다. 이 때 교수자는 학습자 개인 및 팀의 노력에 대해 긍정적인 피드백을 제공한다.

2) 협동학습의 특성과 장 · 단점

협동학습은 집단의 구성원들의 책무성과 협동을 강조한다는 측면에서 경쟁학습과 다른 몇몇 특성들을 가지고 있다(〈표 3-13〉 참고).

〈표 3-13〉 협동학습과 경쟁학습의 특성 비교

내용	협동학습	경쟁학습
상호작용 정도	적극적 상호작용 강조	상호작용 없음
개인적 책무성	개인적 책무성 강조	개인적 책무성 없음
집단유형	이질집단 구성	동질집단의 구성
지도력	지도력의 공유	지도력의 단일화
집단 책무성	상호책임성의 공유	오로지 자신에 대한 책임 과업 강조
학습초점	과업과 상호협력유지 강조	사회적 가정 혹은 무시
사회적 기능	사회적 기능 직접 교수	교수자는 집단기능 무시
교사역할	교수자의 관찰과 개입	집단과정 효율성 없음
집단과정	집단과정의 효율성	
학습 및 심리적 효과	집단응집성, 상호모델을 통한 학습효과, 협동심, 개인책임감 형성	경쟁심 유발, 열등감 형성, 부정적 자아개념, 이기적 성향 학습의욕 상실

출처: 정용부, 오성숙 (2007). 교과교재연구 및 지도법. 서울: 학지사, p.144.

〈표 3-13〉에 제시되어 있듯이 협동학습이 갖는 이러한 특성들은 협동학습을 실제 교실현장에서 적용하는데 여러 가지 장점과 단점을 야기하므로 사전에 교재 내용에 대한 철저한 분석과 준비를 통해 협동학습의 단점을 보완할 수 있도록 노력해야 한다. 〈표 3-14〉는 협동학습의 장점과 단점을 설명한 것이다(김영봉 등, 2008 ; 변영계, 김영환, 손미, 2010 ; 이성호, 1999 ; 오정자, 2008).

〈표 3-14〉 협동학습의 장점과 단점

장점	단점
· 협동학습을 많이 한 경우 사회에 적용하거나 문제의 해결에 많은 도움을 받을 수 있음 · 혼자서 학습하는 경우보다 더 많은 것을 학습할 수 있으며, 동료로부터 도움을 받는 과정에서 다른 사람의 힘을 빌릴 수 있는 능력을 갖추게 됨 · 주어진 과제에 대한 도전을 하는데 필요한 적절한 기질, 성향, 태도 등이 개발됨 · 다른 학습자들의 학습방법을 관찰하고 배울 기회를 갖음 · 협동학습을 경험하면, 학습자들은 각기 자신의 자원(시간, 에너지, 능력, 성질) 등을 스스로 관리하고 통제할 수 있는 능력이 생김 · 소집단 활동을 통해 자기 자신에 대한 이해를 넓힐 수 있으며 나아가 타인에 대한 이해를 확장하게 됨	· 어떤 일을 수행할 때 과정보다 결과를 중요시할 수 있음 · 소집단 내에서 특정 학습자나 리더가 잘못 이해하고 있는 것이 있을 때 다른 사람들이 이를 그대로 따라갈 우려가 있음 · 학습과정이나 학습목표보다는 집단과정만을 중요시 할 우려가 있음 · 학습자가 교수자에게 의존하는 경향이 감소하는 대신 또래에게 의존하는 경향이 커질 수 있음 · 부익부현상이 발생할 수 있음 · 소집단 내에서 또래들에 비해 능력이 다소 떨어지는 학습자들의 경우에는 자아존중감의 손상을 입을 수 있음 · 아주 유능한 학습자의 경우 모든 것을 다 알면서도 일부러 집단 활동에 동참하지 않거나 기여하지 않는 경우도 있음 · 집단 간 편파현상이 나타날 수 있음

3) 협동학습의 유의점

효율적으로 협동학습을 수업에 적용하기 위해서는 다음과 같은 사항에 유의해야 한다(변영계 등, 2010).

첫째, 집단 간 편파의 문제를 해결하기 위해서는 주기적으로 소집단을 재편성하거나 과목별로 소집단을 다르게 편성하는 것이 좋다.

둘째, 자아 존중감의 손상이 우려되는 학습자를 위해서는 협동학습을 시작하기 전이나 중간이라도 협동학습 기술을 습득시키는 방안을 마련해야 한다. 따라서 교사는 이런 학습자가 속한 집단을 계속적으로 관찰하여, 집단의 특성이나 학습자의 특성에 따라 이런 학습자가 협동학습에 참여할 수 있는 방안을 구체적으로 만들어 주어야 한다.

셋째, 부익부 현상을 방지하기 위해 각본을 통한 역할분담을 하거나 집단보상을 강조하거나 또는 협동기술을 증진시키는 방법 등을 활용하는 것이 좋다.

이 밖에도 교사는 협동학습을 촉진하기 위해서 성공에 대한 특별한 기준을 만들고 그 기준을 명확하게 설명하면서 선배나 동료의 좋은 예를 보여주거나, 개별적 책임감을 증가시키기 위해 팀원의 일을 배분해서 모든 사람이 한 가지씩 일을 맡도록 지도하는 것이 좋다.

6 문답법

질문법, 대화법, 발문법이라고도 불리는 문답법은 교수자의 질문과 학습자의 대답에 의해 진행되는 교수방법이다. 문답법은 교수자가 일방적으로 수업을 전개해 나가지 않고, 학습자의 수준과 수업 사태를 고려하여 수업을 진행하기 때문에 학습자의 참여와 사고력, 비판적 태도 등의 신장에 도움을 준다.

역사적으로 살펴보면 소크라테스의 산파법, 플라톤의 대화법이 기원이라고 할 수 있으며, 페스탈로치에 의하여 발전되어 오늘날 수업에서도 널리 활용되고 있다. 우리나라의 경우에는 과거 서당식 교육에서 많이 사용되었다.

문답법의 근본 목적은 학습자의 사고를 촉진하는데 있으므로 교수자는 질문을 통하여 비관적 사고, 반성적 사고, 합리적 사고 등 다양한 수준의 사고를 자극하고 이끌어 주어야 한다(김영봉 등, 2008). 그렇기 때문에 교수자가 얼마나 계획적이고 효율적으로 질문을 제시하느냐가 문답법의 성패를 좌우할 수 있다. 질문을 할 때 고려해야 할 사항을 살펴보면 다음과 같다(Cooper et al., 1994 ; 임창재, 1994).

첫째, 질문은 학습자가 이해하기 쉽도록 간결하고 명료하게 하며 바른 언어를 사용해야 한다. 그러므로 모호하고 막연한 질문은 하지 말아야 하며, 이중 질문이 되지 않도록 주의해야 한다.

둘째, 질문은 수업목표와 결부된 뚜렷한 목적을 지닌 것이어야 한다. 무의미하거나 단편적인 질문은 체계적인 사고활동을 방해하기 쉽다.

셋째, 질문은 학습자의 지적 활동을 개발하며 사고 작용을 자극하도록 전개되어야 한다. 교과서에 있는 내용을 단순히 반복하게 하고 기억을 요구하는 질문은 반성적 사고를 자극하지 못한다.

넷째, 질문은 학습자 각 개인의 능력이나 흥미에 맞도록 제시해야 한다. 교수자의 질문이 학습자의 능력이나 흥미를 고려하지 않은 것이라면 학습자의 학습의욕을 감퇴시킬 수도 있다.

다섯째, 질문을 한 다음에는 약 3초에서 5초 정도의 생각할 시간을 주어야 한다.

1) 문답법의 절차

권순황(2008)은 문답법은 구조화, 질의, 반응, 대응이라는 네 가지 단계에 의해서 진행된다고 하였다. 이에 대한 구체적인 내용 〈표 3-15〉에 제시되어 있다.

〈표 3-15〉 문답법의 절차

구조화	▪ 문답법의 처음 단계는 논의될 문제를 안내하는 것으로, 구조화는 수업에서 논의될 문제에 대해 간단히 정리해 주는 것을 의미함 ▪ 최적의 구조화가 될 수 있도록 논의될 문제를 너무 자세하거나 너무 빈약하게 안내하지 않도록 주의해야 함

질의	▪ 질의는 학습자의 반응을 유도하기 위해서 교수자가 사용하는 교수전략을 말함 ▪ 수업목표와 결부된 뚜렷한 목적을 지니고 있으며, 학습자의 흥미와 능력에 부합된 질의를 하여야 함
반응	▪ 반응은 교수자의 질의에 대한 학습자의 응답 또는 대답을 의미함 ▪ 모든 학습자가 반응의 기회를 고루 가질 수 있도록 기회를 제공해야 함
대응	▪ 대응은 학습자가 질의에 반응을 보인 이후 교수자가 이에 대해 평가를 하거나 수정하는 것을 말함 ▪ 보통 교수자는 약 3초 이상 서로 생각할 여유를 갖고 대응하는 것이 효과적임

2) 문답법의 장 · 단점

문답법의 장점과 단점은 〈표 3-16〉과 같다(고승덕, 1997 ; 김영봉 등, 2008 ; 노승윤, 2008 ; 번영계 등, 2010).

〈표 3-16〉 문답법의 장점과 단점

장점	단점
· 학습 동기를 높여 학습자가 활기차고 적극적으로 학습활동에 참여하게 됨 · 학습자가 문제에 대한 해결책을 찾는 기회를 제공함 · 학습자의 주체적인 학습을 가능하게 함 · 교사와 학습자 간 지적 상호작용의 기회를 증진시킴 · 학습자가 어느 정도 학습목표에 도달되었는가를 살필 수 있음	· 학습자의 수가 많은 대집단일 경우 사용에 제한이 있음 · 경우에 따라 한 질문에 관련된 질의응답에 시간이 많이 걸릴 수 있으므로 이에 대비하여 시간 관리에 신경을 써야 함 · 어려운 질문의 경우 학습자가 충분히 생각할 수 있는 시간을 제공해야 하므로 사전에 준비해야 함 · 수줍음이 많거나 대인공포증, 말더듬이와

장점	단점
· 개인 또는 학급전체의 주의를 끌게 하며, 학습지도의 중요한 요소적인 항목에 주의를 기울이게 함 · 학습생활에 직접적인 동기유발이 되도록 함 · 논리적 · 비판적 · 분석적 사고력이나 표현력 등과 같은 고등정신기능을 육성할 수 있음 · 학습내용의 정리와 정착에 효과적임	같은 학습자가 있는지 사전에 알아봐야 함 · 학습자의 다양하고 예상치 않은 질문에도 당황하지 않고 대처할 수 있는 능력과 재치가 필요함 · 교사중심의 수업이 되기 쉬움 · 질의와 응답과정에서 많은 시간이 요구되어 학습속도가 지연되기 쉬움 · 우수학습자 중심의 수업이 되기 쉬우며 그 외의 학습자들에게 좌절감을 주기 쉬움 · 교사 자신이 일반적인 교양이나 지적인 흥미를 널리 갖추고 있어야 함

3) 문답법의 유의점

문답법의 효율성을 높이기 위해서는 다음과 같은 사항들에 유의해야 한다(고승덕, 1997 ; 노승윤, 2008).

첫째, 학급 학생 전원에게 응답의 기회를 골고루 주어야 한다.

둘째, 학습내용에서 이탈된 질문은 하지 않도록 한다.

셋째, 질문의 요지가 명백하고 간결하면서도 학습자의 흥미를 끌 수 있는 것이어야 한다.

넷째, 단편적인 질문이 아니고 연속성을 지닌 사고의 정리가 이루어지도록 해야 한다.

다섯째, 학습자 상호간의 질의응답을 억제해서는 안 된다.

여섯째, 질문은 학습자의 경험이나 지식의 범위에서 출발해야 한다.

일곱째, 정답일 경우는 칭찬을 하고 오답일 경우라도 무시하는 태도를 취하지 말아야 한다.

여덟째, 교사는 사전에 치밀한 계획을 지녀야 한다.

아홉째, 교사는 합리적이면서도 융통성 있는 자세를 지녀야 한다.

열 번째, 학습자의 질문은 언제나 환영해야 하고, 학습자가 당황하거나 공포심을 갖지 않도록 주의해야 한다.

7 프로젝트 학습(구안법)

프로젝트 학습은 문제해결 과정에 초점을 두면서 차츰 관심을 끌기 시작한 교수방법으로, 듀이의 이론적 바탕위에 길패트릭(Kilpatrick, 1919)이 구체적으로 체계화한 교수방법이다.

프로젝트 학습의 'project'라는 단어의 사전적 의미는 '앞으로 던지다'라는 뜻에서 출발하여, '생각하다', '연구하다', '구상하다' 등의 의미로 확장되었다. 따라서 프로젝트 학습은 일반적으로 '마음속에서 생각하고 있는 것을 구체화하고 실현하는 활동을 학습자가 스스로 계획하여 수행하는 활동'을 의미한다(길형석, 2005).

프로젝트 학습은 학습자의 내적 동기를 유발시켜 학습자 스스로 주제를 탐구해가면서 스스로 문제를 해결해 나가는 교수방법이기 때문에 학습자들의 자발성과 능동성, 고차원적인 사고능력을 촉진시킨다.

1) 프로젝트 학습의 절차

프로젝트 학습의 절차는 연구자마다 조금씩 다르나, 본질적인 내용면에서는 큰 차이가 없다. 여기서는 한국교육공학회(2005)가 시작→전개→마무리의 3단계로 제시한 프로젝트 학습의 절차에 대해서 살펴보고자 한다(〈표 3-17〉 참고).

〈표 3-17〉 프로젝트 학습의 절차

단계	내용
시작	■ 프로젝트를 선택한다. ■ 관련된 내용을 이해한다. ■ 필요한 자료를 탐색한다. ■ 프로젝트팀을 구성한다. ■ 프로젝트팀의 목적을 설정한다.

전개	▪ 프로젝트에 관련된 아이디어를 공유한다. ▪ 프로젝트를 수행하기 위한 해결책을 찾는다(이 과정은 지속적인 상호작용을 통한 분석, 종합, 정리 등의 학습활동을 포함함). ▪ 산출물을 만든다.
마무리	▪ 프로젝트에 대한 결과를 요약하여 발표한다. ▪ 프로젝트 결과를 팀 내 또는 팀 간에 공유한다. ▪ 결과를 성찰한다. ▪ 결과를 총괄 평가한다.

2) 프로젝트 학습의 특징 및 장 · 단점

프로젝트 학습은 다음과 같은 특징을 가지고 있다(김영수 등, 1999 ; Bradcik, Blumenfeld, Maxs, & Soloway, 1994).

첫째, 학습자는 실제적인 문제를 통해서 배워야 하며, 이러한 실제적인 문제는 학습자의 활동을 이끌어내고 개념과 원리를 조직화하게 한다. 즉 프로젝트 학습에서 좋은 문제란, 학습자가 문제를 해결하기 위해 연구를 설계하고 수행할 수 있는 실현가능한 것이면서, 실제 세계와 관련되어 있어서 학습자에게 흥미롭고 의미 있는 것이어야 한다.

둘째, 프로젝트 학습은 학습자가 결과물을 개발해 내도록 한다. 결과물은 레포트나 컴퓨터 프로그램, 비디오테이프 등 구체적이고 명확한 것이기 때문에 학습 수행 후 학습 동료자나 교사 혹은 다른 공동체 구성원들에게 평가를 받을 수 있다. 또한 학습자는 결과물을 통해서 자신의 학습을 반추할 수 있고, 이러한 과정을 통해서 지식을 더욱 풍성하게 만들 수 있게 된다.

셋째, 프로젝트 학습에서 학습자, 교사, 사회 구성원들은 문제를 해결하기 위한 탐구 공동체가 된다. 프로젝트 학습은 동료 학습자뿐만 아니라 프로젝트 내용과 관련된 다양한 사회 구성원이 문제를 해결하기 위해 함께 의논해가면서 학습자의 사고의 틀을 넓히고, 이해의 깊이를 더할 수 있다.

넷째, 프로젝트 학습은 인지적 도구를 사용하게 한다. 통신, 하이퍼미디어 등과 같은 인지적 도구는 학습자의 인지과정을 확장시키며, 동료 학습자와의 상호작용을 촉진시키고, 역동적인 지식의 구성을 가능하게 한다.

한편, 프로젝트 학습의 장점과 단점은 〈표 3-18〉과 같다(전원경, 2003).

〈표 3-18〉 프로젝트 학습의 장점과 단점

장점	단점
· 주제에 따라 흥미로운 학습 내용을 선택하게 되어 학습 과정에 훨씬 더 적극적으로 참여하게 되므로 내적 동기유발이 잘됨 · 심화된 학습을 하게 되므로 여러 영역에 걸쳐서 광범위한 지식을 습득하게 됨 · 한 가지 주제에 대해 다양한 방법으로 탐구하는 능력이 길러짐 · 학습자의 창의적인 연구를 중시하여 창의적인 태도와 능력을 함양시킴 · 집단 프로젝트를 통하여 협동심은 물론 관용의 정신과 희생의 정신 등 사회성 발달을 함양시킴 · 프로젝트 종료 시까지의 오랜 시간동안 노력하여 완수해야 하고, 인내심을 요하게 되므로 활동을 마친 후에는 성취감을 느끼게 됨 · 프로젝트 수행을 하는 동안 적극적인 부모 참여가 유도되어 가정과의 연계성을 갖게 됨 · 집중력과 자신감, 책임감이 향상됨	· 학급 프로젝트에서는 학습활동이 일부 '영재'들이 독점하는 경향이 있고, 평재아들은 심화학습의 잇점을 제대로 활용하지 못하는 경우가 있음 · 학습자들이 프로젝트를 전개하는 과정에서 필요한 기술들을 잘 모르고 있어 프로젝트가 제대로 진행되기 어려움 · 문제해결을 하기 위한 다양한 활동을 하는데 필요한 자료의 선정과 시설, 기자재 등의 부족으로 프로젝트를 실패하는 경우도 있음 · 학습자가 계획하고 직접 실천에 옮겨야 하므로 활동 외적인 것으로 인하여 시간 낭비가 되는 경우가 많음 · 너무 오랫동안 프로젝트를 진행하다 보면 학습 범위가 지나치게 좁아지거나 세부적인 내용까지 다루게 됨 · 빈번한 현장견학으로 학부모의 경제적 부담과 아동의 안전성 문제로 활동하기가 어려움 · 마무리 단계에서 전시회를 하게 되는데 자칫하면 내실을 기하기보다는 전시회에 참여하는 학부모들에게 과시하려는 경향으로 흐를 수 있음

3) 프로젝트 학습의 유의점

프로젝트 학습의 장점을 최대한 살리고 단점을 보완하기 위해서 다음과 같은 사항에 유의할 필요가 있다(노승윤, 2008 ; 이상현 등, 2007).

첫째, 학습활동에서 학습자의 흥미나 요구를 중시함으로써 학습과정에서의 제반훈련이 경시되기 쉽고, 활동 시 혼란스럽거나 무질서 해질 수 있다. 특히 교외에서의 활동 등에 시간을 낭비하기 쉽고 학습자가 작업에 참여하지 않는 일도 있으므로 그 집단을 잘 조절할 수 있도록 노력해야 한다.

둘째, 프로젝트의 선택은 모든 학생이 좋아하는 것을 택하도록 유의해야 한다. 또한 개인 프로젝트의 경우에는 자기능력으로 해결할 수 있는 것을 택하도록 조력하고 지도해야 한다.

셋째, 프로젝트 학습은 프로젝트마다 끊어서 단편적인 것으로 하기 쉽다. 그러므로 연속적 과정으로서의 학습과 발전은 곤란한 경우도 있다. 따라서 교사는 각 프로젝트 사이에 연결이 잘 되도록 지도에 유의해야 한다.

넷째, 프로젝트는 학교의 전체적인 교육계획과 조화되는 것이어야 하며, 계획을 정밀하게 세우는 습관을 길러 학습의 효과를 도모해야 한다.

다섯째, 사용하는 교과나 도구는 미리 준비가 잘 되어있는지 확인해야 한다.

제 4 장

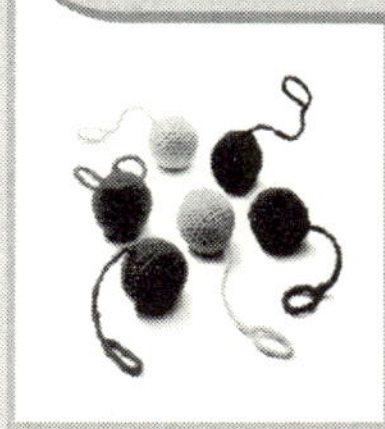

효과적인 발문 전략

1 발문의 개념 및 목적

질문법, 문답법이라고도 불리는 발문법(question and answer method)은 오랫동안 중요한 교수전략으로 사용되어 왔다. 발문은 수업목표를 달성하기 위해 학생의 사고를 자극하고 격려하여 그들의 사고를 발전시켜 나가기 위해 문제를 제기하는 것을 말한다. 따라서 발문법은 교사와 학습자 간의 계속적인 질의 응답 과정을 통해서 학습을 전개시킴으로써 학습자들이 수업내용과 관련된 기본적인 사실들을 이해하고, 이를 바탕으로 학습자의 사고활동과 탐구활동 능력을 촉진시키는 방법을 뜻한다.

발문은 '묻는다'는 의미를 지니고 있어 흔히 '질문'과 유사한 의미로 받아들여지고 있으나 교육학적인 입장에서 보면 〈표 4-1〉과 같은 차이점이 있다.

〈표 4-1〉에서 알 수 있듯이, 단순히 의문문의 형식을 취한다고 해서 모두 발문은 아니며, 수업에서 일정한 목적을 가지고 기능을 해야 발문이라고 할 수 있다. 따라서 발문의 개념은 수업에서 교사가 하는 말 중에서 어떤 기능을 하는 말들이 포함될 것인지의 기준에 의해 결정된다.

수업에서 발문을 사용하는 목적은 학자에 따라 약간씩 다르게 제시하고 있다. 〈표 4-2〉는 몇몇 학자들이 제시한 발문의 목적을 제시해 놓은 것이다(권순황, 2008 ;

〈표 4-1〉 발문과 질문의 차이점

구분	발문	질문
차이점	· 이미 알고 있는 사람이 모르는 사람에게 하는 물음으로, 문제를 발견하고 사고를 자극, 유지, 발전시키기 위해서 주로 사용됨 · 발문에 대한 답은 질문자의 예상을 벗어날 확률이 높고 개인차가 크게 나타나는 경향이 있음 · 묻고 답하는 자의 관계가 상호의존적이고, 쌍방적임 · 응답자의 성장이나 학습을 돕기 위한 목적으로 이루어지는 도구의 기능을 함 · 주로 수업사태에서 행해짐	· 모르는 사람이 아는 사람에게 던지는 물음으로 특정 정보의 제공을 기대하면서 물어보는 것 · 질문자와 응답자 간에 계층적 관계가 형성될 수 있음 · 응답자에 대한 검사, 분류, 확인 등의 목적으로 주로 사용됨 · 질문에 대한 답은 예상 가능하고 답이 한정적인 경향이 있음 · 질문의 질적 형태가 보장되지 않을 수 있으며, 즉흥적이고 상호의존성이 중시되지 않음 · 모든 일상생활에서 광범위하게 이루어짐

전경원, 2003).

일반적인 발문의 목적을 종합하여 권낙원(1994)은 다음과 같이 다섯 가지로 제시하였다.

첫째, 발문은 학습자의 의사소통을 촉진한다.

둘째, 발문은 주제의 내용에 주의를 집중시킨다.

셋째, 발문은 학습자의 지식, 이해 정도를 평가하는데 사용된다.

넷째, 발문은 특정 유형의 사고와 인지 활동을 자극하기 위해 사용된다.

다섯째, 발문은 학습자의 사회적 행동을 통제하기 위해 사용된다.

〈표 4-2〉 여러 학자들이 제시한 발문의 목적

구분	블로서(Blosser, 1973)	캐린(Carin, 1970)	터니(Turney, 1973)
목적	• 숙제를 해왔는지 점검하기 위해 • 학습자들의 준비도를 알아보기 위해 • 이해의 정도를 알아보기 위해 • 새로운 주제와 관련된 정보를 측정하기 위해 • 토의에 참여하도록 자아개념 강화를 위해 • 학급활동에 주의를 기울이지 않는 학습자의 주의를 환기시키기 위해 • 진행 중인 토의 방향을 수정하기 위해 • 정보의 원천을 평가하도록 학습자를 자극하기 위해 • 학습자의 사고를 자극하기 위해 • 예를 들기 위해	• 흥미를 고조시키고 학습자가 수업에 적극적으로 참여하도록 동기를 유발하기 위해 • 학습자의 준비도를 평가해보고, 숙제나 예습을 다했는지 알아보기 위해 • 가르친 것을 복습하고 요약하기 위해 • 새로운 관계를 알아볼 수 있는 통찰력을 길러주기 위해 • 비판적 사고를 자극하고 발문하는 태도를 발달시키기 위해 • 학습자 스스로 지식을 더 찾도록 자극을 주기 위해 • 수업의 목적을 달성했는지 평가해 보기 위해	• 어떤 주제와 관련된 호기심을 유발하기 위해 • 특정한 쟁점이나 개념에 대한 주의집중을 위해 • 학습에 대한 적극적인 참여 유도를 위해 • 학습자들이 자신과 다른 사람에게 질문하도록 자극하기 위해 • 학습이 극대화 될 수 있도록 어떤 과업들을 조직화하기 위해 • 학습을 방해하는 요소를 검색하기 위해 • 학습자가 수업 참여가 기대되고 존중되는 교수·학습 상황을 유지하기 위해 • 학습자가 추론적 인지 작용을 통한 사고기술 신장을 유도하기 위해 • 학습 집단의 다양한 반응에 대해 개개의 학습자가 숙고하거나 견해를 밝혀 나가도록 유도하기 위해 • 학습자가 토론을 통해서 대행 학습을 하는 기회를 제공하기 위해 • 학습자가 사고와 감정에 대해 진정한 관심표현을 유도하기 위해

2 발문의 유형

발문의 유형은 구분 준거에 따라 다양하게 분류될 수 있다. 이 절에서는 발문의 주체가 누구인가에 따른 구분과 사고 유형에 따른 발문의 유형에 대해 살펴보고자 한다.

1) 발문 주체에 따른 분류

발문은 누가 발문을 제기하느냐에 따라서 〈표 4-3〉과 같이 교사 발문, 학생 발문, 부가 발문으로 나눌 수 있다(강현숙, 2003).

〈표 4-3〉 발문의 주체에 따른 분류

구분	교사 발문	학생 발문	부가 발문
의미	수업 중에 교사가 제기하는 발문	교수·학습 과정에서 학생이 스스로 제기한 발문	교과서를 비롯한 교재에 제시된 발문의 형태
관련 변인	발문의 빈도, 발문의 양, 하나의 발문 후 다음 발문까지 기다리는 시간, 발문 수준, 발문 활용에 관한 교사의 전직 또는 현직 교육에 관한 것 등	발문의 빈도, 발문의 수준, 발문의 유형이나 전략에 대한 학생의 훈련여부 등	발문의 위치에 따른 효과에 관한 것과 발문 수준에 따른 효과에 관한 것 등

2) 사고 유형에 따른 분류

블룸(Bloom, 1956), 엘리스(Ellis, 1991), 윌랑(Wilen, 1991) 등의 많은 학자들이 사고 유형에 따라 발문의 유형을 분류하였다. 그러나 여기에서는 블로서(Blosser, 1987)가 제시한 발문의 유형에 대해서 살펴보고자 한다.

블로서는 발문을 크게 수업적 발문, 운영적 발문, 수사적 발문으로 구분하고, 이중 수업에서 핵심적인 역할을 하는 수업적 발문을 사고 유형에 따라 크게 두 가지로 구분하였다. 수업적 발문은 인지 기억력의 발문과 수렴적 사고의 발문을 포함한 폐쇄적 발문과 확산적 사고의 발문과 평가적 사고의 발문을 포함한 개방적 발문으로 구분된다. 블로서가 제시한 발문의 분류는 사고의 수준뿐만 아니라 학습자의 사고 영역, 즉 사고의 폭까지도 함께 고려하고 있어, 다른 학자들의 견해보다 넓은 의미의 개념을 포함하고 있다. 〈표 4-4〉는 블로서의 발문의 유형을 구체적으로 설명한 것이다.

〈표 4-4〉 블로서의 발문의 유형

I 단계	II 단계	III 단계	예시
폐쇄적 발문	인지·기억적 발문(CM) (Cognitive memory question)	1. 기억: 반복, 복사, 기억된 정의 포함 2. 변별, 명명, 관찰	• 물건을 보여주면서 '이것은 사과인가요? 배인가요? • 어제 보름달을 보았나요?
	수렴적 발문(CT) (Convergent thinking question)	1. 연결, 구별, 분류 2. 재구성 3. 적용: 이전에 획득한 정보를 새롭게 하거나 다른 문제해결에 적용 4. 종합 5. 폐쇄적 예언(한정된 예측): 조건 또는 증거에 대한 한계가 주어져 있음 6. 비판적 판단: 학생들에게 일반적으로 알려진 기준을 사용	• 사과와 배의 차이점은 무엇인가요?
개방적 발문	확산적 사고 발문(DT) (divergent thinking question)	1. 의견 제시 2. 개방적 예측: 반응을 제한하는 데 증거가 불충분 3. 추론, 시사	• 왜 이 물이 얼었을까? • 바나나를 얼린다면 어떻게 될까? • 만약 비가 오지 않는다면 어떻게 될까?
	평가적 사고 발문(ET) (evaluation thinking question)	1. 정당화: 행위, 행동의 계획, 입장 선택 2. 고안: 새로운 방법, 가설의 구성, 결론 3. 판단 A: 가치의 문제, 정의적 행동과 연결 4. 판단 B: 인지적 행동과 연결	• 우리는 왜 물을 아껴 써야 할까?

출처: 강현숙 (2003). 발문에 대한 교사와 학습자의 인식 조사. 석사학위논문. 여화여자대학교 교육대학원, p. 21. 재구성

〈표 4-4〉에서 볼 수 있듯이, 인지·기억적 발문은 단순히 기억을 회상하거나 변별하거나 명명하는 것 등과 관련된 발문을 말한다. 예를 들면, 학생들에게 사과를 보여주며, "이것을 뭐라고 할까요?"와 같은 유형의 발문이 인지·기억적 발문에 해당된다. 수렴적 발문은 주어지거나 기억된 자료를 분석하고 종합하여 번역, 관련, 설명, 결론 도출 등과 같은 정신적 활동을 자극하는 발문을 말한다. 예를 들면, 학생들에게 지난 시간에 학습한 다양한 과일을 보여준 후 "이 과일들 중에서 지난 시간에 배운 사과를 찾을 수 있나요?"와 같은 형식으로 발문하는 것을 수렴적 발문이라고 한다. 수렴적 발문은 학생들이 사실을 연상하고, 관계를 지으며, 구분하고, 이전에 얻은 자료를 사용하여 어떤 것을 설명하는 것과 같은 활동을 하도록 유도한다.

개방적 질문은 확산적 사고 발문과 평가적 사고 발문으로 구분된다. 이 중 확산적 사고 발문은 창의적이고 다양한 대답을 고안해 내도록 하는 발문이다. 또한 확산적 사고 발문은 자료나 과제 등에서 어떤 방법이나 대답의 형태를 제한시킬 만큼 충분한 정보를 제공하지 않는다. 그러므로 학습자들은 문제와 관련하여 자기 나름대로 의견을 제시하고, 스스로 다양한 자료를 동원하여 그것들을 종합하고 정교화한 후 대답을 한다. 따라서 교사는 학습자의 반응이나 대답을 미리 알 수 없다.

평가적 사고 발문은 판단, 가치선택, 자기의 반응을 정당화하는 등의 반응이 이루어지게 하는 발문이다. 평가적 사고 발문에는 "교실 청소를 하다가 화분을 넘어뜨려 유리창을 3개 깬 라임이와 야간 자율 학습 중 몰래 도망가다가 유리창을 하나 깬 주원이 중 누가 더 나쁜가?"와 같은 발문이 이에 포함된다.

3 발문의 활용

효과적이고 좋은 발문은 학습자들의 수업 참여도, 사고력, 흥미 등을 높이지만, 그렇지 않는 발문은 학습자들의 사고력을 개발하는데 도움이 되지 못한다. 따라서 교사가 수업에서 발문을 사용하고자 할 때 다음과 같은 사항들을 유의해야 한다

(김규선, 2000 ; 현종익, 1996).

첫째, 명확하고 간결하게 발문한다. 교사는 학습자들이 알아듣기 쉬운 용어와 뜻이 분명한 용어를 사용하여 간결하고 명확하게 발문해야 한다.

둘째, 막연하고 추상적인 발문은 학습자들을 위축시키고, 불명확한 응답을 하게 한다. 따라서 구체적인 발문을 해야 한다.

셋째, 단순히 기억을 재생하는 수준의 발문이나 '예/아니오'로 반응할 수 있는 발문이 아닌, 학습자들의 사고를 자극할 수 있는 개방적인 발문을 한다.

넷째, 의도하는 수업의 진행방향과 일치하는 발문을 한다.

다섯째, 답을 암시하거나 해결책을 주는 정보를 담지 않아야 한다.

여섯째, 학습자의 능력(지식수준), 경험, 흥미, 관심 등 즉, 개인차를 고려한 발문을 한다.

일곱째, 발문에 대해 충분히 생각할 시간을 준다. 발문에 대해 즉각적인 반응을 기대하는 교사는 학습자의 사고하고 숙고할 기회를 방해한다. 발문의 목적이 학습자의 사고를 자극하여 사고력을 증진시키고자 하는 것에 있는 만큼, 학습자들이 발문에 대해 충분히 생각하고 답할 수 있는 시간을 주도록 한다.

이러한 사항들을 고려하여 발문을 실제 수업에 적용할 때의 구체적인 요령을 제시하면 〈표 4-5〉와 같다(김규선, 2000 ; 박승배 등, 2006 ; 박인학, 2002 ; 정용부, 오성숙, 2006 ; 윤광보, 2010).

〈표 4-5〉 발문 요령

구분	내용
교사의 발문 요령	• 교사가 묻고자 하는 발문의 유형을 사전에 계획한다. • 간결하고 명료하며 논의에 맞는 형태로 발문한다. • 학습자를 긴장상태에 있게 한다. 즉 질문을 먼저 하고 학습자를 지명하거나, 질문에 대답할 학생을 무작위로 지명한다. • 단계적으로 발문의 수준을 높여가도록 그 내용을 구성한다(예〉 정보 재생 → 추론 → 적용). • 발문은 학습 과제의 제시 단계에 따라 다르게 구성한다. 도입 단계에서는 동기 유발, 흥미를 극대화 할 수 있는 발문을 사용하고, 정리 단계에서는 학습 내용을 종합 및 정리할 수 있는 발문을 한다. • 학습자들의 자발적 발언 행동을 조성할 수 있도록 허용적이며, 탐구적인 분위기를 조성하면서 발문한다. • 한 번에 하나씩 발문하며, 어조 및 시선, 제스쳐, 얼굴 표정 등 적절한 비언어적 표현을 고려하며 발문한다.
학생의 반응 처리 요령	• 올바른 답에 대해서는 충분한 칭찬과 격려를 하여 성공감을 가지게 한 다음, 교사가 반복하거나 보충 설명을 한다. • 틀린 대답에 대해서 무시하거나 질책하는 것과 같은 감정적인 반응을 하여 학습자들이 위축감이 들지 않도록 하며, 그렇게 답한 이유를 물어본다. • 대답이 미흡할 경우 틀린 원인을 구체적으로 지적하여 학생이 자신의 오류를 발견하고, 그 까닭을 구명하려는 태도와 계속적인 학습활동이 되도록 한다. • 학습자들의 대답에서 나타나는 일반적인 오류를 찾아 교정 수업을 한다. • 학력이 낮은 학습자, 발표력이 부족한 학습자, 지나치게 내성적인 학습자 등을 특별히 배려한다. • 질문에 대한 학습자의 대답이 틀린 경우는 그 학습자에게 다시 질문하거나 다른 학습자를 지명하여 질문을 한다. • 학습자가 질문에 대하여 생각할 수 있는 충분한 시간(약 3~5초 정도)을 주고 독촉하지 않는다.

제 5 장

적절한 수업평가

1 수업평가의 개념

학교교육에서 일어나는 일 중에서 가장 핵심적인 활동은 교사와 학습자가 교육내용을 가지고 상호작용하는 수업이라고 할 수 있다. 따라서 교육의 질을 높이기 위해서는 수업의 질 향상이 전제되어야 하며, 수업의 질 향상을 위해서는 학습자들을 가르치는 교사의 수업방법, 기술, 전략 등을 평가하여 수업에 반영해야 한다.

수업평가의 개념은 학자들에 따라 서로 다르게 정의하고 있다. 해리스(Harris, 1985)는 '수업평가는 필요한 자료의 수집・분석・해석을 위해서 기획하고, 도구를 제작하고, 조직하고, 절차를 적용하고, 수업개선을 위해 의사결정을 하는 일'이라고 정의하였다. 박도순(1986)은 '수업에 투입된 내용이 의도된 대로 되었는지를 알아보는 것'이라고 수업평가를 정의하였다. 박완희(1991)는 '수업의 효율성이나 그 효과를 증대시키기 위하여 일정한 평가자료와 평가방법에 따라서 다양한 수업활동을 정해진 기준에 비추어 따져보는 의사 결정적인 가치판단 행위'라고 정의하였다.

이상의 정의들을 요약하면, 수업평가란 궁극적으로 '수업에서 투입변인과 과정변인, 산출변인을 분석함으로서 수업의 질적 개선을 도모하여 교수효과성을 높이는데 초점을 둔 활동(주삼환, 1998)'이라고 정의할 수 있다.

2 수업평가의 필요성 및 목적

수업평가는 평가하고자 하는 목적이나 필요성에 의해 각기 다르게 규정되므로, 어떤 관점에 초점을 두고 평가하느냐에 매우 밀접한 관계가 있다. 따라서 수업평가의 필요성도 학자마다 약간씩 다르게 제시하고 있는데, 이에 대한 구체적인 내용은 〈표 5-1〉과 같다(박도순, 1986 ; 배호순, 1991).

〈표 5-1〉 수업평가의 필요성

구 분	내 용
교육행정가의 입장	• 교사들의 근무평정을 하기 위해(수업목표 달성도, 수업능력 등) • 다양한 행정적 결정을 하기 위해(다양한 교육적 자원의 배분, 수업프로그램의 지속 및 중단의 결정, 교육과정 개선을 위한 자료수집 등을 위해)
학교경영자의 입장	• 학교교육의 효과성을 평가하기 위해(학교교육 목표 달성도 등) • 생활지도를 위한 자료 수집을 위해
연구자의 입장	• 바람직한 수업모형과 이론의 개발과 발전을 위해
교사의 입장	• 수업의 효율성, 질적 개선을 위해 자신의 수업을 평가 (비디오, 오디오, 동료관찰, 학생의 교사 평가 등을 이용함) • 학생의 학업성취도를 평가하기 위해 • 수업 프로그램의 지속 여부를 결정하기 위해

〈표 5-1〉에서 볼 수 있듯이, 수업평가는 누가, 언제, 왜, 무엇을 알기 위해, 어떤 목적으로 평가하느냐에 따라 수업평가의 필요성과 형태가 달라진다. 따라서 수업을 평가하기 전에 수업을 평가하고자 하는 목적을 보다 명확하고 구체적으로 수립할 필요가 있다.

그렇다면 수업평가의 목적은 무엇일까? 수업평가의 목적은 한 가지 목적보다는 동시에 여러 가지 목적을 추구하는 경우가 많으며(권순황, 2008), 학자에 따라서 각기 다르게 제시하고 있다. 〈표 5-2〉는 여러 학자들이 제시한 수업평가의 목적을 설명해 놓은 것이다.

〈표 5-2〉 수업평가의 목적

학 자	수업평가의 목적
Duke, Striggins(1990)	• 교사의 책무성과 전문성
Denham(1987)	• 선발과 지원
Braskamp(1984)	• 수업의 질 개선 정보 제공 • 교사에 대한 인사 결정 정보 제공
Natriello(1990)	• 교육의 질 통제
Barber(1990)	• 수업기법이나 유형에 관한 정보 제공 • 수업 전략 방안 정보 제공
Hammond(1990)	• 교사 선발 • 교사 전문성 신장 • 교육의 책무성과 학교교육 개선

출처 : 김홍삼(2008). 교육청 수업평가 기준과 교사들이 지각하는 수업평가 기준 비교 연구. 석사학위 논문. 한국교원대학교 교육대학원, p.8.

배순호(1991)는 이러한 여러 학자들이 제시한 수업평가의 목적을 종합하여 다음과 같이 일곱 가지로 제시하였다.

첫째, 수업의 질을 개선하기 위해서

둘째, 수업목표의 달성정도를 파악하기 위해서

셋째, 교육효과로서 수업효과를 탐색하기 위해서

넷째, 교육과정 및 교육과정 자료를 개선하기 위해서

다섯째, 교원 인사행정에 필요한 자료를 수집하기 위해서

여섯째, 학생지도를 위해서

일곱째, 교육연구를 위해서

이처럼 수업평가는 여러 가지 목적을 동시에 추구하고 있으므로 수업평가의 목적이 무엇인지를 명확히 하는 것이 무엇보다도 우선되어야 한다.

3 수업평가의 유형[10] 및 기준

수업평가의 유형은 관점에 따라 달라지는데, 여기에서는 수업평가 주체에 따른 평가 유형에 대하여 구체적으로 살펴보고자 한다. 보통 수업평가 주체에 따른 평가 유형은 교사 자기평가, 학생에 의한 평가, 동료교사에 의한 평가로 분류할 수 있으며 이에 대한 내용은 〈표 5-3〉에 설명되어 있다.

〈표 5-3〉 수업평가의 유형

구분	교사 자기평가	학생에 의한 평가	동료평가
목적	교사가 자신의 지식의 적절성, 효과성, 자기 개선을 목적으로 하여 교수활동 내용, 수행, 신념, 효과에 관하여 체계적으로 분석하고 평가하는 과정	수업의 주 수혜자인 학생들을 만족시키고, 학생의 학습의 질을 향상시키고 학습의 효과를 최대화하였는지를 학생의 입장에서 평가	임상장학적[11] 차원에서 강조하는 방법
특징	• 자신의 능력에 대한 과신 가능성, 평가를 통한 자신의 수업에 대한 합리화 가능성, 평가결과 양화의 곤란함, 수업 외적인 요인에 의한 영향 가능성, 정확성과 신뢰성의 부족 등 • 자기분석법(비디오테이프, 체크리스트 등), 자기보고법, 자기연구자료 활용법, 수업관찰의 활용	• 평가결과의 신뢰성(교사들은 학생들의 평가결과를 믿지 않는 경향이 있음), 학생에 의한 수업평가는 비용이 많이 듦 • 효과적인 평가를 위해서는 학생의 발달수준, 연령, 학년 등을 중시하여 평가 항목과 변인들을 선정하여야 함 • 평정법, 설문지법, 면접법, 학력검사 실시 등	• 동료 간의 자문은 교사들 사이에 전문성 높은 정보와 자료들의 상호교류를 증진시키고 상호방문을 위한 구조화 기회를 마련함으로써 이와 관련한 내용들을 제공할 수 있음 • 평가결과의 신뢰성 문제, 동료 간에 갈등 야기의 소지 있음, 동료교사를 평가할 시간이나 기회가 제한되어 있음. 동료 간 협력이 어려움 등

10) 안정희(2007). 수업개선을 위한 다면적 수업평가의 가능성과 한계 : 사례연구를 중심으로. 교육과정연구 25(4), pp. 182-187의 내용을 재구성.

이처럼 각각의 수업평가 유형은 목적과 사용방법 그리고 장점과 단점이 각기 다르므로 평가를 실시하고자 하는 주체가 어떤 목적으로, 왜, 무엇을 평가하고자 하느냐에 따라 적절한 방법을 택하여 사용할 수 있다.

그러나 현재 우리나라에서 행해지고 있는 수업평가 방법은 대부분 형식적인 평가 관행 및 제도를 가지고 있으며, 객관적이고 타당한 평가 틀이 부족한 실정이다. 또한 수업평가 결과의 활용과 그 결과에 따른 보상 체제가 갖추어져 있지 않으며, 수업평가의 필요성에 대한 현장 교사들의 인식이 부족하고, 수업을 평가하는 평가자가 전문성을 갖추고 있지 못한 경우가 많다. 따라서 효과적으로 수업을 평가하기 위해서는 객관적인 수업평가의 기준이 필요하다. 이에 한국교육과정평가원(2004)은 우리나라 실정에 맞는 수업평가 모형을 개발하기 위해 현직 초·중등 교사들을 대상으로 교사들의 인식과 여러 선행연구에서 나타난 평가 요소들을 종합하여 7개 영역의 28개 평가 요소가 포함된 수업평가 기준을 〈표 5-4〉와 같이 제시하였다.

이 외에도, ETS(Educational Testing Service)의 PRAXIS Ⅲ의 기준(4개 영역 19개 준거), 대니엘슨의 기준(4개 영역 22개 준거), 한국교육과정평가원(2004)의 기준과 임찬빈과 오은순(2006)의 초등(공통)수업평가 기준을 토대로 전병운이 제시한 특수학교 교사 수업능력 평가표(2008) 등이 있다. 따라서 수업을 평가하고자 하는 목적에 따라 적합한 수업평가 기준표를 택하여 사용하거나, 다양한 수업평가 기준을 토대로 새롭게 평가 기준을 고안하여 사용할 수 있다.

11) 임상장학이란 수업 개선을 위하여 교실 수업을 체계적으로 계획, 관찰, 분석, 평가하는 데 중점을 두는 장학활동을 말한다.

〈표 5-4〉 한국교육과정평가원이 제시한 수업평가 기준

평가 영역	평가 요소
Ⅰ. 교과내용 및 방법지식	Ⅰ-1. 교과내용 지식(선수관계 포함) Ⅰ-2. 내용관련 방법 지식
Ⅱ. 학생 이해	Ⅱ-1. 학생의 발달과 학습 Ⅱ-2. 학생의 배경지식과 생활경험 Ⅱ-3. 학생들의 다양한 개인차(학습방식, 관심, 능력 등)
Ⅲ. 수업 설계	Ⅲ-1. 수업목표 전략 Ⅲ-2. 수업전략 구안 Ⅲ-3. 학습활동 및 과제부과 계획 Ⅲ-4. 수업자료와 매체, 자원 활용 계획 Ⅲ-5. 학생평가 계획
Ⅳ. 수업 실행	Ⅳ-1. 수업목표 및 수업절차 명료화 Ⅳ-2. 다양하고 적절한(수준별 고려 등) 수업전략 적용 Ⅳ-3. 학습활동 및 과제부과 Ⅳ-4. 수업자료와 매체, 자원의 활용 Ⅳ-5. 집단 운영 Ⅳ-6. 질문 기법 및 언어 사용 Ⅳ-7. 피드백 제공
Ⅴ. 수업 및 학급운영	Ⅴ-1. 상호작용과 상호존중 Ⅴ-2. 학습동기 유발 및 높은 기대 수준 Ⅴ-3. 학생행동 관리 Ⅴ-4. 학급운영
Ⅵ. 학생평가 실시	Ⅵ-1. 상호작용과 상호존중 Ⅵ-2. 학습동기 유발 및 높은 기대 수준 Ⅵ-3. 학생행동 관리 Ⅵ-4. 학급운영
Ⅶ. 전문성 발달	Ⅶ-1. 교사 자기반성 Ⅶ-2. 교사의 전문성 발달 노력(연구) Ⅶ-3. 동료 교사와 협력 Ⅶ-4. 학부모와의 관계

출처 : 김홍삼(2008). 교육청 수업평가 기준과 교사들이 지각하는 수업평가 기준 비교 연구. 석사학위 논문. 한국교원대학교 교육대학원, p. 22.

4 수업분석의 기법[12)]

1) 다양한 수업분석의 기법

(1) 양적 접근 방법

양적 접근 방법은 논리 실증주의에 바탕을 둔 연역적 방법으로, 통계적 방법을 동원하여 주로 수치, 측정, 실험 수량적 관계와 진술에 그 초점을 두고 있다. 따라서 분석자는 통제된 상황 하에서 구조화된 관찰을 한다. 이 절에서는 양적 접근 방법 중에서 플랜더스(Flanders)의 언어 상호작용 분석법, 수업분위기 분석법, 교실좌석표를 이용한 분석법 등에 대해 살펴보고자 한다.

① 플랜더스의 언어 상호작용 분석법

플랜더스의 언어 상호작용 분석법은 김영찬과 김종서(1970)가 수업형태분석을 위해 사용한 이래로 우리나라에서도 많이 사용된 분석 방법이다. 이 분석 방법은 교사와 학생의 언어 상호작용에 중점을 두고 있다. 플랜더스의 언어 상호작용 분석법은 교사와 학생 간 언어 상호작용의 내용을 〈표 5-5〉에 제시되어 있듯이, 총 10가지의 분류 항목으로 구분하여 분석하는 방법이다. 분석 방법은 수업을 참관하면서 매 3초마다 수업에서 일어나는 상황을 10가지 분류 항목에 따라 해당 번호를 계속적으로 기록해 나가고, 수업이 끝난 후에 기록된 10가지 분류 항목 번호의 빈도와 비율 혹은 번호의 기재 유형 등을 분석한다.

12) 성송자 (2009). 수업분석기법의 특징과 방법론. 석사학위 논문. 인제대학교 교육대학원, pp. 12-46의 내용을 위주로 재구성하였음

〈표 5-5〉 플랜더스의 언어 상호작용 분석 범주

구분		분류	내용
교사의 발언	비지시적 발언 (반응)	① 감정의 수용	비위협적인 방법으로 학생의 감정을 수용하거나 명료화한다. 감정은 긍정적이거나 부정적일 수도 있다. 감정을 예측하고 회상하는 것도 포함된다.
		② 칭찬이나 격려	학생을 칭찬하거나 격려한다. 다른 사람의 감정을 상하지 않게 하는 범위에서 긴장을 해소시키는 행동을 한다. 고개를 끄덕이거나 "그래, 그렇지?", "으흠, 계속해봐"라고 말하는 것도 포함된다. 그러나 학생을 무시하는 것은 아니다.
		③ 학생의 아이디어 수용 또는 사용	학생의 말과 생각을 인정한다. 학생의 아이디어에 기반을 두어 질문을 명료화하고 형성하며 묻는다.
		④ 질문	학생이 대답할 것을 기대하는 의도로 교사의 아이디어에 기반을 두고 내용 또는 절차에 대해 질문한다.
	지시적 발언 (주도)	⑤ 강의	내용이나 절차에 대하여 사실이나 의견을 제시한다. 교사 자신의 아이디어를 표현하고 설명한다.
		⑥ 지시	학생이 순응할 것으로 기대되는 지시, 지휘, 명령을 한다.
		⑦ 학생을 비평 또는 권위 정당화하기	학생의 행동을 수용할 수 없는 형태에서 수용할 수 있는 형태로 변화시키려는 의도에서 꾸중하는 형식으로 진술한다. 교사는 자신이 하고 있는 것을 왜 하고 있는지를 진술한다.
학생의 발언	반응	⑧ 학생의 언어적 반응	교사의 접촉에 대한 반응으로 학생이 말한다. 교사는 접촉을 주도하거나 학생의 진술을 유도한다.
	주도	⑨ 학생의 언어적 주도	자발적으로 또는 교사의 유도에 의한 반응으로 학생이 자신의 생각을 주도하여 말한다.
기타(침묵)		⑩ 침묵, 혼란	관찰자가 의사소통을 이해할 수 없는 잠깐 동안의 혼란, 짧은 침묵, 중단의 기간을 말한다.

출처 : 주삼환 등(1999). 수업관찰과 분석. 서울 : 원미사, p. 58 재구성

② 수업분위기 분석법

수업분위기란 수업 중 교사와 학생이 서로에 대하여 가지는 전반적인 태도를 말하는 것으로, 이 분위기는 학생간의 상호작용뿐만 아니라 교사와 학생 간의 다양하고 구체적인 상호작용에서 비롯된다(성송자, 2009). 일반적으로 수업분위기 분석법은 창의성(독창적, 창의적, 개방적, 융통성, 자율성 등), 활기성(능동성, 진취적, 자신감, 적극적 등), 치밀성(체계적, 계획적, 객관적, 일관적 등), 온화성(수용성, 공정함, 우호적 등)에 초점을 두고 있으며, 배우고 사용하기 쉬우며, 수업분석을 위해 수업분위기 관찰지와 분석지를 사용한다. 〈표 5-6〉은 수업분위기 관찰지를 제시해 놓은 것이다.

③ 교실좌석표를 이용한 분석법

교사와 학생의 행동을 관찰하기 위해 좌석표를 이용하는 것을 좌석표에 의한 관찰기록(Seating Chart Observation Records : SCORE) 또는 자리이동 분석법이라고 한다. 이 분석법은 학급의 좌석표를 이용하기 때문에 많은 양의 정보를 단 한 장의 종이에 요약할 수 있으며, 자료를 해석하기 쉽다는 장점이 있다. 이 교실 좌석표를 이용한 분석법은 과업집중 분석법, 언어흐름 분석법, 이동양식에 의한 분석법 등이 있다.

(2) 질적 접근 방법

최근 들어, 우리나라에서 질적 접근법이 본격적으로 연구되어지고 있다. 질적 접근 방법은 현상학과 해석학에 바탕을 두고 객관적 실재가 아닌 구성된 실재를 전제로 한다. 즉 내부자적 관점으로 인간의 의도를 중시하며 거시적 측면에서 귀납적으로 이론을 개발하거나 참여자의 관점을 이해하는데 초점을 둔다(성송자, 2009). 질적 접근 방법에는 중요한 사태 파악 접근법, 비언어적 접근법, 일화기록법, 녹음과 녹화기록법 등이 있다.

〈표 5-6〉 수업분위기 관찰지

■ 관찰일 : 년 월 일 ■ 관찰자 : ■ 수업자 :

	5	4	3	2	1	
1. 독창적인						상투적인
2. 참을성 있는						성미가 급한
3. 냉정한						온화한
4. 권위적인						상냥한
5. 창의적인						모방적인
6. 통제가 많은						자율성이 많은
7. 개방적인						폐쇄적인
8. 부드러운						딱딱한
9. 불공정한						공정한
10. 변덕스러운						일관성 있는
11. 겁이 많은						모험적인
12. 엉성한						치밀한
13. 고립적인						우호적인
14. 확실한						애매한
15. 소극적인						적극적인
16. 융통적인						획일적인
17. 산만한						체계적인
18. 능동적인						수동적인
19. 수용적인						비판적인
20. 조용한						시끄러운
21. 진취적인						보수적인
22. 계획적인						즉흥적인
23. 경솔한						신중한
24. 활기찬						무기력한
25. 객관적인						주관적인
26. 내성적인						외향적인
27. 자신감 있는						망설이는
28. 소심한						대담한

출처 : 성송자 (2009). 수업분석기법의 특징과 방법론. 석사학위 논문. 인제대학교 교육대학원, p. 16.

① 중요한 사태 파악 접근법

이 방법은 관찰자가 수업 중에 발생한 사태의 본질을 파악하는 접근법이다. 따라서 관찰자는 교수방법이나 교수전략, 수업 관리적 측면이라고 판단되는 수업 행위의 구체적인 예를 찾아, 기록지에 상세히 기록한다. 보통 〈표 5-7〉에 제시되어 있는 기본적인 기록지를 이용하여 학생이나 교사들의 면담을 통해 수업을 관찰한다.

〈표 5-7〉 중요한 사태 파악 접근법 기록지 예시

■ 중요한 사태 발생 빈도 : ■ 교사명 :
■ 학급 : ■ 일시 :

1. 수업 사태를 주도한 것은?
2. 수업 중에 발생한 사태는?
3. 그 결과는 무엇인가?
4. 참여자들(교사, 학생)과의 면담 내용

출처 : 성송자(2009). 수업분석기법의 특징과 방법론. 석사학위 논문. 인제대학교 교육대학원, p. 23

② 비언어적 접근법

이 방법은 학생과 교사간의 관계와 수업분위기를 알아낼 수 있는 방법으로, 수업 행위를 나타내는 비언어적 측면으로는 태도, 움직임, 제스처, 얼굴표정, 시선 접촉 등이 있다. 이러한 비언어적 접근법을 사용할 때는 비언어적 행동이 잘못 해석되지 않도록 주의해야 한다. 또한 관찰자는 메시지의 전달과 신호들이 무엇을 의미하는지 정확하게 인식하고 있어야 한다.

③ 일화기록법

이 방법은 수업의 상호작용을 기록하는 방법으로 수업 중에 일어나는 사건을 노트에 간단하게 기록하여 분석하는 것이다. 일화기록은 흔히 짧은 기술적 문장으로 구성되어 있고, 각 문장은 서로 다른 관찰 내용을 요약한 것이다. 각각의 문장을 기록한 뒤에는 관찰 시간을 기록해야 하며, 모든 문장은 객관적이고 비평가적으로 기술해야 한다.

일반적으로 수업관찰자는 수업에 방해되지 않는 곳에서 조용히 앉아서 교사와 학생간의 상호작용을 기록한다. 이 때 수업관찰자는 관찰 기록 내용을 누구나 쉽게 읽고 이해할 수 있도록 깨끗이 기록해야 한다.

④ 녹음과 녹화기록법

이 방법은 가장 객관적인 관찰 방법 중의 하나로 학생들이 교사를 보는 것처럼 교사가 자신들을 볼 수 있게 해주는 장점을 가지고 있다. 또한 학생과 교사가 말하고 있는 것을 정확하게 많이 담을 수 있다는 이점도 가지고 있다. 보통 기록하는 시간은 30분 정도가 적당하며, 면담법과 함께 주로 사용된다.

2) 수업분석의 실제

실제 교육현장에서 동료장학이나 연구수업 등을 제외하면, 다른 사람의 수업을 관찰할 수 있는 기회가 거의 없다. 흔히 다른 사람의 수업을 관찰하는 행위를 수업참관이라고 한다. 대개의 경우, 수업을 참관하게 되면 각 학교에서 고안한 수업 참관록(〈표 5-8〉 참고)을 이용하여 수업에 대한 전반적인 사항들을 기록하며, 수업을 관찰하게 된다.

하지만 수업을 처음 관찰하는 참관자의 경우, 수업 참관록을 기록하는 방법이나 수업 관찰 시 유의해야 할 사항들을 모르는 경우가 많다. 이와 관련하여, 권낙원(2004)은 다른 사람의 수업을 관찰할 때 유의해야 할 사항을 〈표 5-9〉와 같이 정리하여 제시하였다. 〈표 5-9〉에서 볼 수 있듯이, 다른 사람의 수업을 관찰할 때는 교사가 제공하는 수업의 질, 교사의 수업과정 행동, 수업이 제공하는 학습자의 학습경험 등에 근거하여 교사의 수업 능력을 다각적인 측면에서 관찰한 후 평가하는 것이 바람직하다.

〈표 5-8〉 수업 참관록 예시

1. 수업자		2. 일 시	2011 . . (요일) 교시		
3. 교과명		4. 단원명(제재)		5. 대상	( )과정 학년 반

영역	요소	분 석 관 점	평점	특기사항
Ⅰ. 수업 설계	1. 목표의 진술	수업목표가 목표 수준에 맞으며 진술 원칙에 부합되고 실현가능성이 있으며 가치 있는 것인가?	5 4 3 2 1	
	2. 교재 내용의 구조화	교재에 따라 목표 수준과 관련지어 상하 위계조직을 밝히는 학습 구조인가?	5 4 3 2 1	
	3. 지도 계획	학습량을 고려한 단원 전개 계획과 본 차시와의 계획이 적절하게 계획되었는가?	5 4 3 2 1	
	4. 평가 계획	진단·형성·총괄평가가 수업목표 도달을 위하여 계획적인가?	5 4 3 2 1	
	5. 지원 계획	학습의 효과를 올릴 수 있는 자료의 활용이 계획적인가?	5 4 3 2 1	
Ⅱ. 교수 행위	1. 교사 발언	목표 수준에 맞으며 학습활동 조성을 위해 적절한가?	5 4 3 2 1	
	2. 교수기술	동기유발, 학습 장애활동의 적절한 지도, 동작, 교사의 위치 등이 수업목표 달성을 위해 적절한가?	5 4 3 2 1	
	3. 개별화지도	지적 차이, 인성 차이를 고려한 개별지도인가?	5 4 3 2 1	
	4. 수업과정의 준수	사전 계획된 과정이 착실히 진행되고 있으며 시간 조절이 적절한가?	5 4 3 2 1	
	5. 판서 활동	판서활동이 목표수준과 관련을 갖고 시기, 양, 위치, 내용, 기술 등이 적절한가?	5 4 3 2 1	
	6. 자료의 활용	자료의 선택, 제시 방법이 적절한가?	5 4 3 2 1	
	7. 평가 활동	목표도달 여부를 파악하기 위한 평가로 평가 방법이 적절한가?	5 4 3 2 1	
Ⅲ. 학생 활동	1. 학생의 발언	목표 수준별로 요령 있는 발표, 폭넓은 거수, 적절한 발언 분포인가?	5 4 3 2 1	
	2. 의욕과 참여	뚜렷한 목표의식으로 자주적인 학습 참여인가?	5 4 3 2 1	
	3. 학습방법의 훈련	목표 수준별로 자발적인 협의, 조사, 발표, 토론, 필기 등이 훈련되어 있는가?	5 4 3 2 1	
	4. 학습자료의 활용	학습효과를 높이는 자료이며, 활용시기가 적절하고, 활용 능력 등이 목표 수준에 부합되는가?	5 4 3 2 1	
	5. 필기 활동	필기의 양, 시간, 능력 등이 목표 수준에 부합되어 적절한가?	5 4 3 2 1	
	6. 자기 평가	학생 스스로 객관적인 태도로, 자기평가 활동을 하며 학습 목표에 접근하고 있는가?	5 4 3 2 1	
Ⅳ. 수업 분위기	1. 학습분위기	물리적, 심리적 학습분위기가 조성되어 있는가?	5 4 3 2 1	
	2. 학습 안내	학습과 관련된 적절한 학습 안내인가?	5 4 3 2 1	
종합 의견	좋은 점 :	합계		
	개선할 점 :			

출처 : 전주 은화학교 초등부 수업 참관록

〈표 5-9〉 수업 관찰 시 유의사항

단계	활동내용	관찰 시 유의사항
도입	선수학습 상기	• 관련된 선수학습을 상기시켰는가? • 선수학습과 새로운 학습과제의 관계를 발견토록 했는가? • 학습자의 능력 수준에 따라 다양한 학습 기회가 주어졌는가? • 학습 결손자에게 보충학습의 기회가 주어졌는가? • 새로운 과제가 선수학습 또는 정의 학습요소와 관계를 맺기 어려운 경우 선행조직자를 제시했는가?
	학습 동기 유발	• 학습과제에 주의를 기울이도록 하였는가? • 학습자의 경험, 가치와 관련지어 수업내용을 제시하였는가? • 학습에 자신감을 갖도록 생소함이나 곤란을 해소시켜 주었는가? • 학습결과에 대한 책임이 학습자에게 있음을 강조하였는가? • 학습자의 능력에 알맞은 학습과제를 주어 성공적 경험을 가지게 하였는가? • 학습자의 학습결과가 긍정적이었을 때 적절한 보상을 하였는가? • 교사 학생 간의 호의적인 관계를 유지했는가?
	수업목표 제시	• 학습 후 학생의 행동 또는 학습결과로 진술되었는가? • 수업목표는 명확하고, 구체적인 행동적 용어로 진술되었는가? • 수업목표의 중요성을 알려주었는가? • 수업목표는 학습자의 능력에 적합한가? • 수업목표 진술 시, 도달할 수 있는 절차를 알려주었는가? • 핵심내용과 관련된 목표를 진술하였는가? • 진술된 수업목표는 가치로운가?
전개	수업내용 및 자료	• 수업목표와 수업내용은 일치하는가? • 제시된 내용은 중요하고 핵심적인 내용인가? • 제시된 내용은 학습자의 발달측정에 적합한가? • 제시된 내용은 가치로운가? • 제시된 내용은 사실을 말하는가, 의견을 말하는가? • 다양한 관점이 제시되어 있는가? • 다양한 자료들(교과서, 참고서, 선물, 잡지 등)이 사용되었는가? • 이들 자료들은 수업목표 달성에 적합한가? • 이들 자료들은 학습자의 발달특성을 고려했는가?

<table>
<tr><th>단계</th><th>활동내용</th><th>관찰 시 유의사항</th></tr>
<tr><td rowspan="3">전개</td><td>의사소통</td><td>• 교사는 능동적인 경청을 하는가?
• 교사는 학생과 의사소통을 할 때 학습자의 흥미, 경험, 생활양식과 관련된 내용을 사용하는가?
• 교사는 수업 메시지 중 피상적이고 무관한 정보를 생략하는가?
• 교사는 학생들이 이해할 수 있는 언어로 말하는가?
• 교사는 학생들에게 분명한 지시를 하는가?
• 교사는 여러 의사소통 채널을 동시에 활용하여 메시지의 전달을 촉진하는가?
• 교사는 수업 중 의사를 전달할 때는 분명히 말하고 어조, 음의 높낮이나 고저를 다양하게 사용하는가?
• 교사는 요점을 반복 제시하므로 메시지의 본질적 측면을 부각시키고, 내용의 중요한 측면을 더욱 부연하는가?
• 교사는 본질적 메시지의 요점을 확실히 제시하는가?
• 교사는 의사를 전달할 때 학생들의 이름을 호명하고, 효과적인 시선접촉을 시도하는가?
• 교사는 필요시 학생의 반응에 따라 의사소통의 유형을 결정하는가?
• 교사는 학생으로 하여금 자신의 아이디어나 가치를 표현하게 하는가?</td></tr>
<tr><td>설명 및 실연</td><td>• 학습목표 달성을 위한 구체적 절차를 제시했는가?
• 핵심내용을 분석하고 이를 본보기와 관련지어 설명했는가?
• 학생들이 이해하기 쉽도록 적절한 용어, 진술, 본보기를 사용했는가?
• 다양한 본보기를 사용했는가?
• 교사의 설명을 모두 보고 들을 수 있도록 적당한 위치에 있었는가?
• 설명을 간단하고 명료하게 했는가?
• 설명은 논리적 계열성을 갖추었는가?
• 다양한 기법의 설명과 실연을 활용했는가?
• 다음 요점으로 넘어가기 전에 학생들의 이해정도를 점검했는가?</td></tr>
<tr><td>질문</td><td>• 질문은 수업목표와 관련이 있는가?
• 질문은 교과내용의 수준에 따라 다양했는가?
• 학생들의 지식, 경험, 능력을 고려하여 질문했는가?
• 질문을 하고 학생들이 답변할 수 있도록 충분한 시간을 주었는가?
• 학생들의 수준에 따라 질문의 유형을 달리 했는가?
• 질문은 학생들의 흥미를 유발시켰는가?
• 질문들은 서로 관련이 있는가?
• 학생들이 질문을 잘못 이해한 경우 교사는 그 질문을 다른 말로 바꾸어 제시했는가?</td></tr>
</table>

단계	활동내용	관찰 시 유의사항
전개	학습강화	• 교사는 현실적 목표를 설정하고 이를 위해 노력하는 학생들을 강화해주었는가? • 교사의 강화는 학습자의 지적, 사회적 성숙 수준에 적합했는가? • 교사는 학습과제의 수준과 특성에 맞도록 강화의 유형과 강도를 달리했는가?
	수업경영	• 교사는 학생들과 신뢰관계를 형성하고 있는가? • 교사는 때때로 일탈행동을 하는 학생들까지 포함하여 모든 학생들에게 적극적인 관심을 갖는가? • 교사는 학급규칙을 시행하는데 일관성을 유지하고 있는가?
	피드백과 교정	• 교사는 먼저 학습과제를 분석한 후에 피드백과 교정계획을 수립했는가? • 교사는 학생의 과제성취를 정확히 진단 후 교정과 피드백을 제공했는가? • 교사는 학습자 개개인의 요구에 맞게 피드백과 교정의 유형과 형태를 변화시켰는가? • 교사는 개별적인 피드백과 교정을 해 주었는가?
	연습	• 연습의 중요성을 이해시키고 스스로 연습하도록 하였는가? • 연습초기 단계에서 교사가 안내하여 연습을 지도했는가? • 교사의 연습지도가 끝나면 학습자 스스로 연습할 기회를 제공했는가? • 학습자에게 알맞은 연습량을 제공해주었는가?
	일반화	• 일반화를 위하여 학습과제의 복잡성과 친숙성에 따라 내용을 제시했는가? • 학습과제에 내재된 기본요소 간의 논리적 관계를 이해시켰는가? • 학습과제를 위계적 연속성을 갖추어 제시했는가? • 학습한 경험을 주변 환경에 적용해 볼 수 있는 기회를 제공했는가?
정리 및 평가	요약 및 정리	• 주요내용을 중심으로 잘 요약 되었는가? • 요약은 수업목표와 관련되어 있는가?
	평가	• 목표지향 평가를 실시했는가? • 최종수업목표와 최소필수목표를 재는 문항을 골고루 출제했는가? • 지필검사와 실기검사를 포함한 다양한 평가도구를 사용하는가? • 신뢰롭고, 타당성 있는 결과를 가져오는 평가도구를 사용했는가? • 평가 결과, 학생들이 의도한 수업목표에 어느 정도 도달하였는가?
	차시수업 예고	• 본시 내용과 차시 내용을 관련지어 설명했는가?

제3부

교수 · 학습 지도의 실제

제 1 장

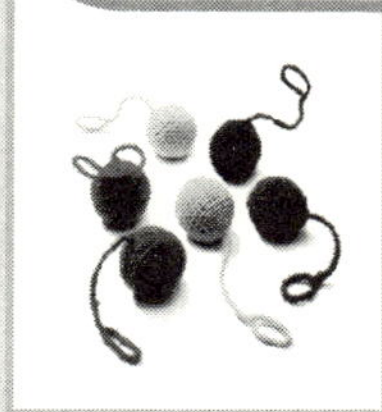

효과적인 수업을 위한 교수 · 학습안 작성기술

1 수업계획

효과적인 수업을 하기 위해서는 철저한 사전 준비와 계획이 필요하다. 보통 수업계획은 〈표 1-1〉과 같이 장기계획과 단기계획으로 구분할 수 있다(고승덕, 1997 ; 김남, 2001 ; 권순황, 2008).

〈표 1-1〉 장기계획과 단기계획

장기계획	학교전체의 교육과정, 교과운영계획 등이 포함되며 학교교육에 관한 여러 계획의 근간이 됨	연간계획	• 연차계획이나 학교 전체의 교육과정 또는 교과경영계획 등이 포함됨 • 대체로 일 년 또는 그 이상에 걸치는 장기적인 지도계획으로 기타 학교교육의 제반계획의 배경이 됨 • 교과의 시간 배당, 학교행사, 학교환경, 총 수업시간이나 수업일수 등이 포함됨
		월간계획	• 연간계획이나 학기계획 등을 토대로 하여 각 월별로 자세하게 세운 지도계획을 말함
		단원지도계획	• 장기적인 학습지도나 교과지도 계획에 포함된 것을 토대로 하여 보다 구체적으로 나누어 세우는 계획 • 단원의 지도계획은 경우에 따라 학기계획이나 계절계획이 될 수도 있고, 월간계획이나 주간계획으로 끝나는 경우도 있음

<table>
<tr><td rowspan="3">단기계획</td><td rowspan="3">단위 수업과 관련된 활동을 말함</td><td>주간계획</td><td>• 장기계획을 토대로 일주일간을 단위로 하여 구체적인 학습지도 계획을 세우는 것을 말함(예〉 주당시간 배정표 등)</td></tr>
<tr><td>일일계획</td><td>• 그날 그날의 학습지도 계획을 말함</td></tr>
<tr><td>시간계획</td><td>• 일일계획에서 정한 시간별 학습활동을 구체화한 계획으로 보통 학습지도안에 해당함</td></tr>
</table>

〈표 1-1〉에서 볼 수 있듯이, 장기계획은 학교의 연간계획, 월간계획, 단원지도계획 등이 포함되는 것으로 모든 학습활동 · 생활지도 · 기타 학교의 행사 등에 관한 세부적인 배경이 되는 계획을 말한다(김남, 2001). 그러므로 교육과정 운영계획이나 교과지도 계획, 학기계획 등은 모두 장기계획에 포함된다. 단기계획은 학습지도의 전개과정이 보다 구체적으로 계획되는 실천계획으로서, 주간계획(주안)(〈표 1-2〉 참고), 일일계획(일안), 시간계획(시안) 등이 포함되며, 시안은 다시 세안과 약안으로 구분할 수 있다.

이처럼 매 시간마다 충실하고 성공적인 수업을 하기 위해서는 모든 계획의 근간이 되는 장기계획을 잘 수립하는 것이 중요하다. 또한 장기계획 속에 담고 있는 많은 내용들을 실천하고자 하는 교사의 노력과 의지가 중요한데, 변영계 등(2010)은 좋은 수업계획을 작성하는데 도움을 줄 수 있는 몇 가지 사항을 다음과 같이 제시하고 있다.

첫째, 수업목표나 내용에 적합한 수업방법은 무엇인지 분석하고 선택해야 한다.

둘째, 수업은 여러 가지 학습활동이 포함되기에 학습활동에 대한 계획이 수립되어야 한다. 즉 동기유발을 위한 활동 등 다양한 형태의 활동을 고려해야 한다.

셋째, 수업의 대상, 즉 학습자를 분석하고 이들에 맞는 수업방법을 계획해야 한다.

넷째, 수업계획은 수업자 자신의 자질, 능력, 선호하는 수업방법 등을 고려하여 이루어져야 한다.

다섯째, 수업에 관련된 현실적인 제 여건이 고려되어야 한다. 여기에는 허용된 수업의 양, 학습활동을 할 공간과 장소, 교수 · 학습 자료, 시설, 예산, 안전, 이동의 문제, 부모의 동참이나 허락 등이 포함된다.

〈표 1-2〉 특수학급 주간계획 예시

구분	월	화	수	목	금	토
1	국어	국어	국어	국어	국어	수학
	☆★◆	☆★◆	☆★◆	☆★◆	◆◎●	◆◎●
2	수학	수학	수학	국어	국어	국어
	☆★◆	☆★◎	☆★◎	◎○●	●	◆◎
3	수학	국어	국어	국어	수학	수학
	◎○●	★◎○	◎○●	◆	☆★	◆○●
4	국어	수학	교과연계 독서활동	수학	국어	수학
	◎○●	◆○●	☆★◆◎○●	◆○●	☆	◎
5		국어				
		●				
방과후		미술치료 A	키즈스포츠	미술치료 A	키즈스포츠	
			미술치료 B	미술치료 B		

아동	교과	학습목표	학습자료	도달수준
김미녀 ☆	국어	우리말을 정확하게 발음할 수 있다.	국어 개발학습자료, 낱말카드	
	수학	모양이 같은 것끼리 짝지을 수 있다.	구체물(도형, 색연필, 지우개 등), 수학 학습지	
박미남 ★	국어	우리말을 정확하게 발음할 수 있다.	국어 개발학습자료, 낱말카드	
	수학	모양이 같은 것끼리 짝지을 수 있다.	구체물(도형, 색연필, 지우개 등), 수학 학습지	
이사랑 ○	국어	글과 그림을 관련지어 그림동화를 읽을 수 있다.	그림동화	
	수학	무게, 넓이를 비교할 수 있다.	측정학습센터, 수학 학습지	

<table>
<tr><td rowspan="2">이바른
●</td><td>국어</td><td>글과 그림을 관련지어 그림동화를 읽을 수 있다.</td><td>그림동화</td><td rowspan="2"></td></tr>
<tr><td>수학</td><td>무게, 넓이를 비교할 수 있다.</td><td>측정학습센터, 수학학습지</td></tr>
<tr><td rowspan="2">채다정
◎</td><td>국어</td><td>글을 쓰기 전에 생각을 떠올려 마인드맵을 쓸 수 있다.</td><td>단어, 문장학습지</td><td rowspan="2"></td></tr>
<tr><td>수학</td><td>1cm의 단위를 알고 길이를 잴 수 있다.</td><td>길이 학습자료, 자, 연필 등</td></tr>
<tr><td rowspan="2">한소중
◆</td><td>국어</td><td>글을 쓰기 전에 생각을 떠올려 마인드맵을 쓸 수 있다.</td><td>단어, 문장학습지</td><td rowspan="2"></td></tr>
<tr><td>수학</td><td>1cm의 단위를 알고 길이를 잴 수 있다.</td><td>길이 학습자료, 자, 연필 등</td></tr>
<tr><td>교과서 연계
독서활동
(국어교과 활동)</td><td colspan="4">* 수요일 4교시 도서관 활용
* 책 제목 소리 내어 읽은 후 등장인물 찾아 쓰기
* 이 주의 책 : 덧셈놀이</td></tr>
<tr><td>기본 생활
습관 지도</td><td colspan="4">* 알림장 확인 및 준비물과 과제 잊지 않고 챙길 수 있도록 지도
* 박미남 – 대변 보고 나서 뒤처리하기 지도
* 김미녀 – 방과후 학교(수, 금 : 키즈스포츠, 월, 수, 금 : 태권도, 화, 목 : 탁구) 지속적으로 참여하도록 지도
* 이바른 – 학습 활동 후 학습 자료와 자신이 사용한 교구 등을 정리하도록 지도
* 이사랑 – 아침에 세수하기, 식사 후 이 닦기 지도</td></tr>
<tr><td>학교 및
학급 행사</td><td colspan="4">* 1~3일 주지교과 지필평가 주간</td></tr>
<tr><td>가정통신문</td><td colspan="4">* 1학기를 마무리하는 한 달입니다. 아이들의 학습태도도 안정이 되고 꾸준히 성장하는 모습을 보이고 있습니다. 아이들이 더위로 인하여 지치기 쉬운 한 달이 될 수 있으니 평소 생활패턴을 유지하고, 틈틈이 쉴 수 있도록 배려해주시면 감사하겠습니다.
* 1~3일 주지교과 지필평가가 있습니다.</td></tr>
<tr><td>※ 도달수준 조건</td><td colspan="4">○ : 80% 이상, △ : 50% 이상, × : 50% 미만</td></tr>
</table>

출처 : 핑키밍키(2010). 월간 특수교육 6월호- 별책, 이달의 수업계획, p. 32

2 수업의 단계와 주요 활동

학자들마다 수업의 단계를 달리 구분하고 있다. 그러나 일반적으로 수업활동을 도입, 전개, 정리로 구분하여 사용한다(〈그림 1-1〉 참고). 〈그림 1-1〉에서 볼 수 있듯이, 단위시간의 수업 즉 한 시간의 수업시간은 대개 학습환경 조성, 동기유발, 학습목표 제시, 선행학습 상기에 해당하는 도입단계와 실질적인 학습활동이 이루어지는 전개단계 그리고 학습한 내용을 요약 및 정리해주고, 차시예고, 피드백 등을 제공하는 정리단계로 이루어진다.

도입		전개		정리
• 학습환경 및 수업 분위기 조성 • 동기유발 • 선행학습 상기 • 학습목표 제시	➡	• 학습내용 제시 • 학습자료 제시 • 학습자의 참여 • 다양한 수업기법 활용 • 시간과 자원 관리	➡	• 요약 및 정리 • 연습 및 피드백(강화) • 일반화 유도 • 보충 및 차시 예고

〈그림 1-1〉 수업의 단계별 주요 활동

1) 도입단계

도입단계는 본 수업이 시작되는 단계로 보통 5분 내외가 적절하다. 이 단계에서는 학습환경 및 수업분위기를 조성하여 학습자들의 주의를 집중시키고, 도달해야 할 학습목표를 제시하며, 본 수업과 관련된 선행 학습내용을 상기시켜 주어야 한다(〈표 1-3〉 참고).

〈표 1-3〉 도입단계의 주요 활동

구분	주요 활동
학습환경 및 수업분위기 조성	• 학습환경을 확인하고 정비함(출석부, 교과서, 지도안 등 각종 자료 점검) • 학습 준비 상황 점검(학습자의 준비물 점검, 학습자의 의욕, 흥미, 동기 등의 심리적 환경도 점검)
동기유발	• 학습자들에게 주어진 수업목표를 달성했을 때 그들이 할 수 있게 되는 것이 무엇인지 설명하여 성취기대를 북돋아 줌 • 학습과제와 관련이 있는 예시나 경험담을 들려주어 학습자의 관심 유도 • 학습과제를 설정하거나 표현해 주는 시청각자료를 사용하여 학습자의 주의를 집중시킴(예〉 멀티미디어, 인터넷 자료 등을 활용)
선행학습 상기	• 본시 수업에서 다룰 학습과제와 관련이 있는 선행학습 경험들을 상기시킴 • 선수학습과 현재 학습해야 할 과제들을 연결시켜서 학습자로 하여금 그 관계를 분명히 이해하게 하면 새로운 학습과제의 해결이 용이해짐
학습목표 제시	• 학습목표는 한 시간 수업이 끝났을 때 학습자가 할 수 있게 되는 것으로 진술함 • 학습목표를 학습자들에게 분명히 인지시킨 다음에 수업을 시작할 것 • 교사가 일방적으로 학습목표를 읽어주거나, 전체 학생들에게 큰 소리로 함께 하거나, 한 학생이 읽고 난 다음에 전체 학생을 따라 읽히는 방법은 바람직하지 않음

출처 : 정석기(2010). 좋은 수업설계와 실제. 서울 : 도서출판 원미사, pp. 196~213의 내용 재구성.

2) 전개단계

전개단계는 실제 학습을 안내하는 중심활동으로 도입과 정리단계의 활동을 연결하며, 대개 실제 수업시간의 60~70% 정도(25분~30분)를 차지한다. 전개에서는 학습자의 학습을 촉진시키기 위해 다양한 수업과 전략을 사용하여 학습자에게 학습내용을 전달한다(〈표 1-4〉 참고).

〈표 1-4〉 전개단계의 주요 활동

구분	주요 활동
학습내용 제시	• 학습과제의 분석표를 기초로 하여 가장 기본적인 학습과제부터 시작하여 장차 일반적인 학습과제에 이르기까지 순차적으로 제시 • 한 시간에 가르칠 학습내용을 학습자의 수준과 특성, 수업의 조건과 활동상황 등을 고려하여 적당한 크기로 묶음 • 주어진 학습목표를 성취하기 위해 학습해야 할 내용과 예들을 선정하여 계획
학습자료 제시	• 학습자료는 학습목표를 달성하는 데 도움이 되는 다양한 프로그램이나 매체를 의미 • 학습자료 및 매체를 선정하고 활용할 때에는 학습자의 특성을 충분히 고려함
학습자의 참여 유도	• 학습자가 그들이 학습한 지식 기술, 경험, 태도 등을 구현할 수 있도록 질문 • 학습자의 생각과 의견을 상호 교환하는 방식으로 토론을 마련 • 학습자들에게 학습과제를 부과하는 방식으로 단순히 지식뿐만 아니라 기술적・태도적 영역의 과제도 제시
다양한 수업방법의 사용	• 수업목표와 관련된 내용을 학습자들에게 체계적으로 설명 • 학습자들이 수업목표를 획득하기 위하여 각자가 학습문제를 좀더 구체화시키고, 각자가 그 해답을 찾도록 하는 방법 사용 • 가르칠 수업목표, 수업상황, 수업자료의 특성, 학습자의 수준 등에 따라서 다양한 방법을 사용
시간과 자원의 관리	• 몇 개의 하위단계 또는 활동으로 구분하여 시간과 자원을 관리하는 것이 효율적임 • 하위단계는 탐색활동단계나 해석활동단계 또는 응용단계로 나눠서 수행할 수 있음

출처: 유길준(2004). Focus 한권으로 끝내는 교육학 문제집. 서울: 북타운, p. 265.

3) 정리단계

정리단계는 학습지도의 결론 부분으로서, 보통 수업시간의 5분 내외로 이루어진다. 이 단계에서는 학습한 내용을 요약 및 정리하고 강화시킴으로서 학습자들이 학습한 내용을 일반화할 수 있도록 지도한다. 학생들이 정확하게 이해하지 못한 내용에 대해서는 보충 설명을 해 주고, 다음 시간에 학습할 내용에 대해서도 안내한다.

〈표 1-5〉 정리단계의 주요 활동

구분	주요 활동
요약 및 정리	• 학습내용을 살펴보면서 중요한 사항을 요약 · 정리하여 종합적으로 설명
연습 및 피드백 (강화)	• 중요한 개념이나 일반적인 원리 등을 학습자가 실제 상황이나 이와 유사한 상황에서 적응시킬 수 있도록 연습의 기회를 제공 • 학습과정에 대한 정보와 칭찬이나 격려를 제공
일반화 유도	• 학습자들이 학습한 내용을 주변의 생활문제에 적용해서 그 문제를 해결해 볼 수 있는 경험 제공 • 단순암기나 단편적인 학습보다는 학습요소나 내용들의 관계를 이해하고, 이에 관련된 문제 사태를 해결할 수 있도록 학습함 • 학습한 내용을 실제 생활에 적응해 보는 기회를 반복적으로 제시함 • 학습 직후에 학습한 주요 내용을 요약 및 정리하게 함
보충 및 차시예고	• 수업시간에 충분히 다루지 못했던 학습내용이나 학습자가 더 알고 싶어하는 주제에 관한 보충 설명을 해주거나, 이와 관련된 보충자료 및 참고도서들을 소개함 • 다음 시간에 학습할 내용이나 주제를 이번 수업시간에 배운 것과 관련지어 제시함

출처 : 변영계, 김영환, 손미(2010). 교육방법 및 교육공학. 서울 : 학지사, pp. 81-82의 내용 재구성

제 2 장

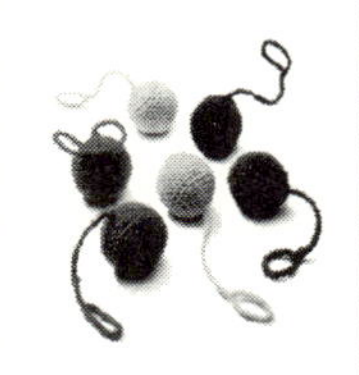

교수 · 학습안 작성의 실제

수업이란 학습자가 주어진 수업목표를 성취하도록 학습자의 내적 · 외적 조건을 체계적으로 조직하는 활동을 말한다. 따라서 교사는 학습자들이 설정된 수업목표를 성취할 수 있도록 다양한 수업 자료를 제시하기도 하고, 학습자들이 수업활동에 관심을 기울일 수 있도록 여러 가지 조건들을 조정하며 통제한다. 교사가 효과적인 수업을 위해 행하는 일련의 행동들은 즉흥적으로 이루어지는 것이 아니라 계획적이고 체계적인 절차나 방법에 의해서 전개되며, 이러한 내용들을 담고 있는 것이 교수 · 학습안이다.

교수 · 학습안[13]을 일컫는 용어는 매우 다양하다. 어떤 학자들은 학습지도안이라고도 하고, 또 다른 학자들은 수업 전개안, 활동계획안, 교수 · 학습지도안 등 여러 가지 다른 명칭으로 사용하고 있으나 여기에서는 교수 · 학습안이라는 용어를 사용한다.

13) 교사가 수업을 위하여 나름대로 계획을 세워 문서로 작성한 것을 학습지도안이라고 한다. '학습지도안'이란 '학습지도'와 '안'을 합친 용어로 학습지도는 교사가 하는 활동이니, 그 용어에는 교사 중심적 사고가 깔려있다. 그러나 최근에는 교사가 일방적으로 '지도'해 나가는 수업이 아닌, 교사와 학습자간의 상호작용을 강조하는 수업이 강조되면서, 수업대신 '교수 · 학습'이라는 용어를 더 많이 사용하게 되었다. 따라서 교수 · 학습에 대한 계획서는 당연히 '교수 · 학습안'이라고 사용하는 것이 바람직하다(라의도, 2005, p. 377).

1 교수 · 학습안 작성의 필요성

성공적인 수업을 하기 위해서는 치밀한 계획이 선행되어야 하는데, 이러한 교사의 수업 계획에 대한 내용(수업전략, 절차, 내용, 자료 등)을 담고 있는 것이 바로 교수·학습안이다. 어떤 학자들은 교수·학습안이 교사와 학습자의 자유로운 학습활동과 개성을 억제시켜 수업이 형식화될 우려가 있음을 강조하면서 교수·학습안을 작성하지 말아야 한다고 주장하고 있다. 그러나 이러한 반대에도 불구하고, 교수·학습안이 현재까지 성공적인 수업을 위한 가장 중요한 요소로 인정받고 있는 데에는 다음과 같은 이유(필요성) 때문이다(권순황, 2008 ; 정용부, 오성숙, 2007).

첫째, 교수·학습안은 교사에게 교육과정의 내용을 탐색케 하는 좋은 기회를 제공해준다.

둘째, 교수·학습안은 수업의 방향 및 목표, 활동내용, 활동방법 등을 자세하게 안내해주는 나침반과 같은 역할을 한다.

셋째, 교수·학습안은 학습경험의 제시순서와 계열을 안내한다.

넷째, 교수·학습안은 교사의 지도활동과 학습자의 학습활동을 예측하고 안내하는 지침서가 된다.

다섯째, 교수·학습안은 학습자의 학습목표 달성도를 평가할 수 있는 평가척도로서의 역할을 한다.

여섯째, 교수·학습안은 교사의 교수방법을 개선하는 데 도움을 준다.

일곱째, 교수·학습안은 궁극적으로 수업의 효과성과 효율성을 제고하는데 기여한다.

여덟째, 교수·학습안은 교사가 전달해야 할 학습 요소를 빠짐없이 지도할 수 있는 지침 역할을 한다.

아홉째, 연구수업이나 시범수업 등 보여지는 수업에 있어서는 수업의 전과정에 대한 흐름을 쉽게 파악할 수 있어 수업에 관한 피드백을 쉽게 받을 수 있으며, 수업 참관자에게는 수업에 대한 안내 지침서로서의 역할을 한다.

이처럼 교수 · 학습안은 수업의 방향과 흐름을 제시해주는 지침서이자 나침반과 같은 역할을 하고, 더 나아가서는 교사가 자신감을 가지고 수업을 이끌어 가는데 도움을 주기 때문에 교사는 수업을 시작하기 전에 좋은 수업계획서, 즉 좋은 교수 · 학습안을 작성하기 위해 노력해야 한다. 또한 수업이 교사와 학습자간의 상호작용 간에 이루어지는 만큼 교사가 예상하지 못했던 돌발 상황이 수업 중에 발생할 수 있다. 따라서 교수 · 학습안은 필요에 따라서 수시로 계획을 변경할 수 있는 실질적인 것이어야 하며, 학습내용이나 학습자의 요구 수준 등에 따라 달리 작성되어야 한다.

따라서 교수 · 학습안이 갖추어야 할 형식과 내용은 정형화 될 수 없지만 여러 학자들의 의견을 종합해 보면, 교수 · 학습안이 갖추어야 할 기본적인 요건에는 다음과 같은 사항들이 있다(고승덕, 1997 ; 고영희, 1981 ; 박인학, 2002 ; 정명화 등, 2010 ; 정용부, 오성숙, 2006).

첫째, 학습자들의 능력 수준에 적합하고 그들의 흥미와 요구를 고려해야 한다.

둘째, 과제 분석을 통해 수업계열을 논리적으로 조정하여 그 계열을 따르면 자연히 수업의 목적이 실현되도록 계획해야 한다.

셋째, 가장 적절한 목표를 선택하고, 목표를 진술할 시 구체적이고도 분명하게 진술해야 한다.

넷째, 도달해야 할 목표의 필요성이 교과, 학습자, 사회적 측면에서 설명되어야 한다.

다섯째, 이 단원을 지도하기 전의 선행학습 사항이 이 단원에서 배울 내용과 서로 연관되도록 한다.

여섯째, 학생들의 기존 습득 지식(선수 내용)을 잘 고려해야 한다.

일곱째, 교과서에 있는 자료에 대하여 충분히 연구해야 한다.

여덟째, 효과적이고 비판적인 발문이나 질문을 포함시켜야 한다.

아홉째, 수업 전개 요령과 학년의 요구사항에 준거를 두어야 한다.

열 번째, 수업사태에 적합한 과정을 선택해야 한다.

열 한번째, 적절한 과제를 포함시켜야 한다.

열 두번째, 과제를 제출하도록 할 경우에는 도서관의 보충자료와 개인이 해결가능한 자료를 고려해야 한다.

열 세번째, 학습내용에 대한 적절한 요약을 준비한다.

열 네번째, 중요한 여건을 생각하며 흥미를 강조한다.

열 다섯번째, 교수 · 학습안대로만 학습을 전개시키려 하지 말고, 때로는 학생의 흥미, 경험에 따라서 또는 예상치 못했던 사태에 대비하여 변경할 수 있도록 탄력적이고 신축성 있는 계획을 세운다.

열 여섯번째, 수업의 각 단계에 배당한 요소 시간을 예정해야 한다.

열 일곱번째, 수업 종결에 대한 준비와 함께 처음에 설정한 목표에 도달했는지를 평가할 수 있는 방법을 제시해야 한다.

이와 같은 여러 가지 조건들을 고려하여 교수 · 학습안을 작성한다면, 학습의 실패를 최소화하고, 수업의 효과를 극대화시킬 수 있을 것이다.

2 교수 · 학습안의 형식

앞서 언급했듯이, 교수 · 학습안이 일정한 양식이 있는 것은 아니다. 그러므로 교수 · 학습안은 수업내용이나 목적, 학생의 요구, 교과의 특성 등에 따라 교사가 창의적으로 작성하면 된다. 그러나 대체로 어떠한 교수 · 학습안이든지 〈표 2-1〉과 같은 몇 가지 요건들을 포함한 형식을 취하고 있다. 그러나 〈표 2-1〉에 제시되어 있는 요건들의 순서는 고정된 것이 아니므로, 작성자의 의도나 목적에 따라서 융통성 있게 작성하면 된다.

〈표 2-1〉 교수 · 학습안의 일반적인 형식의 예

○ ○과 교수 · 학습안

지도교사 ○ ○ ○

〈목 차〉

출처 : 전주 은화학교 지도안 참고

3 교수 · 학습안 작성의 실제

본 장에서는 교수 · 학습안의 일반적인 형식(〈표 2-1〉 참고)을 바탕으로 교수 · 학습안을 작성하는 방법에 대해서 살펴보고자 한다.

1) 단원의 개관

(1) 단원명

단원명이란 지도해야 할 학습 내용의 제목을 말하는 것으로 경우에 따라서는 제목 혹은 문제 그리고 주제라고도 한다. 단원명은 교과서나 교사용 지도서에 명시되어 있기 때문에 교수 · 학습안을 작성할 때는 교과서의 단원명을 그대로 사용하는 경우가 많다. 그러나 학교나 학생의 특성 그리고 수업의 특성 등을 고려하여 재구성하여 작성하기도 한다. 보통 단원명은 학습내용의 크기에 따라서 대단원, 중단원, 소단원으로 나누어져 있는 경우가 있는데, 이런 경우에는 단원명을 세분하여 '대단원'란에는 대단원명을, '중단원'란에는 중단원명을, '소단원'란에는 소단원명을 기술하면 된다.

단원명을 기재하는 방법은 다음과 같이 세 가지 방법이 있다(노승윤, 2008 ; 윤광보, 2010).

첫째, 제목식이다. 가장 많이 사용되는 방법의 하나로 명사로 된 제목 그대로를 표시하는 방법이다. 예를 들면, '우리 가족', '신체의 변화', '소중한 이웃'과 같은 형식으로 작성한다.

둘째, 방법식이다. 이 방법은 보통 무엇을 해보자는 식으로 표현되는 데 예를 들면 '~에 관해 알아보자.', '~의 이유를 조사해보자'와 같은 형태로 표현된다.

셋째, 문제식이다. 이 형식은 보통 의문문이나 질문식으로 표현된다. 예를 들면, '낮과 밤은 왜 생기나?', '물을 끓이면 어떻게 될까?' 등으로 표현된다.

(2) 단원 설정의 이유

단원의 설정 이유는 과거의 교재관에 해당되는 것으로, 학습자들이 왜 이 단원을 배워야 하는지 그 이유를 밝히는 항목이다. 따라서 이 단원을 학습한 이후에 학습자들에게 어떤 변화를 가져다 줄 것인지, 이 단원이 갖고 있는 사회적인 가치나 의의에는 어떤 것들이 있는지 등에 대해서 기술하면 된다.

단원 설정의 이유는 대개 교육과정 개발 시에 교육과정이나 교사용 지도서에 진술되어 있으므로, 이를 참고하여 국가 및 사회관,[14] 교재관,[15] 학습자관[16] 등으로 나눠서 개조식으로 기술하거나, 이와 같은 내용들을 하나로 묶어서 서술식으로 표현하면 된다. 〈표 2-2〉는 단원 설정의 예시를 제시해 놓은 것이다.

〈표 2-2〉 단원 설정의 이유 진술의 예시

우리나라에 대한 생각은 전 국민이 갖추고 있는 가장 기본적인 생각이다. 장애아동 역시 한 나라의 국민으로서 우리나라에 대해서 알아야 할 권리와 의무가 있다. 하지만 장애학생은 자기중심성이 매우 강하기 때문에 나와 가족이 아닌 사회나 국가, 나아가 민족에 대한 개념을 습득하는 데 어려움이 따른다. 대부분의 학생들은 자기의 주변 생활을 가족 중심의 가족 공동체와 깊은 관련이 있다고 보면서, 옳고, 그름이나 좋고 나쁨의 가치 판단 역시 자신과 자기 가족 입장 중심으로 생각하려는 경향이 강하다. 그러나 올바른 사회생활을 하기 위해서는 사회 나아가서는 국가와, 국가를 상징하는 구체적 사물을 통하여 '나라사랑' 개념까지도 이해, 접근할 수 있어야 한다. 태극기, 무궁화, 애국가 등 구체적인 상징에 대하여 일상생활에서 다양한 경험을 기

14) 학습자가 이 단원의 학습을 통해서 사회생활과 발전에 공헌할 사회적 가치 실현을 위한 지도방법을 구상하여 기술한다. 따라서 교재 내용의 사회적 가치, 사회가 교육에 바라는 것, 현 발달 단계의 학생에게 바라는 것 등을 기술한다(권순황, 2008, p. 371).

15) 이 단원이 교육과정의 내용상에서 어떠한 범위와 계열에서, 어떠한 위치에 있는지를 진술한다. 즉 단원의 핵심과 본질 및 성격을 구명하여 이 단원이 아동의 발달이나 사회에 영향을 주는 가치를 발견하고 또 시기나 계절적인 면을 고려하여 그 요지를 간명하게 진술한다(윤광보, 2010, p. 261).

16) 이 단원이 학생의 어떠한 필요와 흥미에 의한 것인지를 진술한다. 여기에는 해당 학년 학생의 발달 단계에 따른 특징과의 관계, 선행학습 학습경험과 생활과의 관계, 학생의 개인차와 흥미 및 욕구와의 관계, 학습내용의 수용과 저항성 등을 고려하여 진술하는 것이 바람직하다(윤광보, 2010, p. 260).

초로 친숙하게 하고, 국가와 민족 공동체에 대한 자발적 연대 의식을 가지게 하여야 한다. 비록 학생들이 애국가의 가사에 담긴 뜻이나 태극기에 내포된 의미를 이해하지 못하더라도, 그것들이 우리나라를 대표하는 것이므로 경건한 마음을 가지고 소중히 다루는 자세를 가지도록 하는데 그 의의를 두고자 한다.

본시 수업에서는 우리나라를 나타낼 수 있는 태극기, 무궁화, 애국가의 의미를 알고 나라를 사랑할 수 있는 마음을 가지도록 하는데 그 의의를 두고자 한다.

(3) 단원의 교수 · 학습 목표

단원의 교수 · 학습 목표는 교사의 입장에서는 지도 목표이며, 학생의 입장에서는 학습 목표 즉, 학습 후에 도달해야 할 성취결과에 해당한다. 하지만 일반적으로 단원의 교수 · 학습 목표는 학습자의 입장에서 진술하며, 학습내용과 행동면을 포함하여 분명하게 진술하는 것이 좋다.

교수 · 학습 목표는 이해면, 기능면, 태도면으로 나누어 기술하는데, 이해면에는 지식에 해당하는 내용을, 기능면에는 능력에 해당하는 내용 또는 키워져야 할 기술적인 면과 관련된 내용을, 태도면에는 이것을 학습함으로써 어떤 생활 및 학습태도를 갖게 하겠다는 것과 관련된 내용을 기술한다.

〈표 2-3〉은 교수 · 학습 목표의 예시이다.

〈표 2-3〉 교수 · 학습 목표 진술의 예

(3) 본 단원의 교수 · 학습 목표

본 지도안은 지적장애 학급(남 :4명, 여 : 3명) 아동을 대상으로 '역사속의 태극기'라는 단원에 대하여 다음과 같이 교수 · 학습 목표를 선정하였다.

가. 이해면

가) '태극기'의 탄생배경 및 변화 과정을 알고 구어로 표현할 수 있다.

나) 대한민국을 상징하는 국기인 '태극기' 무늬를 인지하고, '태극기'에 담긴 의미를 알 수 있다.

다) 각종 행사에서 '태극기'를 왜 사용하는지 그 의미를 알고 말할 수 있다.

라) 국란이 발생했을 때 나라를 지키기 위해 희생하신 분들에는 어떤 분들이 있는지 알 수 있다.
마) '나라 사랑' 홍보 CF를 제작하는 이유를 알고, 제작과정을 이해할 수 있다.
바) 태극무늬가 들어 있는 문화재를 관찰하고 '태극기'의 태극무늬와 차이점을 구어로 표현할 수 있다.

나. 기능면
가) '태극기'의 탄생배경 및 변화 과정카드를 순서대로 배열할 수 있다.
나) '태극기' 과정카드를 이용하여 달력을 만들 수 있다.
다) '태극기'를 보고 태극기 부채 판에 스티커 조각 퍼즐을 붙여 태극기 모양을 정확하게 만들 수 있다.
라) 다양한 사물들 중에서 태극무늬가 들어간 물건들을 골라 낼 수 있다.
마) '나라 사랑' 홍보 CF 촬영과정에서 자신의 역할을 이해하고 자신의 역할을 해낼 수 있다.

다. 태도면
가) 일상생활에서 '태극기'의 필요성과 중요성에 대해 경험할 수 있다.
나) 국란이 발생했을 때 나라를 지키기 위해 희생하신 분들께 감사하는 마음을 가질 수 있다.
다) '나라 사랑' 홍보 CF 촬영에 적극적으로 참여할 수 있다.
라) 태극무늬가 들어 있는 문화재를 관찰하고 조상들의 슬기를 되새겨 볼 수 있다.

2) 단원의 계열

(1) 관련 교과 및 교과 간 계열

관련 교과 및 교과 간 계열은 이 단원의 학습내용이 다른 교과의 어떤 단원이나 제재와 관련이 있는지 밝히는 것이다. 관련 교과 및 교과 간 계열 분석을 통해 다른 교과와의 연계 수업을 할 수 있으며, 다른 관련 교과 수업 시 본 단원에서 학습한 내용을 확장·전이시켜 학습하거나 응용할 수 있어서 학습자의 단원에 대한 이해와 학습의 효과를 높일 수 있다.

대개 특수학교에서 활용하는 교수·학습안을 작성할 때는 '기본 교육과정'을 중심으로 관련 교과를 분석하여 기술하는 경우가 많다. 그러나 특수학교 중에서도 감각

장애 관련 특수학교(청각장애, 시각장애)에서는 '공통 교육과정'을 이수하기 때문에 '공통 교육과정'을 중심으로 관련 교과를 분석하여 작성해야 한다. 또한 관련 교과를 분석하여 작성할 경우에는 관련이 있는 모든 교과, 단원, 제재를 상세히 기록하고, 쪽수까지 구체적으로 기록해야 한다.

〈표 2-4〉와 〈표 2-5〉는 관련 교과 및 교과 간 계열의 예를 제시해 놓은 것이다.

〈표 2-4〉 관련 교과 및 교과 간 계열의 예 1

교육과정	교과	학년/수준	단원	제재 및 내용
공통 교육과정	바른 생활	1학년(2학기)	5. 나라 사랑하기	- 국기 바르게 달기 - 애국가 바르게 부르기
		2학년(2학기)	5. 나라 사랑하기	- 무궁화 사랑하기 - 우리나라의 자랑거리 알기 - 통일에 대한 관심 가지기
	도덕	3학년(1학기)	7. 한겨레 한 나라	- 현충일, 우리나라 땅, 우리는 왜 통일을 해야 하는지 알아보기
			8. 나라를 사랑하는 마음	- 국토를 아름답게 가꾸기 위한 방법 알아보기 - 우리 강산을 잘 가꾸기 위해 애쓰시는 분들의 이야기를 찾아보기
		3학년(2학기)	7. 나라를 위해 애쓴 분들	- 나라를 지키기 위해 애쓴 분들, 그분들의 업적, 본받을 점을 알아보기
		4학년(1학기)	9. 내가 사랑하는 대한민국	- 나라 사랑의 참뜻 알고 나라 소중히 여기는 마음 갖기 - 우리 문화의 특징과 자랑스러운 점 알기
		4학년(2학기)	7. 빛나는 우리 문화	- 우리 문화재에는 어떤 것들이 있는지 알아보고, 가치와 자긍심 갖기
		5학년(2학기)	8. 나라 발전과 나	- 나라를 소중히 여겨야 하는 까닭 알기 - 나라의 발전을 위해 노력하는 마음 다져보기 - 나라의 발전을 위해 할 수 있는 일을 찾아 실천하기
			9. 한 마음으로 평화 통일을	- 평화 통일의 당위성 알기 - 평화 통일에 대한 확고한 신념 다지기 - 평화 통일을 위해 자신이 할 수 있는 일 찾아 실천하기

<table>
<tr><th>교육과정</th><th>교과</th><th>학년/수준</th><th>단원</th><th>제재 및 내용</th></tr>
<tr><td rowspan="2"></td><td rowspan="2"></td><td rowspan="2">6학년
(2학기)</td><td>8. 통일을 위한 노력</td><td>- 통일의 필요성, 통일의 길
- 민족 공동체 통일 방안 모색</td></tr>
<tr><td>16. 조상의 얼</td><td>- 우리민족, 우리문화, 첨성대 의미 알기</td></tr>
<tr><td rowspan="7"></td><td rowspan="7">사회</td><td rowspan="2">5학년
(2학기)</td><td>1. 오랜 역사를 지닌 우리문화</td><td>- 유형문화재의 구실과 가치
- 문화재 조사 관찰, 감상하기
- 문화 유적지, 전시관 관람하기</td></tr>
<tr><td>3. 자율적인 시민 생활</td><td>- 자율적인 생활, 우리의 결정, 대표선출
- 생활 속의 규칙, 소중한 생명, 참다운 자유</td></tr>
<tr><td rowspan="2">6학년
(1학기)</td><td>1. 우리 민족과 국가의 발전</td><td>- 나라를 지킨 조상들
- 역사를 빛낸 조상들</td></tr>
<tr><td>3. 국권 회복을 위한 노력</td><td>- 광복을 위한 노력
- 대한민국 임시정부와 독립전쟁
- 민족의 실력 향상과 문화 수호 운동</td></tr>
<tr><td rowspan="3">6학년
(2학기)</td><td>1. 대한민국의 발전</td><td>- 대한민국 정부수립
- 변화하는 대한민국</td></tr>
<tr><td>2. 우리나라의 민주 정치</td><td>- 민주주의와 국민생활</td></tr>
<tr><td>4. 새로운 세계에서 우리가 할일</td><td>- 통일과 민족의 앞날</td></tr>
<tr><td rowspan="4">기본 교육 과정</td><td rowspan="2">사회</td><td rowspan="2">2수준</td><td>17. 고마운 마음</td><td>- 우리를 위하여 애쓰신 분들 알고 고마운 마음 가지기
- 나라를 위하여 애쓰시는 분들을 알고 고마운 마음 가지기
- 나라를 빛낸 사람을 알고 고마운 마음 가지기</td></tr>
<tr><td>18. 나라 사랑</td><td>- 태극기, 무궁화, 애국가의 의미 알기
- 국경일 알기
- 국기에 대한 예절 알기</td></tr>
<tr><td rowspan="2">사회</td><td rowspan="2">3수준</td><td>20. 조상의 슬기</td><td>- 민속놀이의 종류 알고 즐기기
- 문화 예술품의 우수성 알고 감상하기</td></tr>
<tr><td>21. 나라 사랑</td><td>- 우리나라를 지키기 위해 애쓰신 분들을 조사하기
- 나라의 문화를 빛낸 분들을 조사하기
- 나라를 위해 자신을 희생하신 분들을 알고 감사하는 마음 가지기</td></tr>
</table>

〈표 2-5〉 관련 교과 및 교과 간 계열의 예 2

교과	수준	단원	제재 및 내용
국어	3	14. 훌륭한 사람들 (192～205쪽)	– 훌륭한 사람의 교훈 알아보기 – 인물이 한일 알아보기
	3	15. 아름다운 우리나라 (206～219쪽)	– 우리나라의 상징물 알아보기 – 국경일의 내용 설명하기
체육	2	13. 민속놀이(142～150쪽)	– 윷놀이 – 투호놀이 – 제기차기
	3	13. 민속놀이(120～124쪽)	– 비석 차기 – 널뛰기 – 연날리기, 굴렁쇠 굴리기, 줄다리기
음악	2	14. 우리나라(134～143쪽)	– 민요 부르기 – 태극선 만들기, 태극기 만들기
	3	16. 나라사랑(152～160쪽)	– 무궁화 노래, 애국가 불러보기 – 무궁화 꽃 만들기, 무궁화 이용한 만들기 – 전통악기 종류 알아보고 연주 해보기 – 전통놀이 해보기, 연날리기, 제기차기 해보기

(2) 제재 간 계열(차시별 학습계획)

단원을 몇 개의 단위 수업시간으로 나누어 지도할 것인가를 밝히고, 지도할 학습

〈표 2-6〉 제재 간 계열 예

Ⅰ (선수학습)	Ⅱ (본시)	Ⅲ (후속학습)
1차시 : '우리나라의 얼굴, 태극기'	2차시 : '태극기를 빛낸 사람들'	3차시 : '현장체험, 태극기'
• 태극기의 탄생배경 알기 • 태극기의 변화과정 알기 • 태극무늬 관찰하기 • 태극무늬가 들어 있는 제품 찾아보기 • 태극기에 담긴 의미알기 • 태극기 달력 만들기	• 국란에 희망을 준 위인들 알아보기 • 각종 행사에서 사용된 태극기의 의미 알기 • '나라 사랑' 홍보 CF 만들기 작업에 참여하기	• 태극무늬가 들어간 무형 문화재 알아보기 • 태극무늬가 들어간 유형 문화재 알아보기 • 태극무늬를 찾아서 유적지 체험해보기(경기전, 한벽당, 풍남문, 한옥마을) • '통일 후 태극기 그리기' 대회 참여하기

내용과 준비할 자료 등을 구체적으로 기술한다. 대개 제재 간 계열은 선수학습→본시→후속학습의 순으로 기록하는데, 이에 대한 예시는 〈표 2-6〉에 제시되어 있다.

(3) 본시 학습의 지도 계획

본시 학습의 지도 계획은 전체 지도 계획 하에 설정한 차시별 교수・학습안을 해당 차시, 차시별 주제, 주요 내용 및 활동, 학습자료 등과 같은 내용 등을 포함하여 구체적으로 작성한 것을 말한다. 〈표 2-7〉은 본시 학습의 지도 계획의 예시이다.

〈표 2-7〉 본시 학습의 지도 계획의 예

차시	차시별 주제	주요 내용 및 활동	학습자료
1/3	• '우리나라의 얼굴, 태극기'	– 태극기의 탄생배경 알기, 태극기의 변화과정 알기 – 태극무늬 관찰하기, 태극무늬가 들어 있는 제품 찾아보기 – 태극기에 담긴 의미알기, 태극기 달력 만들기	• 마술도구, PPT 자료, 태극기, 태극기 달력 자료, 퀴즈
2/3 (본시)	• '태극기를 빛낸 사람들'	– 국란에 희망을 준 위인들(유관순 열사) 알아보기 – 각종 행사에서 사용된 태극기의 의미알기 – '나라 사랑' 홍보 CF 만들기 – 태극무늬가 들어간 놀이 알아보기	• PPT 자료, 노래 CD, CD플레이어, 섹션카드, CF 스토리 카드
3/3	• '현장체험, 태극기'	– 태극무늬가 들어간 유・무형 문화재 알아보기 – 태극무늬를 찾아서 유적지 체험해보기 (경기전, 한벽당, 풍남문, 한옥마을) – 통일 후 태극기 그리기 대회 참여하기	• 명찰, 메모지, 카메라, 도화지, 색연필, 크레파스

(4) 지도상의 유의점

단원의 지도 계획을 수립하면서 지도상에 유의해야 할 사항들은 대개 교사용 지도서에 언급되어 있다. 그러나 교사용 지도서에 제시되어 있는 지도상의 유의점은 모든 학교와 학생들의 특성을 모두 대변하고 있지는 않다. 그러므로 교사가 단원의 지도 내용을 분석하면서 찾아낸 내용을 기록한다. 특히, 본 단원의 내용을 지도하면서 발생할 수 있는 안전 문제라든지, 자료의 투입 시기나 방법은 어떻게 할 것인지, 학생의 돌발행동에 어떻게 대처할 것인지에 대한 내용을 구체적이고 실질적으로 제시하는 것이 좋다. 지도상의 유의점에 대한 일반적인 예시는 〈표 2-8〉에 제시되어 있다.

〈표 2-8〉 지도상의 유의점의 예

1) '태극기'에 대해 지도할 때 '건 · 곤 · 감 · 이' 등의 정확한 용어를 사용하여 아동들에게 태극기를 설명하되, 아동들의 발달단계 및 인지적 특성을 고려하여 반복적인 설명과 쉬운 생활용어로 풀어서 지도한다.
2) '역사 속의 태극기' 단원에 등장하는 추상적인 개념들을 아동들에게 이해시키기 위해서 이론적인 내용만을 강조한 언어지식 중심의 수업이 되지 않도록 PPT 자료, 그림 카드, 태극기 달력 만들기 등 아동들이 직접 체험하고 활동할 수 있도록 수업 자료를 제공한다.
3) 태극기나 문화재 그리고 역사 속의 위인들에 대한 이해와 관심은 일회성 교육으로 길러지는 것이 아니므로 '나라 사랑, 나라 주인' 프로그램에 의거하여 반복적이며 주기적으로 지도한다.
4) 일상생활에서 '태극기'가 사용된 실제 행사와 '태극무늬'가 들어간 제품들을 접할 수 있는 기회를 제공하여 '태극기'가 우리의 삶에 차지하는 비중을 몸소 느껴보고 '태극기'의 의미를 되새겨볼 수 있는 기회를 평소에 자주 제공한다.
5) 수업 중 사용하는 교사의 행동, 발음, 단어, 문법 규칙은 아동의 행동에 영향을 미칠 수 있으므로 단정한 몸가짐과 바람직한 행동 그리고 올바른 언어를 사용하도록 한다.
6) 수업에 참여하는 학생들의 개인차가 크므로 전체학습과 개별학습이 동시에 이루어지도록 하고, 아동의 수준에 따라 열매(상), 새싹(중), 씨앗(하)으로 나누어 지도하되, 각 아동의 수준 및 특성을 고려하여 교사 및 보조교사의 지원 계획을 수립한 후 학생들의 과제 수행을 수시로 확인한다.
7) 학생들의 주의 집중시간이 짧고 주위가 쉽게 분산되는 장애아동의 특성을 고려하여 학생의 정반응에는 박수나 하이파이브, 칭찬 등의 강화를 제공하고, 오반응에는 이름 불러주기, 부연 설명 등의 언어적 촉진과 신체적 촉진을 제공한다.
8) 수업 대상아동들의 선행학습 수준과 정신연령뿐 아니라 생활연령까지 고려하여 지도한다.
9) 교과 내 통합만이 아니라 다른 교과와의 통합적인 지도가 이루어 질 수 있도록 하며, 가정과 학교, 지역사회 전체를 교육의 장으로 활용할 수 있도록 한다.

(5) 평가계획

구체적인 평가계획은 본시 학습지도안에서 별도로 다루지만 이 란에서는 단원의 전체적인 측면에서의 평가의 관점이나 방법에 대해서 진술한다. 이 때의 평가는 총괄평가의 성격을 갖고 있으며, 처음에 수립한 교수·학습 목표와 일관성이 있도록 명세적으로 작성한다. 〈표 2-9〉는 평가계획의 예시를 제시해 놓은 것이다.

〈표 2-9〉 교수·학습안의 평가계획의 예

1) 이해면
   가) '태극기'의 탄생배경 및 변화 과정을 알고 구어로 표현할 수 있는가?
   나) 대한민국을 상징하는 국기인 '태극기' 무늬를 인지하고, '태극기'에 담긴 의미를 말할 수 있는가?
   다) 각종 행사에서 '태극기'를 왜 사용하는지 그 의미를 알고 말할 수 있는가?
   라) 국란이 발생했을 때 나라를 지키기 위해 희생하신 분들에는 어떤 분들이 있는지 말할 수 있는가?
   마) '나라 사랑' 홍보 CF를 제작하는 이유를 알고, 제작과정을 말이나 행동으로 표현할 수 있는가?
   바) 태극무늬가 들어 있는 문화재를 관찰하고 '태극기'의 태극무늬와 차이점을 구어로 표현할 수 있는가?

2) 기능면
   가) '태극기'의 탄생배경 및 변화 과정카드를 순서대로 배열할 수 있는가?
   나) '태극기' 과정카드를 이용하여 달력을 만들 수 있는가?
   다) '태극기'를 보고 태극기 부채 판에 스티커 조각 퍼즐을 붙여 태극기 모양을 정확하게 만들 수 있는가?
   라) 다양한 사물들 중에서 태극무늬가 들어간 물건들을 골라 낼 수 있는가?
   마) '나라 사랑' 홍보 CF 촬영과정에서 자신의 역할을 이해하고 자신의 역할을 해 낼 수 있는가?

3) 태도면
   가) 일상생활에서 '태극기'의 필요성과 중요성에 대해 느낄 수 있는가?
   나) 국란이 발생했을 때 나라를 지키기 위해 희생하신 분들에 감사하는 마음을 가질 수 있는가?
   다) '나라 사랑' 홍보 CF 촬영에 적극적으로 참여하는가?
   라) 태극무늬가 들어 있는 문화재를 관찰하고 조상들의 슬기에 대해 표현할 수 있는가?

3) 본시 학습의 지도 계획

(1) 본시 관련 학생의 실태

본시 관련 학생의 실태 란에는 첫째, 수업 대상이 되는 학급의 특성, 둘째, 학생 특성, 셋째, 본시 학습에서의 교사의 지원 및 특수교육보조원(보조교사)의 활용 계획 넷째, 본시 학습을 위한 환경 구성 및 학생 자리 배치(특성) 등을 기술한다.

① 학급의 특성

전체 학급 인원의 수와 남녀의 수, 학급 학생들의 전반적인 인지와 학습 특성, 장애 수준, 학급 분위기 등을 개괄적으로 기술한다. 〈표 2-10〉은 학급의 특성에 대한 예시를 제시한 것이다.

〈표 2-10〉 학급 특성의 예

전주 ○○학교(초등학교) 4학년 2반은 주장애가 지적장애인 남학생 4명, 여학생 3명 총 7명의 학생으로 구성되어 있는데 학생들은 지적장애와 함께 부수적으로 언어장애를 가지고 있다. 학급 아동들은 전반적으로 교사의 언어적 지시를 잘 이해하고 따르는 편이며, 아동들 중에서 이○준 학생과 오○기 학생은 주어진 과제를 도움 없이 80% 이상 정확하게 수행할 수 있다. 나머지 다른 학생들은 과제를 수행하기 위해 교사나 보조교사의 언어 및 신체적 도움을 필요로 한다. 또한 학급 학생들 모두가 반복되는 실패 경험으로 낮은 자존감을 갖고 있으며 행동에 있어서는 특정 과제나 물건에만 집착하는 고집성을 보인다. 그리고 행동이 전반적으로 서툴고 느려서 신체를 활용하는 수업에서는 낮은 성취율을 보인다. 하지만 대체적으로 차분한 수업 분위기를 유지하고 있으며, 언어적 지시만으로 반 전체 학생들의 착석 행동 및 참여 학습이 가능하다.

② 학생 특성(학생 실태)

여기에는 학급 학생들의 개별적인 학습 및 행동 특성 등을 기재한다. 우선 학급의 모든 학생이 본 단원 학습과 관련하여 어느 수준에 해당하는 지를 상 · 중 · 하로 나눠 수준을 편성한다. 그런 후 각 학생들의 이름(이때 학생의 실명이 노출되지 않도

〈표 2-11〉 학생 특성(학생 실태)의 예

순	수준 편성	성명 (성별)	생활 연령	장애 유형	본시 학습을 위한 준비도	행동특성
1	열매 (상)	오○기 (남)	12세	지적 장애 2급 (다운증후군)	- 교사의 설명을 듣고 간단한 질문에 답할 수 있다. - 제시한 사물의 이름을 구어로 표현할 수 있으나 읽고 쓰는데 어려움이 있다. - 교사의 언어적 지시를 이해하고 지시에 따라 과제를 수행할 수 있으며,교사의 시범을 보고 도구를 조작하여 과제를 수행할 수 있다.	- 조음장애가 있으며, 어려운 단어 및 복합 질문을 이해하지 못하나 일반적인 의사소통에는 어려움이 없다. - 성격이 꼼꼼하여 과제를 완수하는 시간이 오래 걸리며, 책임감이 강해 주어진 일을 끝까지 완수한다. - 칭찬을 좋아하며, 주변 친구들을 도와주는 것을 좋아한다.
5	새싹 (중)	강○윤 (여)	11세	지적 장애 2급, 언어 장애	- 교사의 설명과 시범에 관심을 갖고 수업에 참여할 수 있다. - 간단한 언어적 지시를 이해할 수 있고, 교사의 신체적 도움을 받아 과제를 수행할 수 있다. - 간단한 퍼즐 맞추기와 스티커 붙이기, 풀칠 등을 혼자서 할 수 있다.	- 교사의 간단한 지시를 이해하고 행할 수 있으나 표현언어 사용에 어려움이 있어 몸짓과 손짓으로 자신의 의사를 표시한다. - 가끔 웅얼거리는 소리를 하지만 발음이 부정확하여 알아들을 수 없다. - 기분이 안 좋거나 무료해지면 머리와 머리끈을 잡아 뽑는 행동을 한다.
7	씨앗 (하)	최○준 (남)	11세	지적 장애 1급, 언어 장애	- 수업에 거의 관심이 없고, 만화나 동영상에도 관심을 거의 보이지 않는다. - 퍼즐조각, 그림 자료에 관심이 있어서 이러한 종류의 자료가 주어지면 혼자 과제를 수행할 수 있다. - 읽기, 쓰기, 말하기 등의 전반적인 기초 학습능력이 부족하여 교사의 계속적인 언어 및 신체적 도움이 필요하다.	- 교사의 간단한 지시를 어느 정도 이해하나 표현 언어는 거의 사용하지 못한다. - 짜증이 나거나 기분이 좋지 않을 때 '아~'하는 무의미한 소리를 계속해서 낸다. - 청각자극에 민감하여 시끄러운 것을 싫어하여 노래, 율동 등의 활동 수업을 싫어한다. - 수업 중에 무료해지면 침장난을 한다.

록 가명이나, 기호 등을 사용한다.), 생활연령, 장애유형 및 정도, 본시 학습을 위한 준비도 그리고 행동특성 등에 대해서 구체적으로 기술하되, 알아보기 쉽게 기술한다. 〈표 2-11〉은 학생 특성(학생 실태)에 대한 예시를 제시한 것이다.

③ 본시 학습에서의 교사 지원 및 특수교육보조원(보조교사) 활용 계획

이 란은 전술한 학생 특성을 참고하여 각 학생별로 본 단원의 성공적인 학습을 위해서 교사가 어떠한 지원을 제시할 것인지를 밝히는 것이다. 이 때 본 단원의 학습이 보조교사의 도움이 필요한 내용이거나 혹은 학급에 특수교육보조원이 배치되어 있다면, 본 수업과 관련하여 특수교육보조원을 어떻게 활용할 것인지 그리고 그들이 학생들에게 어떤 지원을 제공해야 하는지에 대해서도 기술해야 한다. 〈표 2-12〉는 본시 학습에서의 교사 지원 및 특수교육보조원의 활용 계획에 대한 예시이다.

〈표 2-12〉 본시 학습에서의 교사의 지원 및 보조교사 활용계획의 예

순	수준 편성	성명	본시 학습에서의 교사의 지원	보조교사의 지원
1	열매 (상)	오○기	▸과제를 정확하게 수행하거나 질문에 적절하게 대답하였을 때 '반장, 최고!' 라고 칭찬을 해줘 아동이 성취감을 느끼며 과제에 적극적으로 참여할 수 있도록 한다. ▸수업 중간 중간에 수시로 이름을 불러 주어 주의를 환기시킨다.	▸과제의 수행여부를 확인하면서 교사에게 집중할 수 있도록 도와준다. ▸교사가 전체 수업을 진행할 때 아동이 이탈행동을 보이지 않도록 아동을 관찰하고 주의를 환기시킨다.

④ 본시 학습을 위한 환경 구성 및 학생 자리배치(특성)

본시 학습을 가장 효과적으로 진행할 수 있는 학급의 환경(자료 배치)과 학생의 자리배치 그리고 교사가 학생에게 교수나 지원을 제공할 때의 이동 방향 등을 도식적으로 표현한다. 특히, 자리배치의 특성이나 이유 등을 구체적으로 기술하여, 이 학급의 학생들을 처음 접하는 사람들도 왜 이렇게 환경을 구성하고, 자리를 배치했는지 쉽게 이해할 수 있게 하는 것이 좋다. 〈표 2-13〉은 본시 학습을 위한 환경 구성 및 학생 자리배치에 대한 예를 제시한 것이다.

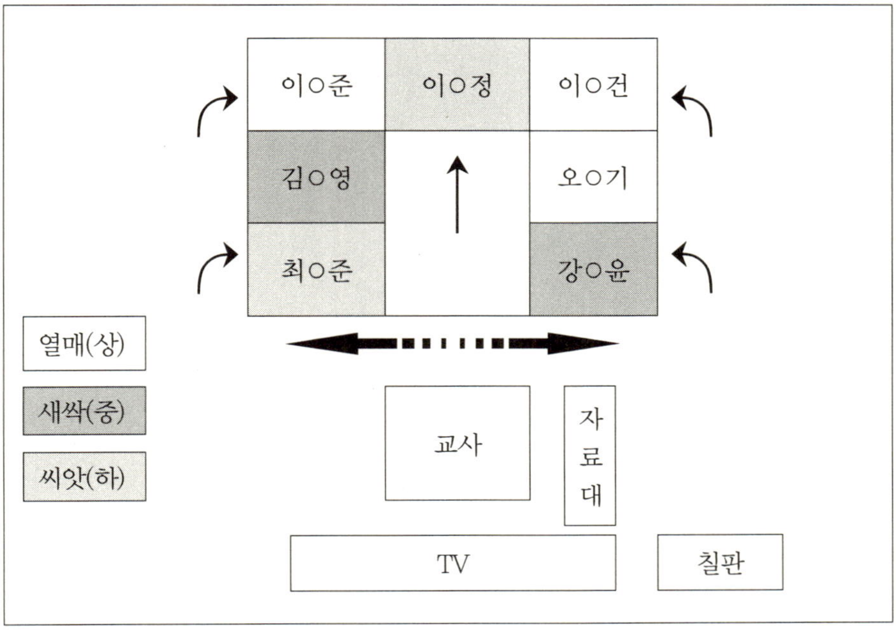

▸ 자리배치의 특징

수업의 원활한 진행을 위하여 〈2-13〉과 같이 자리배치를 하였다.

첫째, 아동의 수준과 특성을 고려하여 수준별 학습과 또래 교수가 가능하도록 아동들을 배치하였다. 예를 들어, 최○준 학생과 강○윤 학생 그리고 이○정 학생은 각각 씨앗, 새싹, 씨앗에 해당하는 학생이면서 동시에 교사의 계속적인 신체적 중재를 필요로 하기에 교사의 위치에서 직접적으로 중재를 제공할 수 있는 위치에 자리를 배치하였다. 동시에, 위 학생들의 옆자리에 새싹과 열매 수준의 아동들을 배치함으로서 교사의 직접적인 중재뿐만 아니라 친구들의 도움과 친구들의 긍정적인 행동을 모방할 수 있도록 자리를 배치하였다.

둘째, 'ㄷ'자 구조로 자리를 배치하였다. 이는 교사가 수업을 진행하면서 한 눈에 아동들의 수업 상황을 파악하고 적절한 대처를 하기 위함이다. 또한 'ㄷ'자 구조의 자리배치는 교사가 수업 중 아동의 수업 현황을 파악하기 위해 이동하거나 각 학생들의 수업을 점검할 때 다른 학생들도 동시에 관찰할 수 있도록 하기 위해서이다. 또한 수업 중 교사의 이동 경로는 화살표로 표기하였다.

셋째, 여러 가지 자료를 동시에 공개하여 아동들의 주의력이 분산되는 것을 방지하기 위해 자료대를 준비하였다. 수업에 사용되는 각종 교재 교구는 자료대 안에 준비해 두고 수업이 진행됨에 따라 하나씩 제공한 후 활동이 끝나면 다시 자료대 안에 정리하여 아동들이 주의가 산만해지지 않고 교재 교구에 끝까지 주의집중 할 수 있도록 하였다.

〈표 2-13〉 본시 학습을 위한 환경 구성 및 학생 자리배치(특성)의 예

(2) 본시 학습지도안

본시 학습지도안은 단원의 전체 지도 계획 중에서 본시에 해당하는 학습과제나 내용을 구체적으로 기술한 것을 말한다. 따라서 본시 학습지도안에는 교과명, 수업자, 단원명, 제재, 수업 일시, 장소, 교재, 수업대상, 본시 학습 목표, 교수·학습 자료 등이 포함되어 있어야 한다. 여기에서는 단계, 학습내용, 차시, 수업대상 등과 같은 몇 가지 요소에 대해서 살펴보고자 한다.

① 수업대상

이 지도안에 의해서 수업 받는 대상 학급을 기재한다. 예를 들어 ○○초등학교 5–1반 학생 7명(남 : 4명, 여 : 3명)과 같은 형식으로 기술한다.

② 장소

실제 수업이 이루어지는 장소를 기재한다. 예를 들어, 과학실, 가사실 또는 5–1반 교실과 같은 형식으로 기술한다.

③ 차시

차시는 3/6과 같은 분수 형식으로 기재한다. 사선의 윗 부분은 본 차시를 나타내며, 아랫부분은 본 단원의 총 시수를 나타낸다.

④ 교수 · 학습 자료 및 유의점

본 수업에서 활용되는 유·무형의 모든 자료를 투입시기에 맞게 기재한다. 뿐만 아니라 각 수업 단계 시 유의해야 할 사항이나 자료 제공 시 유의해야 할 사항들도 교사의 입장에서 진술한다. 특히, 자료와 유의점의 구별이 용이하도록 자료 앞에는 ㉶로 표시해주고, 유의점 앞에는 [유]로 표시해주면 좋다.

⑤ 단계

단계는 수업 내용이나 교재, 단원의 특성, 수업모형에 따라 다양하게 설정하여 사용할 수 있다. 그러나 일반적으로는 도입, 전개, 정리로 구분된 형태를 많이 사용하며, 이때 각 단계는 실선으로 구분하여 표시한다.

⑥ 시량(시간)

일반적으로 초등학교 수업시간은 40분, 중학교 수업시간은 45분, 고등학교 수업시간은 50분으로 되어 있다. 시량(시간)은 각 지도 단계별이나 학습내용이나 활동을 수행하는데 소요되는 시간을 분 단위로 적는다. 예를 들어, '5분' 또는 '5′'과 같은 형식으로 표시한다.

⑦ 학습내용(학습과정)

학습내용(학습과정)은 명사식('~하기'), 권고식('~을 알아보자'), 문제식('~있나?') 등으로 진술할 수 있다. 그러나 일반적으로 명사식을 많이 사용한다.

⑧ 교수 · 학습 활동

교수 · 학습 활동은 학습내용(학습과정)별로 학습활동이나 학습방법 등을 교사와 학습자의 입장으로 나눠서 진술한 것이다. 특히, 특수학교(급)의 학생들은 학습 수준이 다른 경우가 많으므로, 학습자 활동을 진술할 경우에는 상, 중, 하로 나눠서 기술하는 것이 좋다. 이 때 학습자의 수준 구분은 점선으로 나타낸다.

⑨ 평가

평가는 단계별 또는 학습 활동별로 학습자의 성취 정도를 확인할 수 있는 내용으로 진술하되, 측정 가능하도록 구체적인 행위동사를 사용하여 진술한다. 〈표 2-14〉와 〈표 2-15〉는 각각 본시 학습지도안과 평가 계획에 대한 예를 제시한 것이다.

〈표 2-14〉 본시 학습지도안의 예

<table>
<tr><th>교과명</th><td colspan="3">사회</td><th>수업자</th><td>신은희</td></tr>
<tr><th>단원명</th><td>21. '나라 사랑'</td><th>일시</th><td>2008년 6월 26(화) 3교시</td><th>대상</th><td>초등부
4-2반(7명)</td></tr>
<tr><th>제재</th><td>'태극기를 빛낸 사람들'</td><th>장소</th><td>전주○○학교
초등부 4-2반 교실</td><th>차시</th><td>2/3</td></tr>
<tr><th colspan="6">전체 학습 목표</th></tr>
<tr><td colspan="6">나라를 위해 희생하신 유관순 열사에 대해서 알고, 자신이 나라를 위해 할 수 있는 일을 알아보기</td></tr>
</table>

<table>
<tr><th>구분</th><th>이름</th><th>개별 학습 목표</th></tr>
<tr><td>열매</td><td>오○기
이○준
이○건</td><td>▸유관순 열사에 대한 설명을 듣고, 유관순 열사가 한 일을 요약해서 구어로 표현할 수 있다.
▸어떤 상황과 행사에서 '태극기'가 사용되는지를 알아보고, '태극기'가 어떤 의미로 사용되었는지 자신의 생각을 구어로 표현할 수 있다.
▸'나라 사랑'홍보 CF 작업에서 자신이 맡은 과제를 수행할 수 있다.</td></tr>
<tr><td>새싹</td><td>김○영
강○윤</td><td>▸유관순 열사에 대한 설명을 듣고, 유관순 열사에게 고마운 마음을 구어로 표현할 수 있다.
▸다양한 상황과 행사에서 '태극기'가 사용된 예를 살펴본 후 '태극기'가 어떤 의미로 사용되었는지 단어로 표현할 수 있다.
▸또래의 도움을 받아, '나라 사랑' 홍보 CF 작업에서 자신이 맡은 과제를 수행할 수 있다.</td></tr>
<tr><td>씨앗</td><td>최○준
이○정</td><td>▸반복적인 유관순 열사에 대한 설명을 듣고, 유관순 열사에게 고마운 마음을 가질 수 있다.
▸교사의 언어적 촉진을 받아, 다양한 상황과 행사에서 '태극기'가 사용된 예를 살펴본 후 '태극기'의 의미에 대해 생각해 볼 수 있다.
▸교사의 도움을 받아, '나라 사랑' 홍보 CF 작업에서 자신이 맡은 과제를 수행할 수 있다.</td></tr>
<tr><td rowspan="3">교수
학습
자료</td><td>일반
학습
자료</td><td>태극기, 제비뽑기 통과 종이, '나라 사랑' 홍보 CF 스토리 카드, 캠코더, 마이크, 유관순 노래 CD, CD 플레이어, 섹션카드, 전 차시 태극기 달력 실적물, 현장학습 일정표, 안내문</td></tr>
<tr><td>ICT
자료</td><td>'유관순 열사' 관련 PPT 자료, 동영상, '태극기 사용예시' PPT 자료, 프로젝션 TV, 다음차시 예고 PPT 자료</td></tr>
<tr><td>인터넷
관련
사이트</td><td>▣ 유관순 열사-디지털 한국학 :
http://www.koreandb.net/KPeople/KPShow.asp?ID=0007911&Type=L/
▣ 유관순 KCM : http://kcm.co.kr/person/person_k053.html
▣ 유관순열사사적지 : http://www.chunghyo.net/yoo/
▣ 애국심에 불타는 유관순의 일생 : http://cafe.naver.com/925342
▣ 에듀넷 : http://www.edunet4u.net/main/html/index.html
▣ 키세북 : http://kysebook.kise.go.kr</td></tr>
</table>

학습 단계	학습 과정	교수·학습 활동 교사활동	학생활동 열매	 새싹	 씨앗	시간 (분)	자료 및 유의점	특수교육 보조원의 역할
도입	학습 분위기 조성	 인사하기 ▸“모두 준비됐나요?”	▸“네, 네 선생님!”이라고 말한 후 허리에 손을 집는다.	▸“네, 네 선생님”이라고 말한 후 허리에 손을 집는다.	▸교사를 바라보며 허리에 손을 집는다.	1	【유】 학생들이 수업에 집중할 수 있도록 목소리의 크기를 조절한다. 【유】 인사를 할 때 모든 학생과 눈이 마주칠 수 있도록 한다.	☞수업 송을 부르는 과정에서 도움을 필요로 하는 학생들에게 신체적 도움을 준다.
		▸수업송 부르기 ♬ 수업을 들으러 똑 똑 똑 똑 안녕하세요! 신은희 선생님!						
		▸노래와 율동 시범 보이기 ▸전체 인사 후 각 학생별로 눈 인사하기	▸노래와 율동을 하면서 인사를 한다.	▸노래와 율동을 따라 하면서 인사를 한다.	▸율동을 따라하면서 인사를 한다.			
	전시 학습 확인	 전시학습 확인하기 ▸“오늘은 ‘역사 속의 태극기’ 두 번째 시간입니다. 우리 지난 시간에 무엇을 배웠죠? 기억나는 친구, 손~?”	▸“태극기에 대해서 배웠어요.” ▸“달력이랑, 부채랑 만들었어요.”	▸친구들이 말하는 것을 듣고 “태극기요”라고 대답한다.	▸교사와 친구들의 대화를 듣고 “으~~응, 응”과 같은 소리를 내어 자신도 알고 있음을 나타낸다.	2	【자】 전, 차시, 태극기, 달력, 실적물 【유】 학생들의 다양한 대답에 소외되는 학생이 발생하지 않도록 적절히 반응해준다.	☞학생들의 주의가 산만해지지 않도록 관찰한다.
		▸“맞아요. 아주 잘 기억하고 있네요. 그럼 여러분들이 얘기한 내용이 맞는지 지난 시간에 만든 태극기 달력을 보면서 확인해 봅시다.”	▸“네”라고 대답한 후 교사의 설명을 주의 깊게 듣는다.	▸“네”라고 대답한 후 교사의 설명을 주의 깊게 듣는다.	▸고개를 끄덕인 후 교사의 설명을 주의 깊게 듣는다.			

<table>
<tr><th rowspan="3">학습
단계</th><th rowspan="3">학습
과정</th><th colspan="4">교 수·학 습 활 동</th><th rowspan="3">시
간
(분)</th><th rowspan="3">자료
및
유의점</th><th rowspan="3">특수교육
보조원의
역할</th></tr>
<tr><th rowspan="2">교사활동</th><th colspan="3">학 생 활 동</th></tr>
<tr><th>열매</th><th>새싹</th><th>씨앗</th></tr>
<tr><td rowspan="6">도입</td><td rowspan="4">동기
유발</td><td rowspan="2">유관순 노래 들려주기
▸“오늘은 선생님이 좋은 노래 한곡을 들려주려고 해요. 이 노래를 듣고 누구에 대한 노래인지, 그리고 어떤 느낌인지 말해보도록 해요(TV로 유관순 동영상과 노래를 들려준다.).”</td><td colspan="3">♬ 삼월하늘 가만히 우러러보며
♬ 유관순 누나를 생각 합니다.
♬ 옥속에 갇혔어도 만세부르다
♬ 푸른하늘 그리며 숨이졌대요
♬ 지금도 그 목소리 들릴듯하여
♬ 푸른하늘 우러러 불러봅니다</td><td rowspan="4">3</td><td rowspan="4">【자】
유관순 노래 CD, CD플레이어

【유】
학생이 노래를 들을 때 유관순 노래에 관한 곡임을 유추해 낼 수 있도록 사전에 적절한 단서를 준다.</td><td rowspan="4">☞학생들이 자리 이탈이나 문제 행동을 하지 않고 노래를 들을 수 있도록 관찰한다.</td></tr>
<tr><td colspan="2">▸바른 자세로 앉아 노래에 어떤 내용이 나오는지 생각하면서 노래를 주의 깊게 듣는다.</td><td>▸바른 자세로 앉아 노래를 집중해서 듣는다.</td></tr>
<tr><td rowspan="2">▸“모두 잘 들었나요? 누구에 대한 노래인지 알겠나요? 그리고 노래에 어떤 내용이 나오나요? 노래의 느낌은 어떤가요?”</td><td>▸“유관순이요. 그런데 유관순이 누구예요?”</td><td>▸“유관순요.” 라고 대답한다.</td><td rowspan="2">▸교사와 친구의 대화를 주의 깊게 듣는다.</td></tr>
<tr><td>▸“노래가 슬퍼요.”라고 대답한다.</td><td>▸“슬퍼요” 라고 대답한다.</td></tr>
<tr><td rowspan="2">학습
문제
확인</td><td rowspan="2">본시 학습 소개
▸“그래요. 유관순 열사에 대한 노래예요. 상당히 슬픈 노래죠. 그런데 유관순 열사에 대한 노래가 왜 슬픈걸까요? 오늘은 그 이유에 대해서 공부해 보는 시간을 가져보도록 하겠어요.”</td><td colspan="3">〈수업목표〉
나라를 위해 희생하신 유관순 열사에 대해서 알아보고, 자신이 나라를 위해 할 수 있는 일을 찾아봅시다.</td><td rowspan="2">1</td><td rowspan="2">【자】
수준별 학습목표 안내판, PPT 자료</td><td rowspan="2">☞학생들이 자신의 수준에 해당하는 학습목표에 관심을 기울이고 따라 읽을 수 있도록 언어 및 신체적 도움을 준다.</td></tr>
<tr><td>▸“네, 선생님!”이라고 말한 후 교사가 읽어 주는 수업목표를 따라 읽는다.</td><td>▸“네, 선생님!”이라고 말한 후 교사가 읽어 주는 수업목표를 따라 읽는다.</td><td>▸교사의 설명을 주의깊게 듣는다.
▸자신의 수준에 해당하는 수업목표를 주의깊게 바라본다.</td></tr>
</table>

〈표 2-15〉 본시 학습지도안의 평가 계획의 예

평 가 계 획										
평가 목표	◎ 나라를 위해 희생하신 유관순 열사에 대해서 알고, 자신이 나라를 위해 할 수 있는 일을 알아보기									
	학습과정/평과 내용	구분	평 가 기 준	평가척도					시기	방법
				5	4	3	2	1		
개별 평가	【활동1】 유관순 열사에 대해 알아보기	열매	• 유관순 열사에 대한 설명을 듣고, 유관순 열사가 한 일을 요약해서 구어로 표현할 수 있는가?							관찰법 질문법
		새싹	• 유관순 열사에 대한 설명을 듣고, 유관순 열사에게 고마운 마음을 구어로 표현할 수 있는가?							관찰법 질문법
		씨앗	• 반복적인 유관순 열사에 대한 설명을 듣고, 유관순 열사에게 고마운 마음을 가질 수 있는가?							관찰법 질문법
	【활동2】 태극기가 사용된 각종 행사 살펴보기	열매	• 어떤 상황과 행사에서 '태극기'가 사용되는지를 알아보고, '태극기'가 어떤 의미로 사용되었는지 자신의 생각을 구어로 표현할 수 있는가?							관찰법 질문법
		새싹	• 다양한 상황과 행사에서 '태극기'가 사용된 예를 살펴본 후 '태극기'가 어떤 의미로 사용되었는지 단 단어로 표현할 수 있는가?							관찰법 질문법
		씨앗	• 교사의 언어적 촉진을 받아, 다양한 상황과 행사에서 '태극기'가 사용된 예를 살펴본 후 '태극기'의 의미에 대해 생각해 볼 수 있는가?							관찰법 질문법
	【활동3】 '나라 사랑' 홍보 CF 만들기	열매	• '나라 사랑' 홍보 CF 작업에서 자신이 맡은 과제를 수행할 수 있는가?							관찰법
		새싹	• 또래의 도움을 받아, '나라 사랑' 홍보 CF 작업에서 자신이 맡은 과제를 수행할 수 있는가?							관찰법 과제 수행중
		씨앗	• 교사의 도움을 받아, '나라 사랑' 홍보 CF 작업에서 자신이 맡은 과제를 수행할 수 있는가?							관찰법 과제 수행중
전체 평가			• 유관순 열사에 대한 수업에 흥미를 갖고 수업에 적극적으로 참여하는가?						학습 과정 중	관찰법
			• 나라를 위해 희생하신 분들에게 고마운 마음을 갖고 경건한 자세로 수업에 임할 수 있는가?							관찰법
			• 수업 자료를 활용한 후 정리 정돈을 할 수 있는가?							관찰법
			• 개별과제 수행 시 과제를 끝까지 완수할 수 있는가?							

※ 수행정도를 'O'로 표시함

※ 학생의 과제수행 상황에서 발생한 특이사항 및 문제행동은 메모란에 기입

☺ 메모

(3) 판서계획(혹은 PPT 자료)

본 시 수업과 관련하여 꼭 필요한 내용만을 발췌하여 간단하게 정리해 준다. 특히 수업목표와 관련된 내용들과 주요한 학습활동 내용 등을 정리해 제시해주되, 글씨의 크기는 뒷자리에 앉은 학생들도 쉽게 알아볼 수 있는 크기로 작성하는 것이 좋다. 그러나 특수학교(급)에서는 판서를 하는 경우가 드물며, 대부분 PPT자료나 탈부착식 단어 카드 등을 사용하여 수업과 관련된 내용을 제시하는 경우가 많다. 이러한 경우에는 수업 중 사용할 PPT자료나 단어 카드의 내용을 간단하게 요약하여 학습 지도안 뒤에 첨부해주는 것이 좋다.

(4) 참고자료

이 란에는 교수 · 학습안을 작성하면서 참고한 각종 자료(도서, 인터넷 사이트 주소 등)의 목록을 정리하여 기술하거나 본 시에서 활용한 학습지 등을 첨부해도 좋다. 특히, 교수 · 학습안을 작성하면서 참고한 자료가 있다면 가감 없이 정리하여 출처를 밝혀야 한다.

제 3 장

교수 · 학습안의 예

1 과학과 교수 · 학습안[17]

1) 단원명 : 3. 성장하는 우리(기본 교육과정 3단계)

2) 단원의 설정이유

장애의 유무에 상관없이 자신과 타인의 신체에 대한 바른 인식은 긍정적인 자아상 형성과 자신감 고취 그리고 성공적인 학교와 사회생활을 위해서 기본이 되는 중요한 요소 중 하나이다. 그러나 지적장애를 가지고 있는 대부분의 학생들은 그들이 가지고 있는 인지적 및 사회적인 제한으로 인해 자신과 타인의 신체에 대한 정확한 이해와 개념을 형성하는데 어려움이 있다. 또한 지적장애학생들은 자신에 대한 몰이해와 타인과의 원활한 관계 형성 그리고 긍정적인 상호작용에 어려움을 겪는 경우가 많다. 때문에 지적장애 학생들이 자신에 대한 바른 신체상을 형성하고 성장에 따른 우리 몸에 대한 변화를 이해할 수 있도록 세분화되고 체계적인 교육이 필요하다.

본 단원은 '나이에 따른 변화', '남자와 여자의 신체 변화', '음식과 건강의 관계' 그리고 '건강한 생활'이라는 총 네 개의 제재로 구성되어 있으며, 각 제재들은 모두

17) 이 장에 수록된 지도안은 저자가 직접 작성하여 교육 현장에서 활용한 지도안이다.

세 가지 학습 주제를 포함하고 있다. '성장하는 우리' 단원은 지적장애학생들이 시간의 흐름에 따라 자연스럽게 변화하는 우리들의 몸을 이해하고, 장차 건강한 성인으로써의 독립적인 삶을 영위하는데 도움을 줄 수 있는 음식과 건강과의 관계에 관한 기본적인 지식을 형성하도록 하는데 단원의 의의가 있다. 마지막으로, 이 단원의 수업을 마쳤을 때 지적장애학생들이 자신의 몸과 타인의 몸의 소중함을 깨닫고, 건강한 자신의 몸을 지켜나가기 위해 실천해야 할 기본적인 생활 습관과 기초학습 능력을 발전시킬 수 있기를 바라면서 이 수업을 실시하고자 한다.

3) 단원의 학습목표

본 지도안은 지적장애 학급(여 : 1명, 남 : 8명) 학생을 대상으로 "남자와 여자 신체 변화"라는 주제에 대하여 다음과 같이 교수·학습 목표를 선정하였다.

(1) 이해면

① 나이에 따라 키와 몸무게가 어떻게 변하는지 관찰한 후 그 차이를 구어나 몸짓으로 설명할 수 있다.
② 신체의 각 부위를 살펴본 후, 나이에 따라 신체 부위의 크기가 어떻게 변화하는지 말할 수 있다.
③ 남자와 여자의 신체적 특징을 비교해 보고 서로 다른 점을 구어나 몸짓으로 표현할 수 있다.
④ 인체 모형이나 괘도를 통하여 신체 각 부위의 위치와 명칭을 알 수 있다.
⑤ 건강에 도움을 주는 음식의 이름을 알고 구어나 몸짓으로 표현할 수 있다.
⑥ 스트레스를 해소할 수 있는 다양한 방법들을 알고 구어나 몸짓으로 설명할 수 있다.

(2) 기능면

① 신체 각 기관을 살펴보고, 지시하는 부위를 찾을 수 있다.
② 우리 몸의 신체 부위를 말하면 듣고 손으로 가리킬 수 있다.

③ 남자와 여자의 옷차림을 살펴보고, 같은 점과 다른 점을 찾을 수 있다.
④ 남자와 여자의 같은 점과 다른 점을 그려 볼 수 있다.
⑤ 다양한 음식물 그림 중에서 건강한 좋은 음식물 그림을 골라낼 수 있다.
⑥ 건강에 도움이 되는 다양한 활동 방법을 익히고 따라해 볼 수 있다.

(3) 태도면

① 자신의 몸의 소중함을 알고, 자신의 몸을 건강하고 안전하게 지킬 수 있다.
② 남자 여자를 구별하는 놀이에 적극적으로 참여할 수 있다.
③ 남자 여자의 신체 구조가 다름을 알고 이를 표현하는 학습에 적극적으로 참여할 수 있다.
④ 누군가가 자기의 몸을 만질 때 "하지 마세요.", "싫어요.", "안 돼요."라고 말하거나 동작으로 표현할 수 있다.
⑤ 건강에 도움이 되는 다양한 활동에 적극적으로 참여할 수 있다.

4) 단원의 계열

(1) 관련 교과 및 교과 간 계열

교과	수준	단원	제재 및 내용
사회	1수준	3. 깨끗하게 씻어요. (34쪽~51쪽)	- 손을 씻어야 할 때를 알고 손을 씻는 방법 알기 - 얼굴을 씻어야 할 때를 알고 얼굴 씻는 방법 알기 - 이 닦는 방법을 알고 이 닦기 - 샤워하는 방법을 알고 샤워하기
	1수준	5. 몸이 아파요. (70쪽~79쪽)	- 몸이 아프거나 불편할 때 알기 - 몸이 아프거나 불편할 때 표현하는 방법 알기 - 아프거나 불편할 때 도움을 요청하는 방법 알기
	2수준	1. 몸단장 (6쪽~23쪽)	- 머리를 빗어서 손질하기 - 손톱, 발톱을 정기적으로 손질하기 - 목욕하는 방법을 알고 목욕하기 - 단정한 옷차림을 생활화하는 습관 알기

교과	수준	단원	제재 및 내용
과학	1수준	3. 성장하는 우리 (58쪽~83쪽)	- 몸의 생김새와 얼굴 부위 감각 기관이 하는 일 알기 - 얼굴 부위의 눈, 코, 입, 머리가 하는 일 알기 - 손과 팔의 생김새와 위치, 하는 일 알기 - 발과 다리의 생김새와 위치, 하는 일 알기
	2수준	3. 성장하는 우리 (58쪽~83쪽)	- 몸의 구조와 기능 관찰하고 구별하기 - 뼈와 근육의 구조와 하는 일 구분하기 - 호흡 기관과 순환 기관의 구조와 기능 구분하기 - 소화 기관과 배설 기관의 구조와 기능 구분하기
음악	1수준	6. 율동과 음악 (78쪽~85쪽)	- 손과 발을 이용하여 소리내기 - 음악을 들으며 느낌을 신체로 표현하기
미술	2수준	5. 표정과 느낌 (51쪽~59쪽)	- 얼굴 표정의 특징을 관찰하기 - 여러 가지 재료를 이용하여 다양한 얼굴표정 꾸미기
체육	1수준	1. 움직여 보아요. (5쪽~12쪽)	- 신체 부위 다양하게 움직이기 - 제자리에서 몸 움직이기
	1수준	6. 깨끗한 몸 안전한 생활 (161쪽~171쪽)	- 몸을 깨끗이 하는 습관 알아보기 - 깨끗한 것과 더러운 것 알아보기 - 더러워진 몸 깨끗이 씻는 방법 알기
	2수준	6. 보건과 안전 (179쪽~185쪽)	- 놀이 활동 후 손을 깨끗이 씻는 방법 알기 - 샴푸를 사용하여 머리감기와 말리는 방법 알기
	3수준	6. 보건과 안전 (149쪽~163쪽)	- 자기 주변을 청결히 하는 방법 알기 - 몸에 안전한 음식 알기 - 성장에 따른 신체 변화 알기 - 신체의 변화에 따라 해야 할 일 알기

(2) 단원의 지도계획

차 시	제 재	학 습 내 용	학습자료
1/4	나이에 따른 변화	– 키의 변화 살펴보기 – 몸무게의 변화 살펴보기 – 손과 발의 변화 살펴보기	체중계, 청소년 신체 발육 표준값 도표, 줄자 등
2/4 (본시)	남자와 여자의 신체 변화	– 남자의 신체적 특징 알아보기 – 여자의 신체적 특징 알아보기 – 사춘기의 신체적 변화 알아보기	PPT, 인물 카드, 상자, 깃발, 인체그림, 인체 퍼즐 등
3/4	음식과 건강의 관계	– 영양소 알아보기 – 기초 식품군에 따라 분류하기 – 음식과 질병의 관계 알아보기	PPT, 식품의 5대 영양소 안내 그림판, 음식 모형 등
4/4	건강한 생활	– 건강에 좋은 생활 습관 알아보기 – 건강에 도움이 되는 음식 알아보기 – 스트레스를 해소하는 방법 알아보기	생활습관 동영상자료, 양치질 방법안내판 등

(3) 단원의 평가 계획

① 이해면

㉠ 나이에 따라 키와 몸무게가 어떻게 변하는지 관찰한 후 그 차이를 구어나 몸짓으로 설명할 수 있는가?

㉡ 신체의 각 부위를 살펴본 후, 나이에 따라 신체 부위의 크기가 어떻게 변화하는지 말할 수 있는가?

㉢ 남자와 여자의 신체적 특징을 비교해 보고 서로 다른 점을 구어나 몸짓으로 표현할 수 있는가?

㉣ 인체 모형이나 괘도를 통하여 신체 각 부위의 위치와 명칭을 알 수 있는가?

㉤ 건강에 도움을 주는 음식의 이름을 알고 구어나 몸짓으로 표현할 수 있는가?

㉥ 스트레스를 해소할 수 있는 다양한 방법들을 알고 구어나 몸짓으로 설명할 수 있는가?

② 기능면

㉠ 신체 각 기관을 살펴보고, 지시하는 부위를 찾을 수 있는가?

㉡ 우리 몸의 신체 부위를 말하면 듣고 손으로 가리킬 수 있는가?

㉢ 남자와 여자의 옷차림을 살펴보고, 같은 점과 다른 점을 찾을 수 있는가?

㉣ 남자와 여자의 같은 점과 다른 점을 그려 볼 수 있는가?

㉤ 다양한 음식물 그림 중에서 건강한 좋은 음식물 그림을 골라낼 수 있는가?

㉥ 건강에 도움이 되는 다양한 활동 방법을 익히고 따라해 볼 수 있는가?

③ 태도면

㉠ 자신의 몸의 소중함을 알고, 자신의 몸을 건강하고 안전하게 지킬 수 있는가?

㉡ 남자 여자를 구별하는 놀이에 적극적으로 참여할 수 있는가?

㉢ 남자 여자의 신체 구조가 다름을 알고 이를 표현하는 학습에 적극적으로 참여할 수 있는가?

㉣ 누군가가 자기의 몸을 만질 때 "하지 마세요.", "싫어요.", "안돼요."라고 말하거나 동작으로 표현할 수 있는가?

㉤ 건강에 도움이 되는 다양한 활동에 적극적으로 참여할 수 있는가?

(4) 지도상의 유의점

① '남자와 여자의 신체 변화'에 대해 지도할 때, 과제에 대한 면밀한 과제분석을 통해 학생의 발달단계 및 인지적 특성을 고려하여 지도한다.

② 학생의 동기 유발 및 지속적인 주의집중을 위해, '남자와 여자의 신체 변화' 모습이 담긴 PPT 자료와 과제분석을 통한 각 단계의 인체 사진 등을 사용하여 지도한다.

③ 남자와 여자의 서로 다른 신체의 모습을 설명함으로써 자연스럽게 성교육이 이루어지도록 하고 몸의 소중함을 알 수 있도록 한다.

④ 수업 중 사용하는 교사의 언어와 태도는 아이들의 사고 형성에 본보기가 되므로 바른 몸가짐과 바람직한 행동을 하도록 한다.

⑤ 수업에 참여하는 학생의 특성과 능력에 맞도록 지도하기 위해 학생의 수준을 해(상), 달(중), 별(하)로 나누어 지도하고, 특수교육보조원을 효과적으로 활용하기 위한 지원계획을 수립한다.

⑥ 학생들의 주의집중 시간이 짧고 주위가 쉽게 분산되는 장애학생의 특성을 고려하여, 학생의 정반응에는 박수나 하이파이브, 칭찬 등의 강화를 제공하고, 오반응에는 이름 불러주기, 부연설명 등의 언어적 촉진과 신체적 촉진을 제공한다.

5) 본시 학습의 지도 계획

(1) 제재 : 남자와 여자의 신체의 변화

(2) 제재 선정 이유

지적장애학생들은 그들이 가지고 있는 인지적인 제한으로 인해, 사람의 얼굴이나 몸을 전체와 부분으로 나누어 구분하고 통합하여 생각하는데 어려움이 있다. 또한 성별 구분, 나이에 따른 자연스런 신체의 변화 그리고 자신의 몸을 지키는 방법에 대해 모르는 경우가 많다. 하지만 여러 사람이 함께 어울려 생활하는 지역 사회에서 원만하고 안전한 삶을 유지하기 위해서는 남자와 여자에 대한 명확한 구분과 자신의 몸에 대한 지식 및 자신의 신체를 지키기 위한 방법을 알 필요가 있다. 또한 다른 사람의 신체를 존중해 주는 방법들에 대해서도 알아야 한다.

때문에 본 차시에서는 첫째, 사람에는 남자와 여자가 있음을 알고, 남자와 여자의 신체적 특징에 대해 알아보고자 한다. 둘째, 성장에 따라 자연스럽게 나타나는 몸의 변화를 남자와 여자로 구분하여 살펴보고자 한다. 셋째, 우리 몸의 소중함을 알고 지킬 수 있는 방법들을 PPT 자료와 게임을 통해 알아보고자 한다.

(3) 본시 관련 학생의 실태

① 학급의 특성

전주 ㅇㅇ학교 초등부 4학년 1반은 주장애가 지적장애인 남학생 7명, 여학생 1명 그리고 자폐증을 가지고 있는 남학생 1명으로 구성되어 있는데 이들 중 4명은 부수적으로 언어장애를 가지고 있다. 학급 학생들은 전반적으로 교사의 언어적 지시를 잘 이해하고 따르는 편이며, 학생들 중에서 특히 모○태와 이○민은 주어진 과제에 대해 90%의 정확한 과제 수행률을 보이며 독립적으로 수행할 수 있다. 양○선 학생은 명랑하고 수업에 관심이 많으며, 선생님의 도움을 받아 주어진 과제를 70% 이상 수행할 수 있다. 나머지 학생들은 과제 수행을 위해 교사나 보조 교사의 언어 및 신체적 도움을 필요로 하며, 과제 수행을 위한 충분한 시간이 필요하다. 전체적으로 모든 학생들이 공격성이 강하고 감정의 기복이 심한편이며, 칭찬에 예민하게 반응한다. 각자의 고집성 때문에 또래와의 상호작용에 간혹 어려움이 있으며, 잦은 욕설 사용으로 싸움이 빈번하게 일어난다. 하지만 전체 학생들이 교사의 지시에 의해 착석이 가능하며, 지속적인 동기 유발과 촉구가 제공되면 차분한 수업 분위기를 유지하는 것이 가능하다.

② 학생의 실태

순	성명	성별	장애유형	생활연령	본시 학습관련 수행능력	행동특성	수준
1	고○현	남	지적장애 1급	11세	- 2음절로 자신의 의사를 표현할 수 있으며, 간단한 발문에 구어로 대답할 수 있다. - 신체 기관의 이름을 알고 손으로 가리킬 수 있다.	- 기분이 좋을 때는 교사의 지시를 잘 따르나, 흥분상태이거나 무료할 때는 욕설을 많이 한다. - 수업시간에 자리 이탈이 빈번하고, 계속해서 스티커를 뜯어 붙이거나 책을 찢는 행동을 한다.	달(중)
2	김○석	남	지적장애 2급 (언어장애)	11세	- 몸짓을 사용하여 자신의 의사를 표현할 수 있으며, 교사의 신체적 및 언어적 촉구를 받아 과제를 수행할 수 있다. - 얼굴 부위에서 눈, 코, 입을 찾아 손으로 가리킬 수 있다.	- 간단한 일상적인 지시를 알아듣고 행동하지만, 표현 언어가 거의 되지 않는다. - 손을 계속적으로 입주위에서 흔드는 행동을 보이며, 다른 친구들의 행동을 계속해서 이르는 행동을 보인다.	별(하)

순	성명	성별	장애유형	생활연령	본시 학습관련 수행능력	행동특성	수준
3	박○호	남	지적장애 1급 (언어장애)	12세	- 간단한 퍼즐 조각, 동영상, 음악 등에 관심이 있으나 학습과 관련된 모든 상황에 전반적인 도움이 필요하다. - 연필을 쥐거나 작은 학습자료를 손으로 잡고 붙이고 뗄 수 있다.	- 기분이 좋거나 다른 사람이 자신에게 관심을 보여주지 않으면 손으로 침을 뿌리며 주먹으로 때리는 행동을 한다. - 주의 집중 시간이 너무 짧고 자리 이탈이 심하다.	별 (하)
4	양○선	남	지적장애 2급	13세	- 표현 언어를 사용하여 자신의 의사를 표현할 수 있으며, 교사의 발문이나 질문에 적절한 대답을 할 수 있다. - 신체 기관의 명칭과 위치, 하는 일을 알고 다른 사람에게 설명할 수 있다.	- 주의집중 시간이 짧고, 같은 말을 계속 하는 경향이 있다. - 기분이 나쁘면 다른 친구들을 꼬집거나 때리는 행동을 한다. - 계속해서 자신의 머리를 비비 꼬면서 욕설을 한다. - 칭찬하면 주어진 과제에 관심을 가진다.	해 (상)
5	정○현	여	지적장애 2급	11세	- 사물 변별이 가능하며, 신체 명칭에 대한 기본 개념이 형성되어 있다. - 교사의 거의 모든 언어적 지시를 이해하고 자신의 의사를 구어를 사용하여 표현할 수 있다.	- 수업시간 중 거의 대부분의 시간에 손을 코, 입 또는 바지 속에 넣고 있다. - 자리 이탈이 심하고, 이유 없이 다른 친구들을 꼬집거나 때리며, 참견하는 행동을 한다.	달 (중)
6	이○민	남	지적장애 2급	11세	- 표현 언어가 가능하며, 교사의 지시와 시범을 보고 과제 수행이 가능하다. - 신체 기관에 대한 명칭, 하는 일, 위치 등에 대한 개념이 형성되어 있다.	- 기분이 좋을 때는 교사의 지시를 잘 따르고, 다른 친구들을 잘 도와주나 감정의 기복이 심하다. - 기분이 나빠지면, 물건을 집어 던지거나 다른 친구들을 때리며 심한 욕설을 한다. - 주의집중 시간이 짧고, 필기도구를 이용하여 자신의 신체를 여기저기 찌르는 행동을 보인다.	해 (상)

순	성명	성별	장애유형	생활연령	본시 학습관련 수행능력	행동특성	수준
7	모○태	남	지적 장애 2급	11세	– 교사의 언어적 지시만으로도 거의 모든 수업내용을 이해하고, 독립적인 과제 수행이 가능하다. – 신체 기관에 대한 명칭, 하는 일, 위치 등에 대한 개념이 형성되어 있다.	– 급하게 말을 하려는 경향이 있어 자주 말을 더듬으며, 지나치게 친구들을 도와주려는 행동을 하다 보니, 자주 친구들과 싸운다. – 싫은 말을 듣거나 억울한 일이 있으면 하루 종일 엎드려서 아프다고 한다.	해(상)
8	안○선	남	지적 장애 2급 (언어 장애)	12세	– 교사의 언어적 지시가 주어지면 간단한 과제 수행을 할 수 있으며, 부정확한 발음이지만 1음절로 자신의 의사를 표현할 수 있다. – 얼굴에 있는 신체 기관의 이름을 말로 표현할 수 있다.	– 수업시간에 손뼉을 치거나 손을 흔드는 상동행동을 한다. – 주의집중 시간이 짧고, 억울하거나 꾸중을 들으면 울면서 아무것도 하지 않으려 한다. – 과제가 주어지면 과제 시작과 동시에 다했다고 와서 봐달라는 행동을 한다.	달(중)
9	이○한	남	자폐성 장애 (언어 장애)	12세	– 수업에 거의 관심이 없고, 청각적 자극에 예민하여 거의 귀를 막고 있다. – 교사의 신체적 및 언어적 촉진이 주어지면 잠깐씩 과제나 활동에 반응한다. – 교사의 말을 앵무새처럼 따라 할 수 있으며, 필기도구를 잡을 수 있고, 간단한 붙이기, 넘기기 등의 활동에 참여할 수 있다.	– 기분이 나쁘면 손을 무는 자해행동을 하며, 소리를 지르고, 여기 저기 침을 묻혀 주위에 비비는 행동을 한다. – 하기 싫은 과제가 주어지면 소리를 지르고 짜증을 내며, 일어서서 여기저기 돌아다닌다. – 주의집중 시간이 짧고, 손을 거의 가만히 나두지 않는다.	별(하)

③ 환경 구성 및 학생 자리배치

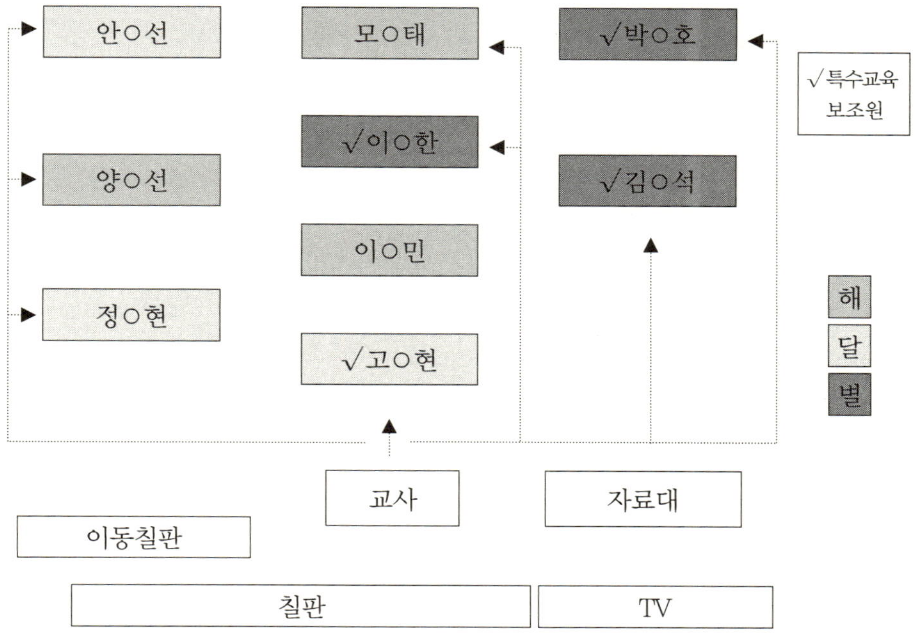

▸ 자리배치의 특성 및 이유

수업의 원활한 진행을 위하여 이와 같이 자리를 배치하였다.

첫째, 학생들의 공격성과 수업 중 발생할 수 있는 안전사고(싸움 등)를 고려하여 개별적으로 책상을 분리하여 배치하였다. 특히, 자리이탈 및 공격성이 심한 학생들을 앞줄 바깥쪽에 배치하여 교사의 직접적인 관리가 용이하도록 하였다.

둘째, 보조교사의 직접적인 신체적 촉진이 필요한 학생들 주변에 보조교사를 배치하였다. 이는 학생들을 위한 신체적 촉진이나 도움을 제공할 때 교사의 동선을 최소화시켜 학생의 주의분산을 최소화하기 위함이다.

셋째, 수업 시 필요한 컴퓨터와 자료를 교사 가까이에 배치하여 필요할 때 바로 사용할 수 있도록 하였다. 자료로 인해 주의가 분산되는 것을 방지하기 위해, 필요한 경우에만 자료를 노출시키고, 사용하지 않을 경우에는 덮개가 있는 자료대 속에 보관할 수 있도록 하였다.

(4) 본시 학습 지도안

<table>
<tr><td>일시</td><td colspan="3">2009년 11월 12일(금) 2교시</td><td>장 소</td><td colspan="2">전주○○학교(초등학교)
4-1반 교실</td></tr>
<tr><td>대상</td><td colspan="3">초등학교 4-1반 학생
(남 : 8명, 여 : 1명, 총 : 9명)</td><td>수업자</td><td colspan="2">신은희</td></tr>
<tr><td>단원</td><td colspan="2">3. 성장하는 우리</td><td>제재</td><td>2) 남자와 여자의
신체 변화</td><td>차시</td><td>2/4</td></tr>
<tr><td>학습모형
·
수업형태</td><td colspan="2">개념 형성 및 조작 활동 교수
· 학습모형 수준별 · 개별화학습</td><td>교과</td><td>과학(3수준)</td><td>관련
교과</td><td>사회, 음악,
미술, 체육</td></tr>
<tr><td rowspan="4">학습
목표</td><td colspan="6">나이에 따라 달라지는 남자와 여자의 신체적 특징을 구별하고,
자신의 신체를 지키는 방법을 알 수 있다.</td></tr>
<tr><td>해</td><td colspan="5">▷ 모○태, 이○민, 양○선
• 다양한 활동을 통해 남자와 여자의 신체적 특징을 알고, 구어로 설명할 수 있다.
• 상황에 맞게 자신의 신체를 지키는 방법을 구어로 표현할 수 있다.</td></tr>
<tr><td>달</td><td colspan="5">▷ 고○현, 안○선, 정○현
• 교사의 언어적 촉진을 받아, 남자와 여자의 신체적 특징이 제시된 그림조각 중에서 알맞은 그림을 골라 그림을 완성할 수 있다.
• 교사의 언어적 촉진을 받아, 자신의 신체를 지키는 방법을 “O, X” 카드를 이용하여 표현할 수 있다.</td></tr>
<tr><td>별</td><td colspan="5">▷ 김○석, 박○호, 이○한
• 교사의 신체적 촉진을 받아, 남자와 여자의 신체 그림을 완성할 수 있다.
• 교사의 신체적 촉진을 받아, 자신의 신체를 지키는 방법을 “O, X”카드를 이용하여 표현할 수 있다.</td></tr>
<tr><td rowspan="3">교수
학습
자료</td><td>일반학습자료</td><td colspan="5">전 차시 학습 자료, 지시봉, 공부할 문제, 학습활동 안내판, 남자 여자 관련 그림카드, 비밀 상자, 남자 여자 성장 그림, 남녀 조각 퍼즐</td></tr>
<tr><td>ICT자료</td><td colspan="5">‘어디 있나?’ 동요, 학습활동 제기 PPT 자료, ‘O, X’ 퀴즈 활동 PPT 자료, 다음 차시 예고 PPT</td></tr>
<tr><td>인터넷 관련
싸이트</td><td colspan="5">▣ 키세북 : http://kysebook.kise.go.kr/
▣ 손오공의 특수교육 : http://special.new21.org/</td></tr>
</table>

<table>
<tr><td rowspan="3">학습
단계</td><td rowspan="3">학습
과정</td><td colspan="4">교수 · 학습 활동</td><td rowspan="3">시
량
(분)</td><td rowspan="3">자료(㉶) 및
유의점
(㋒)</td><td rowspan="3">특수교육
보조원의
활용</td></tr>
<tr><td rowspan="2">교사활동</td><td colspan="3">학 생 활 동</td></tr>
<tr><td>해</td><td>달</td><td>별</td></tr>
<tr><td>문제
확인</td><td>마음
열기</td><td>◐ 분위기
조성하기
◦ 인사하기</td><td colspan="3">-“PPT를 보며 자기 사진이 나오면”,
▸“네”라고 큰소리로 대답한다. ▸사진을 보며, 손을 든다.</td><td></td><td>㉶ 출 석
PPT
자료</td><td>☞ 노래와
율동을 따
라하기 힘</td></tr>
</table>

<table>
<tr><th rowspan="3">학습 단계</th><th rowspan="3">학습 과정</th><th colspan="4">교수 · 학습 활동</th><th rowspan="3">시량 (분)</th><th rowspan="3">자료(㉶) 및 유의점 (㉾)</th><th rowspan="3">특수교육 보조원의 활용</th></tr>
<tr><th rowspan="2">교사활동</th><th colspan="3">학 생 활 동</th></tr>
<tr><th>해</th><th>달</th><th>별</th></tr>
<tr><td rowspan="3">문제 확인</td><td rowspan="2">동기 유발</td><td>◐ 학습흥미 유발하기
◦"♬어디있나?" 노래제시하기</td><td colspan="3">♬ 눈은 어디 있나? 여기
코는 어디 있나? 여기
입은 어디 있나? 여기
귀는 어디 있을까? 요기</td><td rowspan="3">4분</td><td>㉶"어디 있나?" 노래 동영상</td><td>든 학생에게 신체적 도움을 준다.</td></tr>
<tr><td></td><td>▸노래를 부르며 노래에 맞춰 율동을 한다.</td><td>▸노래를 부르며 노래에 맞춰 손동작을 한다.</td><td>▸교사의 신체적, 언어적 촉진을 받아 교사의 손동작을 보고 따라 한다.</td><td rowspan="2">㉶전시학습 상기 자료

㉾모든 학생들과 눈 맞춤을 통해 인사를 한다.</td><td rowspan="2"></td></tr>
<tr><td>전시 학습 확인</td><td>◐ 전시학습 상기
◦전시학습 상기 자료 제시</td><td colspan="2">▸화면을 보고, 교사의 질문에 대답한다.</td><td>▸바른 자세로 화면을 보고 설명을 듣는다.</td></tr>
<tr><td rowspan="4">문제 탐색</td><td rowspan="2">공부할 문제</td><td>◐ 공부할 문제 확인하기</td><td>▸도움을 받아 공부할 문제를 따라 읽는다.</td><td colspan="2">▸교사와 친구들이 읽어주는 공부할 문제를 듣는다.</td><td rowspan="4">3분</td><td rowspan="4">㉶ 공부할 문제 안내판, 지시봉

㉾학생들이 글씨를 천천히 따라 읽을 수 있도록 크고 정확한 발음으로 공부할 문제를 반복해서 읽어준다.</td><td rowspan="4">☞ 학생들이 바른 자세로 공부할 문제를 따라 읽거나 들을 수 있도록 지원한다.</td></tr>
<tr><td colspan="4">공부할 문제
나이에 따라 달라지는 남자와 여자의 신체적 특징을 구별하고, 자신의 신체를 지키는 방법을 알아봅시다.</td></tr>
<tr><td rowspan="2">학습 활동 안내</td><td rowspan="2">◐ 학습활동 안내하기

◦남자와 여자의 얼굴 보여주기</td><td>▸교사의 설명을 듣고 남자와 여자를 구별하여 말한다.</td><td>▸친구의 대답을 듣고 따라 말한다.</td><td>▸친구들의 대답을 집중해서 듣는다.</td></tr>
<tr><td colspan="3">활동1 남자 여자 구별하기
⇩
활동2 남자 여자 신체적 특징 알기
⇩
활동3 우리 몸의 소중함 알고 지키기</td></tr>
</table>

학습 단계	학습 과정	교수 · 학습 활동				시량(분)	자료(㉶) 및 유의점(유)	특수교육 보조원의 활용
		교사활동	학 생 활 동					
			해	달	별			
문제해결	활동 1	활동 1 남자 여자 구별하기				10분	㉶ 남자 여자 그림카드, 상자, 남자와 여자를 나타내는 활동판 (유) 순서를 지켜가며 상자에서 카드를 뽑도록 한다.	☞ 바른 자세로 의자에 앉아 있도록 신체적 도움을 제공한다. ☞ 혼자서 상자에서 그림카드를 뽑지 못하는 학생들에게 신체적 도움을 제공한다.
		◐ 남자와 여자의 특징을 나타내는 그림 제시 ◦ 남자와 여자 신체 특징이 들어간 그림 제시	▸ 제시된 그림을 보고 남자, 여자를 구별하여 말한다.	▸ 제시된 그림을 보고 교사를 따라 남자, 여자를 구별하여 말한다.	▸ 제시된 그림을 본다.			
		◐ 활동 1 【상자에서 남자 여자 사진 뽑기】 ◦ 상자에서 남자, 여자사진, 그림 카드 뽑기 ◦ 남자 여자 분류해서 붙이기	▸ 상자에서 그림카드를 뽑아 남자 여자를 구별하고 해당하는 활동판에 그림카드를 붙인다.	▸ 교사의 언어적 촉진을 받아 상자에서 그림카드를 뽑아 남자 여자를 구별하고 해당하는 활동판에 그림카드를 붙인다.	▸ 교사의 신체적 촉진을 받아 그림카드를 뽑은 후 해당하는 활동판에 그림카드를 붙인다.			
	활동 2	활동 2 남자 여자 신체적 특징 알기				10분	㉶ 남녀 성장 그림, 남녀 조각퍼즐 (유) 퍼즐 맞추기에 집착하기보다 남녀를 구분하고 특징을 이해하는데 초점을 맞출 수 있도록 지도한다.	☞ 학습과제를 수행하지 못하거나 산만한 신체적 및 언어적 촉구를 제공한다.
		◐ 활동 2 【남자 여자 모습 완성하기】 ◦ 성장하면서 달라지는 남자와 여자의 신체적 특징 구별하기	▸ 남자와 여자의 신체적 차이를 찾아 동그라미 표시를 활동판에 붙인다.	▸ 교사의 언어적 촉진을 받아 남자와 여자의 신체적 차이를 찾아 동그라미 표시를 활동판에 붙인다.	▸ 교사의 신체적 촉진을 받아 남자와 여자의 신체적 차이를 찾아 동그라미 표시를 활동판에 붙인다.			
		◦ 남자 여자 모습 완성하기	▸ 남자와 여자의 신체적 특징이 그려진 조각퍼즐을 이용하여 남자와 여자 모습을 완성한다.	▸ 남자와 여자 모습이 선으로 구선된 활동판 위에 퍼즐을 붙여 완성한다.	▸ 도움을 받아 밑판의 그림을 보고 퍼즐조각을 붙여 남자와 여자 모습을 완성한다.			

학습 단계	학습 과정	교수 · 학습 활동: 교사활동	학생활동: 해	학생활동: 달	학생활동: 별	시량(분)	자료(㉶) 및 유의점(㋒)	특수교육 보조원의 활용
문제해결	활동 3	활동 3 우리 몸의 소중함 알고 지키기				7분	㉶플래시 자료, 'O, X' 판 ㋒상황에 따른 설명을 구체적으로 설명해준다. ㋒다른 친구들의 활동을 주의 깊게 바라보도록 지도한다.	☞'O, X' 판을 잘들 수 있도록 도와준다. ☞'O, X' 판으로 장난을 하거나 옆 친구를 때리지 않도록 학생들의 활동을 지원한다.
		◐ 활동 3 【○, ×판 놀이】 ◦플래시 자료 제시	▸플래시 자료를 감상한다.					
		◦놀이 방법 소개 ◦상황에 맞게 자신의 몸을 지키는 방법 제시	▸제시된 화면을 보고 상황에 맞게 '○, ×' 판을 든다.	▸교사의 언어적 촉진을 받아, 제시된 화면을 보고 상황에 맞게 '○, ×' 판을 든다.	▸교사의 신체적 촉진을 받아, 제시된 화면을 보고 상황에 맞게 '○, ×' 판을 든다.			
정리 · 확인	도달 확인 (평가) · 학습 정리	◐ 적용 및 발전 · 평가 ◦목걸이 걸어주기 ◦강화하기 – 자신의 얼굴이 그려 있는 목걸이 걸어주기	▸상자에서 친구 얼굴이 그려 있는 목걸이를 뽑아 해당하는 친구에게 걸어준다.		▸교사의 신체적 촉진을 받아 상자에서 목걸이를 뽑고 해당하는 친구에게 준다.	6분	㉶ 상자, 남녀 목걸이, PPT 자료 ㋒ 주위의 사람에게 목걸이를 걸어주는 활동을 하는 동안 혼란스럽지 않도록 주의한다.	☞ 목걸이를 걸어주는 활동 시 이동을 지원한다. ☞ 바른 자세로 의자에 앉아 있도록 지원한다.
		◐ 학습내용 정리하기 ◦오늘의 활동 내용 보기	▸칠판에 게시된 학습내용을 보며, 교사의 설명을 듣는다.					
	차시 예고	◐ 다음차시 학습내용 알아보기 ◦다음 차시 설명하기	▸PPT 자료를 보며 다음 시간 학습내용을 듣는다. 음식과 건강과의 관계를 알아봅시다 ▸"감사합니다."라고 큰소리로 인사한다.		▸화면을 보며 선생님의 이야기에 집중한다. ▸고개를 숙여 인사한다.			

(5) 본시 학습 평가 계획

<table>
<tr><td rowspan="4">평가
목표</td><td colspan="2">나이에 따라 달라지는 남자와 여자의 신체적 특징을 구별하고, 자신의 신체를 지키는 방법을 알 수 있다.</td></tr>
<tr><td>해</td><td>• 다양한 활동을 통해 남자와 여자의 신체적 특징을 알고, 구어로 설명할 수 있는가?
• 상황에 맞게 자신의 신체를 지키는 방법을 구어로 표현할 수 있는가?</td></tr>
<tr><td>달</td><td>• 교사의 언어적 촉진을 받아, 남자와 여자의 신체적 특징이 제시 된 그림조각 중에서 알맞은 그림을 골라 그림을 완성할 수 있는가?
• 교사의 언어적 촉진을 받아, 자신의 신체를 지키는 방법을 O, X 카드를 이용하여 표현할 수 있는가?</td></tr>
<tr><td>별</td><td>• 교사의 신체적 촉진을 받아, 남자와 여자의 신체 그림을 완성할 수 있는가?
• 교사의 신체적 촉진을 받아, 자신의 신체를 지키는 방법을 "O, X" 카드를 이용하여 표현할 수 있는가?</td></tr>
</table>

<table>
<tr><td rowspan="7">개
별
평
가</td><td rowspan="2">학습
과정</td><td rowspan="2">평가
내용</td><td colspan="3">평가 기준</td><td colspan="3">평가척도</td><td rowspan="2">평가
시기</td><td rowspan="2">평가
방법</td></tr>
<tr><td>해</td><td>달</td><td>별</td><td>우수</td><td>보통</td><td>부족</td></tr>
<tr><td>문제
해결
(개념화)</td><td>남자와 여자
구별하기</td><td colspan="2">– 상자에서 뽑은 그림을 남자와 여자로 구별하여 활동판에 붙일 수 있는가?</td><td>– 신체적 도움을 받아 상자에서 뽑은 남자, 여자 그림을 활동판에 구별하여 붙일 수 있는가?</td><td></td><td></td><td></td><td>수
업
중</td><td>관찰법
질문법
개별평가</td></tr>
<tr><td rowspan="2">문제
해결
(개념적용
및
개념발전)</td><td>퍼즐
맞추기</td><td>– 활동판에 남자, 여자를 구별하여 퍼즐을 맞출 수 있는가?</td><td>– 주어진 단서를 활용하여 활동판에 남자, 여자를 구별하여 퍼즐 맞추기를 할 수 있는가?</td><td>– 주어진 단서와 신체적 도움을 받아 활동판에 남자, 여자를 구별하여 퍼즐 맞추기를 할 수 있는가?</td><td rowspan="2"></td><td rowspan="2"></td><td rowspan="2"></td><td rowspan="2">수
업
중</td><td rowspan="2">관찰법
질문법
개별평가</td></tr>
<tr><td>'○, ×'판을
이용하여
자신의
의사표현
하기</td><td>– 제시된 화면에 맞게 '○, ×'판을 들어 자신의 의사를 표현할 수 있는가?</td><td>– 언어적 도움을 받아, 제시된 화면에 맞게 '○, ×'판을 들어 자신의 의사를 표현할 수 있는가?</td><td>– 신체적 도움을 받아, 제시된 화면에 맞게 '○, ×'판을 들어 자신의 의사를 표현할 수 있는가?</td></tr>
<tr><td>정리 및
확인
(일반화)</td><td>학습 내용
정리 및
강화 제공</td><td colspan="3">– 교사가 들려주는 학습 정리 및 차시 예고를 잘 들을 수 있는가?
– 강화 활동에 질서를 지켜가며 참여할 수 있는가?</td><td></td><td></td><td></td><td>수
업
중</td><td>관찰법
질문법
개별평가</td></tr>
<tr><td colspan="2" rowspan="2">전체 평가</td><td colspan="3">– 남녀 신체의 변화에 대한 수업에 흥미를 가지고 수업에 적극적으로 참여하는가?</td><td></td><td></td><td></td><td rowspan="2">수
업
중</td><td rowspan="2">관찰법</td></tr>
<tr><td colspan="3">– 개별과제 수행 시 과제물을 끝까지 완성하려고 노력하는가?</td><td></td><td></td><td></td></tr>
</table>

※ 수행정도를 '○'로 표시

※ 학생의 과제수행 상황에서 발생한 특이사항 및 문제행동은 메모에 기입

메모

2 실과과 교수 · 학습안의 예[18)]

1) 단원명 : 음식 만들기와 식사하기

2) 단원의 설정이유

인간이 살아가기 위해 기본적으로 필요한 것은 의식주이다. 그 중 식생활은 개인의 생활에서 가장 기초가 되는 동시에 학생의 자립과 독립적 기능 수행에서 큰 부분을 차지하는 영역이다. 또한 아동기에 있는 아동들에게 충분히 영양가 있는 음식을 섭취하도록 함으로써 균형 있고 올바른 식생활 습관을 가지는 것이 중요하다.

인지적 · 신체적으로 장애가 있는 아동의 경우에는 스스로 식생활을 해결하지 못하는 경우가 많다. 이것은 인지적 · 신체적 문제뿐 아니라 학교에서 주지교과 위주로 교육하여 가정생활에서의 교육을 경시한 측면의 문제도 있을 수 있다. 이번에 개정된 특수학교 교육과정에서는 국민공통 기본교육과정의 연계와 가정생활에서의 실제적 기술의 중요성을 인식시키고자 특수학교 교육과정 초등에 실과를 새로 신설하였다. 중등 특수학교의 경우 직업교과가 시간표에서 많은 시간을 차지하고 있는 반면, 초등에서는 직업교과 자체가 존재하지 않기 때문에 실과교과의 개설은 국민공통 기본교육과정과의 연계뿐 아니라 중등학교와의 연계에도 중요한 가교 역할을 한다고 볼 수 있다.

특히 음식 만들기와 식사하기 단원에서는 여러 가지 음식을 골고루 먹는 습관을 기르고 간단한 음식을 요리할 수 있게 하여 가정생활에서 올바른 식생활을 할 수 있게 지도하는데 의의가 있다. 따라서 본 단원에서 여러 가지 음식의 종류와 재료, 간단한 조리과정 알기, 자신의 식습관 파악하여 골고루 먹는 식습관 기르기, 조리 기구를 용도에 맞게 사용하여 한 끼 식사대용 음식을 요리할 수 있게 하기, 마지막으로 가정에서 간단한 상차림과 설거지하기를 중점으로 본 단원을 지도한다.

---

18) 이 지도안은 2009년에 저자가 지도한 교육실습생 김진영 학생의 지도안을 저자가 수정한 것이다.

본시 수업에서는 '고구마 경단 만들기'를 주제로 하여, 경단 만들기에 필요한 재료의 종류와 조리 기구의 사용법을 익히고, 고구마 경단을 만드는 순서 알기 등을 지도한다.

3) 본 단원의 교수 · 학습목표

본 지도안은 정서장애 학급(남 : 3명) 아동을 대상으로 '음식 만들기와 식사하기'라는 주제에 대하여 다음과 같이 교수 · 학습 목표를 선정하였다.

(1) 이해면

① 여러 가지 음식의 이름과 대표적인 조리방법을 말할 수 있다.
② 간단한 조리 기구의 사용방법을 말할 수 있다.
③ 한식, 양식, 분식의 다른 점을 나열할 수 있다.
④ 요리와 관련 된 여러 가지 직업을 나열할 수 있다.

(2) 기능면

① 음식, 재료, 대표적 조리 방법을 서로 연결할 수 있다.
② 간단한 조리 기구를 바르게 사용할 수 있다.
③ 고구마 경단을 만드는 순서에 맞게 고구마 경단을 만들 수 있다.
④ 음식을 먹은 후 설거지를 할 수 있다.

(3) 태도면

① 올바른 식생활 습관을 가지고 생활할 수 있다.
② 자신의 식생활 습관을 알아보고, 문제점을 고치려는 태도를 갖는다.
③ 바른 식사 예절을 지킬 수 있다.

4) 단원의 계열

(1) 관련 교과 및 교과 간 계열

교과	수준	단원	제재 및 내용
수학	1	4. 재미있는 모양놀이 (100∼113쪽)	– 같은 모양 찾기 (동그라미, 세모, 네모) – 재미있는 모양 만들기
	2	4. 여러 가지 모양 (94∼107쪽)	– 여러 가지 모양 알기 – 여러 가지 모양 만들기
	3	4. 여러 가지 평면도형 (100∼115쪽)	– 평면도형 알기 – 평면도형 그리기
사회	1	1. 맛있게 먹어요 (4∼19쪽)	– 식사도구 사용하기 – 바른 자세로 식사하기 – 식사를 마친 뒤 정리 정돈하기 – 식사예절 알아보기

(2) 단원의 지도계획

차시	학 습 목 표	학 습 내 용	학습자료
1/12	음식을 밥, 국, 김치, 반찬별로 분류할 수 있다.	– 여러 가지 음식 사진을 보며 먹어본 이야기하기 – 여러 가지 음식의 종류와 이름 그리고 한식 상차림의 간단한 구성 알기 – 자신이 좋아하는 음식 사진 보여 주며 발표하기	· 음식사진, PPT 자료, 시식용 음식, 학습지 자료
2/12	음식, 재료, 대표적 조리 방법을 서로 연결할 수 있다.	– 실제 음식 관찰하고 시식하기, 음식의 재료와 대표적 조리 방법 연결하기 – 조리 방법별 필요한 조리 도구를 찾고 조리 동작 알기	· 전기밥솥, 냄비, 휴대용레인지, 프라이팬, 뒤집개, 튀김용 팬과 젓가락, 식용유 등
3/12	제철음식을 분류하고 제철음식의 좋은 점을 말할 수 있다.	– 냉면과 팥빙수를 먹어 본 경험을 떠올리며 느낌과 여름 연상하기 – 계절음식의 종류 알기, 음식 사진을 보고 관련된 계절 구별하기	· 잡지, 신문

차시	학 습 목 표	학 습 내 용	학습자료
4/12	올바른 식생활 습관과 나쁜 식생활 습관을 구분 할 수 있다.	– 올바른 식생활 습관에 관한 시청각 자료 보기 – 골고루 먹기의 좋은 점과 나쁜 식습관의 부작용 분류하기 – 적당량 골고루 먹기 약속하기	· 동기유발 시청각 자료 · 나쁜 음식 시청각 자료
5/12	자신의 식생활 습관을 알아보고, 문제점을 발견할 수 있다.	– 여러 가지 식품의 주재료 알기 – 식품 분류 알기, 나의 식습관 살펴보기	· 음식 사진과 그림, 식품 분류표
6/12	여러 가지 조리 기구와 명칭을 알고, 조리 기구를 바르게 사용할 수 있다.	– 조리 기구에 대한 호기심 갖기 – 여러 가지 조리 기구의 이름을 알고 사용하기 – 부엌놀이 하기	· 여러 가지 조리 기구
7/12 (본시)	고구마 경단을 요리 과정에 맞게 조리하고 대접할 수 있다.	– 고구마 경단을 만드는데 필요한 재료와 여러 가지 조리 기구의 사용법 알기 – 고구마 경단 만들기의 순서 알기 – 고구마 경단을 꾸미고 다른 사람에게 대접하기	· 순서PPT, 고구마, 꿀, 카스테라, 양푼, 견과류, 비닐장갑, 앞치마, 포크 접시, 체, 접시
8/12	감자 샌드위치 요리하기에 참여할 수 있다.	– 요리 방송 프로그램 시청하기 – 감자 샌드위치 만들기 – 요리 평가하기와 대접하기	· 감자, 식빵, 달걀, 오이, 치즈, 마요네즈, 숟가락, 양푼, 칼, 당근
9/12	한식, 양식, 분식의 다른 점을 알고, 상차림에 맞는 식사행동을 할 수 있다.	– 드라마나 영화 등의 식사 장면 보기 – 서로 다른 상차림에서 먹는 행동 구분하고 연습하기 – 다과상 대접하기와 차와 다과 먹기	· 과일, 차, 스푼, 포크, 접, 접시, 동영상 자료
10/12	다과상을 차릴 수 있다. 간단한 한식상 차리기를 도울 수 있다.	– 다과상과 한식상의 다른 점 알기 – 다과상과 한식상 차리기 – 그 밖의 상차림 알아보기	· 냅킨, 차받침, 찻잔, 과일, 접시, 차 숟가락, 포크, 밥, 국, 그릇, 김치, 부침개, 장, 각종 반찬들
11/12	가정에서 설거지를 도울 수 있다.	– 설서지하는 장소와 상황 알아보기 – 설거지하기 – 식기세척기 알아보기	· 시청각 자료, 수세미, 플라스틱 그릇, 세제, 식기세척기
12/12	요리와 관련된 여러 가지 직업을 찾고, 요리와 관련된 직업에 대한 자신의 관심을 표현할 수 있다.	– 요리와 관련된 직업이 나오는 시청각 자료 보기 – 요리와 관련된 여러 직업보기 – 진로탐색과 관련하여 관심과 흥미 표현하기	· 요리 관련 직업 사진

(3) 지도상의 유의점

① '경단 만들기'에 대해 지도할 때, 아동들의 발달단계 및 인지적 특성을 고려한 과제분석을 통해 지도한다.

② 아동들의 흥미를 끌기 위해 '경단 만들기' 모습이 담긴 PPT자료와 과제분석을 통한 각 단계의 사진, 다양한 조리도구를 사용하여 직접적으로 아동이 체험할 수 있도록 지도한다.

③ '경단 만들기'의 지도를 통해, 한 줄 서서 차례 지키기 또는 음료수를 먹고 난 다음 깡통 분리수거 하기와 같은 일상생활 안에서의 바른 생활습관을 몸에 익히도록 지도한다.

④ 바른 식사 행동과 예절을 실천하여 점검표에 기록하여 올바른 식습관을 형성할 수 있도록 지도한다.

⑤ 수업에 참여하는 학생의 특성과 능력에 맞도록 지도하기 위해 학생의 수준을 해(상), 달(중), 별(하)로 나누어 지도하고, 교사의 이동 동선을 고려하여 수업이 효과적으로 진행될 수 있도록 한다.

⑥ 학생들의 주의집중 시간이 짧고 주위가 쉽게 분산되는 장애아동의 특성을 고려하여, 학생의 정반응에는 박수나 하이파이브, 칭찬 등의 강화를 제공하고, 오반응에는 이름 불러주기, 부연설명 등의 언어적 촉진과 신체적 촉진을 제공한다.

(4) 평가 계획

① 이해면

㉠ 여러 가지 음식의 이름과 대표적인 조리방법을 말할 수 있는가?

㉡ 간단한 조리 기구의 사용방법을 말할 수 있는가?

㉢ 한식, 양식, 분식의 다른 점을 나열할 수 있는가?

㉣ 요리와 관련 된 여러 가지 직업을 나열할 수 있는가?

② 기능면

㉠ 음식, 재료, 대표적 조리방법을 서로 연결할 수 있는가?

㉡ 간단한 조리 기구를 바르게 사용할 수 있는가?

㉢ 고구마 경단을 만드는 순서에 맞게 고구마 경단을 만들 수 있는가?

㉣ 음식을 먹은 후 설거지를 할 수 있는가?

③ 태도면

㉠ 올바른 식생활 습관을 가지고 생활할 수 있는가?

㉡ 자신의 식생활 습관을 알아보고, 문제점을 고치려는 태도를 가지는가?

㉢ 바른 식사 예절을 지킬 수 있는가?

5) 본시 학습의 지도 계획

(1) 본시 관련 학생의 실태

① 학급의 특성

전주 ○○학교(초등학교) 5학년 3반은 주장애가 지적장애인 남학생 1명과, 발달장애 남학생 2명으로 구성되어 있는데 학생들은 지적장애나 발달장애와 함께 부수적으로 언어장애를 가지고 있다. 5학년 3반은 5학년 중 유일한 정서반으로 아동들이 자폐성향을 많이 가지고 있는 편이다. 전체적인 반 분위기는 아동들 자체가 말을 많이 하지 않아 다른 정신지체 아동들 반보다 차가운 느낌을 많이 주는 편이다. 오○호 학생은 학급의 반장으로써, 대부분의 글자를 읽을 수 있고, 교실을 잘 찾아오는 등의 자율적인 모습을 많이 보인다. 또한 글을 읽을 수 있고, 간단한 색이나 과일, 채소 등의 명칭을 잘 알고 있다. 자폐성향을 많이 가진 장○연 학생은 적극적으로 과제를 수행하지는 않으나, 주어진 과제를 스스로 혹은 도움을 받아 해결할 수 있다. 자신의 정서 혹은 신체상의 문제가 있을 때 공격행동을 보일 수 있고, 공격행동은 교사 혹은 다른 학급원들을 대상으로 나타난다. 최○만 학생은 학습이 대부분 되지 않으며, 표현 언어가 불가능하여 수업을 진행하는데 많은 어려움을 가진다. 반 아동들은 대부분의 활동에 있어 소극적인 면을 많이 보이며, 자신이 흥미 있어 하는 활동(예 : 색칠하기, 바깥 보기)만을 고집하려는 경향이 있다.

② 학생 특성

번호	성명	성별	장애유형	생활연령	본시 학습관련 수행능력	행동특성 및 유의사항	수준
1	오○호	남	발달장애 2급	14	• 간단하나 조리 기구의 이름을 말할 수 있음 • 간단한 읽기가 가능하나 자신의 이름을 제외한 다른 글쓰기는 어려움 • 자신의 의견을 말로 표현 가능함 • 자신이 원하는 물건을 다른사람에게 말할 수 있음 • 교사의 언어적 지시를 이해하고 다른 사람의 도움 없이 과제를 수행할 수 있음	• 수업시간에 교실을 돌아다니는 등의 주의를 집중하지 못하는 문제가 심각하게 나타남 • 사진이 있는 그림을 보는 것을 좋아하며, 한 번 그림책을 보기 시작하면 수업에 집중하기가 힘듬 • 학급의 반장임 • 교실을 혼자서 찾아올 수 있으며, 대부분의 일을 혼자서 수행 가능함	해(상)
2	장○연	남	발달장애 1급	14	• 간단한 단어정도가 가능하나 쓰기에서는 자신의 이름만을 쓸 수 있음 • 매우 한정적인 조리 기구의 이름만을 말할 수 있음(예: 칼, 가위, 접시 등) • 손으로 만드는 것을 잘 하는 편이고, 손동작이 세심함 • 간단한 표현 언어나 '네/아니오' 등의 단답형 대답을 함 • 대부분의 활동에서 소극적인 모습을 보임	• 자폐성향으로 공격행동이 나타날 수 있으므로 공격행동이 일어 날 때 중재해야 함 • 싸인펜으로 색칠 하는 것에 대한 강박적인 관심과 흥미가 있어, 수업시간에 싸인펜으로 색칠을 하려 함 • 다른 사람과의 눈맞춤이 어려움 • 자신이 필요할 때만 말하려는 경향이 있음 • 자신이 듣기 싫은 노래나 말을 들을 경우 귀를 막는 행동을 보임	달(중)
3	최○만	남	지적장애 2급 (언어장애 수반)	20	• 수용언어는 어느 정도 가능하나 표현언어는 전혀 되지 않음 • 학습이 거의 되지 않음 • 언어가 되지 않으나, 활동에 적극적으로 참여하려는 경향을 보임 • 대부분의 수행에 있어서 교사의 언어적, 신체적 촉진이 필요함	• 야외활동을 좋아함 • 대소변을 혼자서 해결할 수 없음 • 시지각의 문제로 인해 교사가 제시하는 것을 똑바로 볼 수 없음 • 운동능력이 지체되어 뛰는 것이 어렵고 자세가 불안정함 • 교사의 간단한 지시를 어느 정도 이해하나, 표현언어를 사용하지 못해 자신의 생각을 전달할 수 없음	별(하)

③ 환경 구성 및 학생 자리배치

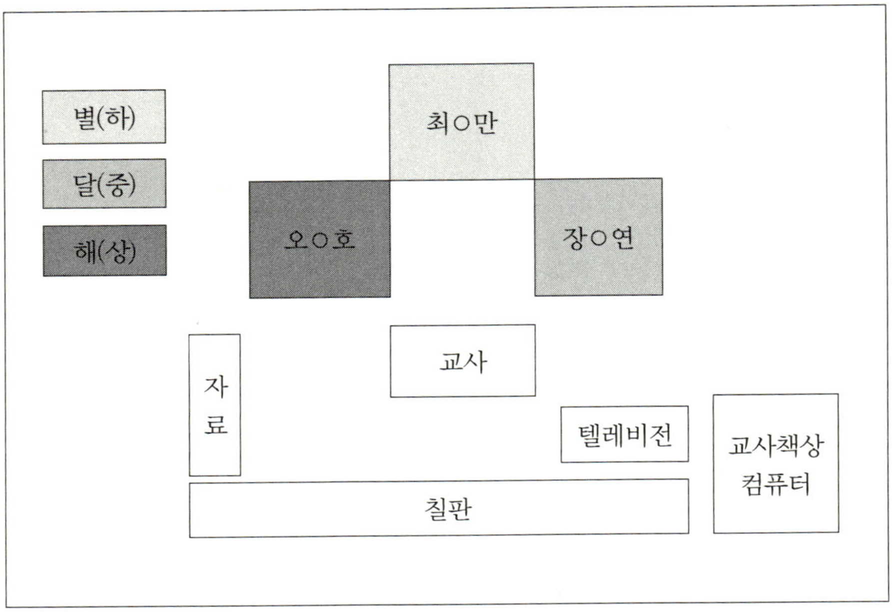

▸ 자리배치의 특징

수업의 원활한 진행을 위하여 이와 같이 자리를 배치하였다.

첫째, 책상을 'ㄷ'모양으로 배치함으로써 교사가 모든 아동에게 접근이 용이하고, 수업을 진행하면서 아동을 한눈에 관찰할 수 있게 하였다. 또한 교사가 아동에게 신체촉진이나 어떠한 도움을 제공할 때 동선을 최소화 시키고, 한 학생을 지도할 때 다른 아동들 또한 관찰할 수 있도록 하였다.

둘째, 별(하) 학생인 최○만 학생을 가운데에 배치함으로써, 별(하) 학생이 수업에서 소외되지 않고 해(상), 달(중) 학생들의 활동을 모방할 수 있는 기회를 제공하도록 하였다.

셋째, 반 아동의 수가 3명인 점을 고려하여 교사가 칠판을 사용하는 것 보다 아동들 가까이 위치하여 교수할 수 있도록 아동들 가까이에 교사를 배치하였다.

(2) 본시 학습 지도안

<table>
<tr><th>교과명</th><td colspan="5">실과</td><th>수업자</th><td colspan="2">김진영</td></tr>
<tr><th>단원명</th><td>7. 음식 만들기와
식사하기</td><th>일시</th><td colspan="3">2009년 5월 25일(월)
2교시</td><th>대상</th><td colspan="2">초등부
5-3반(남3)</td></tr>
<tr><th>제재</th><td>고구마 경단 만들기</td><th>수업
형태</th><td>성취 · 수준별
개별화 수업</td><th>장소</th><td colspan="2">은화초등학교
5-3반 교실</td><th>차시</th><td>7/12</td></tr>
<tr><th colspan="10">전체 학습 목표</th></tr>
<tr><td colspan="10">고구마 경단 만들기 조리 순서를 알고, 고구마 경단을 만들 수 있다.</td></tr>
</table>

<table>
<tr><th>구분</th><th>이름</th><th colspan="2">개별학습 목표</th></tr>
<tr><td>해(상)</td><td>오○호</td><td colspan="2">▸고구마 경단 만들기 조리 순서에 대한 설명을 듣고, 고구마 경단을 만들 수 있다.</td></tr>
<tr><td>달(중)</td><td>장○연</td><td colspan="2">▸고구마 경단 만들기 조리 순서에 대한 사진자료를 보고, 순서대로 고구마 경단을 만들 수 있다.</td></tr>
<tr><td>별(하)</td><td>최○만</td><td colspan="2">▸고구마 반죽에 고물을 묻혀 고구마 경단을 만들 수 있다.</td></tr>
<tr><th colspan="2" rowspan="2">교수 학습
자료</th><td>일반학습
자료</td><td>고구마, 카스테라, 아몬드, 꿀, 모양틀, 접시, 위생장갑
앞치마와 모자, 티슈, 양푼, 쟁반</td></tr>
<tr><td>ICT자료</td><td>'고구마 경단 만들기' PPT자료</td></tr>
</table>

<table>
<tr><th rowspan="3">학습
단계</th><th rowspan="3">학습
과정</th><th colspan="4">교수 · 학습 활동</th><th rowspan="3">시간
(분)</th><th rowspan="3">자료 및
유의점</th></tr>
<tr><th rowspan="2">교사활동</th><th colspan="3">학생활동</th></tr>
<tr><th>해</th><th>달</th><th>별</th></tr>
<tr><td rowspan="4">도입</td><td rowspan="2">학습
분위기
조성</td><td>◈ 인사하기
• 5학년 3반 친구들! 수업할 준비 됐나요?</td><td colspan="2">▸'네!' 라고 대답한다.</td><td>▸고개를 끄덕이며 교사를 쳐다본다.</td><td rowspan="4"></td><td rowspan="4">[유]
아동들이 왼손을 올릴 때 교사는 오른손을 올려 아동들이 헷갈리지 않게 한다.</td></tr>
<tr><td>◈ 파이팅 하기
• 아동개개인과 파이팅을 하며 손 마주치기</td><td>▸스스로 손을 들어 교사와 손을 마주치며 파이팅이라고 말한다.</td><td>▸교사의 언어적 촉진을 받고 교사와 손을 마주치며 파이팅이라고 말한다.</td><td>▸교사의 언어적 촉진을 받아 교사와 손을 마주친다.</td></tr>
<tr><td rowspan="2">전시학습
확인</td><td>◈ 전시학습 확인하기
• 지난시간에 무엇을 배웠는지 생각나요?
• '지난시간에 배웠던 조리 기구들을 하나씩 살펴보아요'</td><td>▸교사가 제시하는 그림을 보고 그 조리기구의 이름을 말한다.</td><td>▸간단한 국자, 칼, 가위의 사진을 보고 대답한다.</td><td>▸교사가 제시하는 자료 화면을 주의깊게 본다.</td></tr>
</table>

<table>
<tr><th rowspan="3">학습
단계</th><th rowspan="3">학습
과정</th><th colspan="4">교수 · 학습 활동</th><th rowspan="3">시
간
(분)</th><th rowspan="3">자료 및
유의점</th></tr>
<tr><th rowspan="2">교사활동</th><th colspan="3">학생활동</th></tr>
<tr><th>해</th><th>달</th><th>별</th></tr>
<tr><td rowspan="8">도입</td><td rowspan="3">동기유발</td><td>◈ 동기유발하기
• 요리사 사진제시
'누구일까요?'</td><td colspan="2">▸요리사라고 대답한다.</td><td>▸화면을 본다.</td><td rowspan="8">6</td><td rowspan="8">[자]
요리사 ppt자료

[유]
고구마 경단을 잘 알지 못하는 아동에게 경단의 사진을 보여 주고 설명한다.</td></tr>
<tr><td>• 아동들 사진에 요리사 옷 입히기</td><td colspan="3">▸제시된 화면을 보고 자신을 확인한다.</td></tr>
<tr><td>• 준비한 앞치마와 모자 입히기</td><td>▸스스로 앞치마를 입는다.</td><td colspan="2">▸교사의 도움을 받아 앞치마를 입는다.</td></tr>
<tr><td rowspan="3">공부할
문제
안내</td><td>◈ 공부할 문제 안내하기</td><td colspan="2">▸공부할 문제를 소리 내어 따라 한다.</td><td>▸제시한 학습 목표를 집중해서 본다.</td></tr>
<tr><td colspan="4">【공부할 문제】
고구마 경단 만들기 조리 순서를 알고,
고구마 경단을 만들 수 있다.</td></tr>
<tr><td colspan="4">★ 해 – 고구마 경단 만들기 조리 순서에 대한 설명을 듣고, 고구마 경단을 만들 수 있다.
★ 달 – 고구마 경단 만들기 조리 순서에 대한 사진자료를 보고, 순서대로 고구마 경단을 만들 수 있다.
★ 별 – 고구마 반죽에 고물을 묻혀 고구마 경단을 만들 수 있다.</td></tr>
<tr><td rowspan="2">학습활동
안내</td><td>◈ 학습활동 안내하기</td><td colspan="2">▸학습활동에 관심을 보이고 교사의 말을 집중하여 듣는다.</td><td>▸교사의 말을 바른 자세로 앉아 듣는다.</td></tr>
<tr><td colspan="4">【학습활동 안내】
♠ 활동 1. 고구마 경단은 어떤 순서로 만들까요?
♠ 활동 2. 냠냠 고구마 경단을 만들어 보아요.</td></tr>
<tr><td rowspan="3">전개</td><td rowspan="3">개념도입
·
개념형성</td><td colspan="4">활동 1. 고구마 경단은 어떤 순서로 만들까요?</td><td rowspan="3"></td><td rowspan="3">[유]
수업을 시작하기 전에 모든 재료들을 세팅한다.

[자]
고구마 경단 만드는 순서 PPT</td></tr>
<tr><td>◈ 고구마 경단에 필요한 재료 알아보기
• 미리 준비한 재료들의 이름을 말하며 하나씩 확인하기</td><td colspan="2">▸교사가 제시하는 재료들의 이름을 말한다.</td><td>▸친구들과 교사가 하는 말을 듣는다.</td></tr>
<tr><td>◈ 고구마 경단을 만드는 순서 알아보기
• 고구마 경단을 만드는 순서를 사진 PPT로 제시하기</td><td>▸교사가 제시한 PPT자료를 보고 순서를 말한다.</td><td colspan="2">▸교사의 설명을 바른 자세로 듣는다.</td></tr>
</table>

학습 단계	학습 과정	교수·학습 활동				시간(분)	자료 및 유의점
		교사활동	학생활동				
			해	달	별		
전개	적용 · 발전	활동 2. 냠냠 고구마 경단을 만들어 보아요.				28	
		◈ 고구마 경단 만들기 • 각 아동들에게 필요한 조리 기구와 재료 나누어 주기	▸자신이 받은 조리 기구의 이름을 말한다.	▸간단한 조리 기구의 이름을 말한다.	▸자신에게 할당된 조리 기구를 받는다.		[자] 고구마 꿀 아몬드 위생장갑 양푼 접시 포크 숟가락 빵 쟁반 은박지 쟁반
			〈고구마 경단 만들기 순서〉 1) 양푼에 고구마를 넣고 으깨기 2) 으깬 고구마에 꿀을 넣고 섞어 반죽 완성 하기 3) 고구마 반죽을 동그라미나 다양한 모양으로 만들거나 무늬찍기 4) 쟁반과 체, 카스테라 준비하기 5) 쟁반을 아래에 두고, 체에 카스테라를 갈아 빵가루 내리기 6) 여러 가지 모양의 고구마 반죽에 빵가루를 뿌리거나 반죽을 빵가루에 돌려 옷입히기 7) 경단을 아몬드, 호두, 건포도로 장식하기 8) 경단을 오븐에 넣고 기다리면서 정리를 하기				
		• 위생을 위해 위생장갑을 끼게 하기	▸교사가 제시한 위생장갑을 손에 끼운다.				
		• 고구마를 양푼에 넣고 으깨기	▸고구마를 손으로 주물러 으깬다.		▸교사의 도움을 받아 고구마를 으깬다.		
		• 으깬 고구마에 꿀 넣고 섞기	▸교사가 꿀을 넣어주면 그것을 고구마 반죽에 섞는다.				[유] 아동이 잘 되지 않는 활동은 교사가 옆에서 도움을 주도록 한다.
		• 고구마 반죽 모양 만들기	▸반죽으로 다양한 모양을 만들거나, 모양틀을 이용하여 모양을 찍어낸다.	▸교사의 신체적 촉진을 받아 동그라미 모양이나 모양틀을 이용하여 모양을 찍는다.			

학습 단계	학습 과정	교수 · 학습 활동				시간(분)	자료 및 유의점
		교사활동	학생활동				
			해	달	별		
전개	적용 · 발전	• 빵가루 내리기	▸스스로 체에 빵을 갈아 빵가루를 낼 수 있다.	▸교사의 신체적 도움을 받아 빵가루를 낼 수 있다.			[유] 모양틀 찍기를 통해 여러 가지 모양을 함께 지도한다.
		• 고구마 반죽에 빵가루 입히기	▸고구마 반죽에 빵가루를 뿌린다. ▸고구마 반죽을 빵가루에 굴린다.		▸고구마 반죽에 빵가루를 뿌린다.		
		• 경단 위에 아몬드를 올려 장식하기	▸스스로 경단에 아몬드, 건포도, 호두를 올린다.		▸교사의 촉진을 받아 경단을 장식한다.		
		• 만들어진 경단을 오븐에 넣기	▸간단하게 교실 정리를 한다.				
		• 경단을 접시 담기					
정리	학습내용 정리	◈ 학습내용 정리하기 • 활동내용을 ppt를 보며 고구마 경단을 어떻게 만들었는지 확인하기	▸교사가 제시한 사진을 보고 자신이 한 활동을 말한다.	▸교사의 질문에 '네/아니오'로 대답한다.	▸교사의 설명을 집중하여 듣는다.	6	[유] 자신의 자리를 정리하도록 유도한다.
	강화하기	◈ 강화물 제공 • 강화물로 꽃을 주어 자신의 칭찬의 성에 꽃을 꽂게 하기	▸강화물을 자신의 사진밑에 있는 종이 컵에 꽃을 꽂는다.		▸교사의 언어적 · 신체적 촉진을 받아 자신의 사진 밑에 있는 종이컵에 꽃을 꽂는다.		[자] 강화물(꽃) 강화판
	차시예고	◈ 차시예고하기 • 다음 시간에는 샌드위치 만들기에 대해서 배울거에요. 자, 반장 인사	▸교사의 설명을 듣고 '네'라고 대답한다. ▸선생님께 인사를 한다.		▸교사의 설명을 주의하여 듣는다.		

(3) 본시 평가 계획

평가 목표	고구마 경단 만들기 조리 순서를 알고, 고구마 경단을 만들 수 있다.	
	해	고구마 경단 만들기 조리 순서에 대한 설명을 듣고, 고구마 경단을 만들 수 있다.
	달	고구마 경단 만들기 조리 순서에 대한 사진자료를 보고, 순서대로 고구마 경단을 만들 수 있다.
	별	고구마 반죽에 고물을 묻혀 고구마 경단을 만들 수 있다.

	학습과정/평가내용	구분	평가 기준	평가척도					평가방법
				5	4	3	2	1	
개별 평가	〔활동 1〕 고구마 경단은 어떤 순서로 만들까요?	해	• 고구마 경단을 만드는 순서에 대한 설명을 듣고, 고구마 경단 조리 절차를 바르게 나열할 수 있는가?						관찰법 질문법
		달	• 고구마 경단을 만드는 순서에 대한 설명을 듣고, 교사의 언어 촉진을 받아 고구마 경단 조리 절차를 바르게 나열할 수 있는가?						
		별	• 교사의 언어적 · 신체적 촉진을 받아 고구마 경단 조리 절차를 바르게 나열할 수 있는가?						
	〔활동 2〕 냠냠~고구마 경단을 만들어보자	해	• 혼자 힘으로 고구마 경단을 만들 수 있는가?						관찰법 질문법
		달	• 교사의 언어촉진을 받아 고구마 경단을 만들 수 있는가?						
		별	• 교사의 언어 · 신체적 촉진을 받아 고구마 경단을 만들 수 있는가?						
전체 평가			• 고구마 경만 만들기 수업에 흥미를 가지고 적극적으로 참여하려는 태도를 보이는가?						관찰법
			• 개별과제 수행 시 과제물을 끝까지 완성하려고 노력하는가?						

※수행정도를 'ㅇ'로 표시

※학생의 과제수행 상황에서 발생한 특이사항 및 문제행동은 메모에 기입

♤ 메모

참고문헌

〈국내문헌〉

갈원모, 김용수, 최우진 (2005). 안전교육론. 서울: 동화기술교역.

강갑원, 박영진, 안병환, 이경희 (2010). 교육학개론. 서울: 교육과학사.

강현숙 (2003). 발문에 대한 교사와 학습자의 인식 조사. 석사학위논문, 여화여자대학교 교육대학원

강혜숙, 김영중, 김혜연, 신재한, 한애희 (2009). 교재·교구의 이론과 실제. 서울: 공동체.

고승덕 (1997). 교과교재연구 및 지도. 서울: 학문사.

고영희 (1981). 수업기술. 서울: 교육과학사.

고후순, 김동일, 조옥희 (1996). 유아교육사상사. 서울: 양서원.

곽노의 (1990). 프뢰벨의 유아교육이론. 서울: 학지사.

곽노의 (1996). 프뢰벨 생애와 교육. 서울: 양서원.

곽노의 (1996). 프뢰벨의 인간교육원리와 유치원교육. 열린유아교육학회지 1(1), 3-22.

곽병선 (1985). 새 수업 방안 탐색. 서울: 한국교육개발원.

곽선옥 (2008). 코메니우스의 자연주의 교육사상과 루소의 음악교육에 관한 연구. 석사학위 청구논문, 연세대학교 교육대학원.

권낙원 (1996). 교육과정 총론. 한국교원대학교 대학원.

권성호 (2006). 교육공학의 탐구. 서울: 양서원.

권순황 (2008). 특수교육 교과교재 연구 및 지도법. 서울: 일문사.

권영례, 서영숙 (1999). 교과교육론. 한국방송대학교출판부.

길형석 (2005). 효율적인 초등학교 주제중심 통합 교육 활성화 방안 연구 -프로젝트 학습을 중심으로-. 학습자중심교과교육연구 5(1), 85-106.

김경태 (2010). 협동학습과 강의식 수업을 복합적으로 적용한 수업이 중학교 과학

학업성취도에 미치는 영향. 석사학위논문, 아주대학교 교육대학원.
김광자 (1993). 교수·학습방법론. 서울: 학문사
김규선 (2000). 국어과 교육의 원리. 서울: 학지사.
김규수 (1995). 프뢰벨과 듀이의 유아교육 사상 비교 연구. 박사학위논문, 중앙대학교 대학원.
김남 (2001). 으뜸 교육학 (상). 서울: 학문사.
김다영 (2003). 발견학습 이론을 적용한 수학과 학습지도 연구. 석사학위논문, 숙명여자대학교 교육대학원.
김순택 (1978). 실험대학 운영에 따른 교육방안 개선연구. 학생지도연구 4(1), 99-119.
김아영, 백화정, 정명숙 (2007). 교육심리학. 서울: 박학사
김영봉, 최철용, 강병재, 박혜경, 김혜진 (2007). 교육심리학. 서울: 서현사.
김영수, 최성희, 이인경, 김영희 (1999). 웹기반 가상학습의 효과적인 교재개발: 대학 인터넷 강의 사례를 중심으로. 교육공학연구 15(3), 221-242.
김윤옥 (2005). 통합교육을 위한 직접교수의 원리와 실제. 서울: 학지사.
김재춘, 김재현 (2002). 브루너의 '지식의 구조' 논의에 대한 탈구조주의적 비판. 교육학논총. 22(2), 19-35.
김정규, 이광자, 조정숙 (2007). 교과교재연구 및 지도법. 서울: 정민사.
김창걸 (2003). 교육조직행위론. 서울: 형설출판사.
김호권 (1998). 학교학습의 탐구. 서울: 교육과학사.
김홍삼 (2008). 교육청 수업평가 기준과 교사들이 지각하는 수업평가 기준 비교 연구. 석사학위논문, 한국교원대학교 교육대학원
노상우 (2004). 교육의 역사와 사상. 서울: 교육과학사.
노승윤 (1997). 실기교육방법론. 서울: 양서원.
노승윤 (2008). 실기교육방법론. 서울: 양서원.
라의도 (2005). 올바른 우리말 사용법. 서울: 예담.
문애선 (2003). '우리들은 1학년'의 수업목표 분석. 석사학위논문, 한국교육대학교 대학원.

박경미 (1993). 인지심리학적 정보처리이론의 관점에서 본 수학교육. 수학교육학연구 3(1). 117-126.

박도순 (1986). 교육과정과 교육평가. 서울: 문음사.

박성익 (1985). 행동적 수업목표 활용에 대한 긍정적-부정적 논의. 한국교육. 59-72.

박숙희, 염명숙 (2007). 교수-학습과 교육공학. 서울: 학지사.

박아청 (1993). 현대의 교육심리학. 서울: 학문사.

박완희 (1991). 수업평가. 서울: 양서원.

박인학 (2002). 교사를 위한 교재연구 및 지도법의 이해. 서울:대왕사.

박정애 (2006). 교육행정 교육경영. 서울: 교육과학사.

배호순 (1991). 수업평가: 수업 효과 증대를 위한 평가적 접근. 서울: 양서원.

백홍란 (2009). Bloom의 신 교육목표분류에 기초한 중학교 과학교과에서 총괄평가 문항의 수업목표 반영정도 분석 -천문단원을 중심으로-. 석사학위논문, 경북대학교 교육대학원.

번영계 (1985). 학습지도. 서울: 배영사.

번영계 (1996). 수업기술의 개선 방법. 서울: 학지사.

번영계, 김영환, 손미 (2010). 교육방법 빛 교육공학. 서울: 학지사.

변영계 (1979). 수업설계. 서울: 배영사.

서지연 (2007). 구체물-반구체물-추상물 단계에 따른 직접 교수가 수학학습부진아의 나눗셈 능력에 미치는 효과. 석사학위논문, 단국대학교 교육대학원.

성송자 (2009). 수업분석기법의 특징과 방법론. 석사학위논문, 인제대학교 교육대학원.

성은정 (2004). 미술교육에서의 유아의 창의성 계발을 위한 매체 활용 연구. 석사학위논문, 숙명여자대학교 교육대학원.

성태제, 강이철, 곽덕주, 김계현, 김천기, 김혜숙, 봉미미, 유재봉, 이윤미, 이유식, 임웅, 한숭희, 홍후조 (2007). 최신 교육학개론. 서울: 학지사.

손미 (1988). 행동적 수업목표가 의도적 및 부수적 학습성취에 미치는 영향. 석사학위논문, 이화여자대학교 대학원.

스펜서 케이건 (1999). 협동학습. 서울: 디모데.

승윤희 (2005). 정보처리이론에 기초한 음악교수·학습방법 연구. 음악교육연구 29, 45-73.

승윤희 (2009). 브루너(J.Bruner)의 발견학습이론의 음악교육적 적용과 단계적 발견학습모델. 교과교육학연구 13(3), 475-495.

신재한 (2005). 교과지식 영역에 따른 대안적 수업목표 분류 방안 탐색. 한국교육논단, 4(2), 93-119.

신진희 (2003). 또래교수가 수학학습부진아의 수학성취도와 사회성 발달에 미치는 효과. 석사학위논문, 인천교육대학교 교육대학원.

안정희 (2007). 수업개선을 위한 다면적 수업평가의 가능성과 한계 : 사례연구를 중심으로. 교육과정연구 25(4), 179-205.

여광응, 조인수, 여광응, 김홍주, 이나미, 윤점룡, 의희동, 전영길 (2006). 정신지체아의 심리학적 이해. 서울 : 도서출판 특수교육.

연세대학교 교육철학연구회 (1998). 위대한 교육사상가들Ⅱ. 서울 : 교육과학사.

오양교 (1992). 동료교수학습과 개인학습이 학업성취 및 자아개념에 미치는 영향. 석사학위논문, 한국교원대학교 대학원.

오정자 (2008). 협동학습을 활용한 미술 표현활동 지도연구 - 3~6학년 만들기와 꾸미기 영역 중심으로 - 석사학위논문, 전주교육대학교 교육대학원.

유길준 (2004). Focus 한권으로 끝내는 교육학 문제집. 서울 : 북타운.

윤광보 (2010). 특수교육 교과 교재연구 및 지도법. 서울 : 양서원.

이상현, 추성경, 박현주 (2007). 현대 실기교육의 이해. 서울 : 학문사.

이성호 (1999). 교수방법론. 서울 : 학지사.

이운하 (1996). 또래교수가 아동의 학습태도와 사회성에 미치는 영향. 석사학위논문, 한국교원대학교 대학원.

이원호 (2005). 교육사상사. 서울 : 문음사.

이지연 (2008). 교육방법 및 교육공학. 서울 : 서현사.

이지헌, 김누리, 김수정, 김영록, 강최봉, 노석준, 송승남, 이두휴, 이정화 (2006). 교육학의 이해. 서울 : 학지사.

이화여자대학교 교육공학과 (2004). 21세기 교육방법 및 교육공학. 서울: 교육과학사.

이희도, 한상철, 곽형식, 이동원, 양병한 (1997). 수업의 이론과 실제. 서울: 중앙적성출판사.

임용렬 (2010). 협동 학습을 이용한 효과적인 국어과 교수-학습 방법 연구: 초등학교 5학년 국어과 중심으로. 석사학위논문, 인천대학교 교육대학원.

임찬빈, 오은순 (2006). 초등수업평가, 이렇게 해보세요. 한국교육과정평가원 연구자료 ORM 2006-24-1.

임창재 (1994). 수업심리학. 서울: 학지사.

임천택 (2010). 초등학교 국어과 수업 설계 방법. 한국어문교육학회 41, 197-214.

전경원 (2003). 영재교육학. 서울: 학문사.

전종탁 (2008). 직접교수법을 통한 인체 동세 표현지도에 관한 연구. 한국초등미술교육학회 8(2), 247-271.

정명화, 김신곤, 권기 (2010). 실기교육방법론. 서울: 학지사.

정문자, 조정숙 (1998). 교과교재연구 및 지도. 서울: 한국방송대학교출판부.

정석기 (2010). 좋은 수업설계와 실제. 서울: 도서출판 원미사.

정순례 (2003). 교육심리학. 서울: 원미사.

정용부, 오성숙 (2007). 교과교재연구 및 지도법. 서울: 학지사

주삼환 (1998). 수업관찰과 분석. 서울: 원미사.

주영주, 곽은순 (2001). 유아교육과 교수매체. 서울: 남두도서.

천경록 등 (1997). 읽기 교육의 이해. 서울: 우리교육.

최대식 (1998). 신교육학개론. 서울: 학이당.

최봉환 (1993). 동료사사학습이 자아존중감과 학습태도에 미치는 효과. 석사학위논문, 한국교원대학교 대학원.

핑키밍키 (2010). 월간 특수교육 6월호- 별책, 이달의 수업계획. 서울: 핑키밍키.

한국교육개발원(1973). 새 수업체제를 위한 1차 소규모시범: 요약보고서. 연구보고 제1집.

한국교육공학회(2005). 교육공학용어사전. 서울: 교육과학사.

한국교육과정평가원 (2004). 교사평가 시스템 연구. 한국교육개발원 연구보고.

한국특수교육교과교육학회 (2010). 특수교육 교과 교재연구 및 지도법. 서울: 교육과학사.

한상길, 김응래, 박선환, 박숙희, 정미경, 조금주 (2010). 교육학개론. 서울: 공동체.

허경철 (1987). 수업의 효율성 제고를 위한 교사 변인 탐색 연구. 한국교육 14(2), 205-223.

현종익 (1996). 수학과교수 학습방법탐구. 서울: 학문사.

〈외국문헌〉

Baddeley, A. D. (2001). Is working memory still working? American Psychologist, 56, 851-864.

Bloom, D. S.(Dd). (1956). The new direction in educational research: Alterable variables. Phi Delta Kappan.

Briggs, L. J.(1977). Instructional design: Principles and applications. Englewood Cliffs. NJ: Educational Technology Publications.

Bruner, J. S. (1966). The culture of education. Cambridge: Harvard University Press.

Bruner, J. S.(1960). The Process of Education. Cambridge: Harvard University Press.

Bruner, J. S.(1968). Toward a Theory of Instruction. New York: W. W. Norton & Company. Inc.

Cook, S. B., Scruggs, T. E., Mastropieri, M. A., & Casto, G. C. (1985). Handi-capped students as tutors. Journal of special Education. 19. 483-492.

Cooper, J. M et al. (1994). Classroom teaching skills (5th ed.). Lexington: D. C. Health and Company.

Corey, S. M. (1971). The nature of instruction. In M. D. Meril l(ed.), Instructional design: Readings, Englewood Cliffs, N.J.: Rrentice-Hall.

Dick, W., & Carey, L. (1984). The systematic design of instruction. Glenview. Ⅲ : Scott Foresman.

Drumheller, S. J. (1977). Global Behavioral Objectives : A Foundation for Teacher Freedom, Instructional Efficiency and Accountability, Educational Technology, 17, 6-13.

Eiserman, W. D., & Osguthorpe, R. T. (1986). Intellectually handicapped students as tutors : Implementing total class tutoring. ERIC document reproduction service No. ED 283-349.

Eiserman, W.D. (1988). Three types of peer tutoring : Effects on the attitudes of students with learning disabilities and their regular class peers. Journal of Learning Disabilities, 21(4), 249-252.

Ellis, A. K. (1991). Teaching and Learning Elementary Social Studies. Massa-chusetts : Allyn & Bacon.

Gage, N. L. (1964). Theories of teaching. In Hilgard, E. R.(Ed.). Theories of learning and instruction. Yearbook of NSSE. Chicago : University of Chicago Press.

Gagn, R. M., Briggs, L. J., & Wager, W. W. (1988). Principles of instructional design (3rd ed.). NY : Holt, Rinehart & Winston.

Gagne, R. E., & Briggs, L. J. (1979). Principles of instructional design(2nd.). New York : Holt, Rinehart, and Wilston.

Gagné, R. M., Briggs, L. J., & Wager, W. (1992). Principles of instructional design(4th ed.). Fort Worth. TX : Javanovich.

Glaser, R. (1962). Psychology and instructional technology. in Glaser, R, Training Research and Education. New York : John Willey & Sons, Inc.

Gorey, D. B. (2006). 효과적인 교수법(박승배 외 역). 서울 : 아카데미프레스.

Harris, B. M (1985). Supervisory behavior in education(3rd ed). Englewood Cliffs, NJ : Prentice-Hall Inc.

Heinich, R., Molenda, M., Russell, J. D., & Smaldino, S. E. (1999). Instructional media and technologies for learning (6th ed.). Upper Saddle River, NJ : merrill Prentice Hall.

Hosford, P. L. (1973). An instructional theory : A beginning. Englewood Cliffs, N. J. : Prentice-Hall.

Hoy, W. K., & Miskel, C. G. (2007). Educational administration. McGraw-Hill Humanities Social.

Jenkins, J. R., & Deno, S. L. (1973). A Model for Instructional Objectives : Responsibilities and Advantages, The Educational Technology Review Series, No. 7, ed. Educational Technology Publications, Englewood Cliffs, New Jersey, 5-10.

kamp, J. E., & McBeath, R. J. (1994). Higher education : the time for systemic and systematic changes. Educational Technology, 34(5), 14-20.

Kemp, J. E.(1985). Instructional design process. NY : Row, Pub.

Kemp, J. E., & Smellie, D. C. (1989). Planning & Producing Audiovisual Materials (5th ed.), New York : Harper & Row Publishers.

Kilpatrick, W. H. (1919). The Project Method. MY. McGraw-Hill.

Knirk, F. G., & Gustafson, K. L. (1986). Instructional Technology : A Systematic Approach of Education, NY : Holt, Rinehart and Winston.

Krajcik, J., Blumenfeld, P., Marx, R. W., & Soloway, E. (1994). A collaborative model for helping science teachers learn project-based instruction. Elementary School Journal, 94(5), 483-0498.

Lewis, C. A. (1975). The administration of outdoor education programs. Dubuque, IA : Kendall-Hunt

Pierce, M. M., & Stahlbrand, K., Armstrong, S. B. (1983). Parter Learning in Educational Setting : Taking a Cue From the Kids. ERIC Document reproduction Service no. ED 240 782.

Reed, S. K. (2000). 인지심리학 : 이론과 적용. 박권생 역. 서울 : 시그마프레스.

Resonshine, B. V. (1979). Content, time, and direct instruction. In P. L. Peterson and H. J. Walberg(Eds.), Research on teaching : Concepts, findings, and implications. Berkeley, Calif : McCutchan.

Tyler, R. W. (1950). Basic Principles of Curriculum and Instruction. Chicago University press.

Tyler, R. W. (1964). Some persistent questions on the defining of objectives. in Lindvall, C. M. (ed) Defining Educational Objectives. Pittsburgh : University press.

Tyler, R. W. (1969). Basic principles of curriculum and instruction. Chicago : Univ. of Chicago.

Utley, C. A., Mortweet, S. L., & Greenwood, C. R. (1997). Peer-medicated instruction and interventions : Focus on exceptional children. Denver, CO : Love.

Warger, C. L. (1991). Peer tutoring : When working together is better than working alone. Research & Resources on special education, Number 30, ERIC Document reproduction Service no. ED 345 459.

Yarger, S. J. (1971). Behavioral objectives : where and where nat. Kappa Delta phi Record. 7(4), 99-102.

〈참고 사이트〉

http://cafe.daum.net/gabepower/

http://www.igd365.co.kr

http://www.youtube.com

http://bebeschool.co.kr/edu2/edu_1.asp?flag=con&idx=38&page=5&tbl=work

http://blog.naver.com/ppiagi?Redirect=Log&logNo=120029684179

http://cafe.daum.net/haksaok4u/Dghr

http://www.comenius.or.kr

http://www.froebelgifts.com

http://www.modumoa.kr

찾아보기

(A)

(D)

(E)

신 은 희

▧ 주요 학력

- * 우석대학교 특수교육과 졸업(학사)
- * 공주대학교 대학원 특수교육학과 졸업(석사)
- * 우석대학교 경영행정대학원 보건복지학과 졸업(석사)
- * 우석대학교 대학원 특수교육학과 졸업(박사)

▧ 주요 경력

- * 전주 은화학교 특수교사 재직(2002~2009)
- * 현재 구이 초등학교 특수학급 담당 교사
- * 현재 우석대학교에서 '특수학교 교과교재 연구 및 지도법' 등 강의
- * 현재 전북대학교에서 '특수아동의 이해' 강의

▧ 주요 논문

- * "특수학교 교육과정에 나타난 자기결정 요소의 분석"
- * "기본 교육과정 실과와 초등학교 실과교과의 구성 체제 및 교육내용의 연계성 분석"
- * "특수학교 교육과정의 총론과 자기결정 훈련과의 상호관계성에 관한 연구"
- * "교과중심의 자기결정프로그램이 지적장애학생의 자기결정 능력에 미치는 영향"
  (박사학위 논문)

특수교육 교과교재 연구 및 지도법 값 20,000원

2011년 3월 25일 1판1쇄 발행
2015년 9월 5일 1판3쇄 발행

저 자 : 신 은 희
발 행 인 : 주 영 일
발 행 처 : **계 축 문 화 사**

서울특별시 종로구 통일로12길 16-17
우편번호 03029
TEL : 735-2257 · 738-9746
FAX : 723-9025
E-mail:gyechuk@hanmail.net
홈페이지:http://gyechuk.co.kr
1973. 10. 31 등록번호 제300-1973-8호
ISBN 978-89-5629-241-0 93510